GREEN BUILDING

Zertifikate · Recht · Steuern · Finanzierung

Herausgegeben von
Dr. Horst Schlemminger
Rechtsanwalt

Bibliografische Information der Deutschen Nationalbibliothek | Die Deutsche Nationalbibliothek verzeichnet diese Publikation in der Deutschen Nationalbibliografie; detaillierte bibliografische Daten sind im Internet über www.dnb.de abrufbar.

ISBN 978-3-415-04909-3

© Richard Boorberg Verlag GmbH & Co KG, 2013

Das Werk einschließlich aller seiner Teile ist urheberrechtlich geschützt. Jede Verwertung, die nicht ausdrücklich vom Urheberrechtsgesetz zugelassen ist, bedarf der vorherigen Zustimmung des Verlages. Dies gilt insbesondere für Vervielfältigungen, Bearbeitungen, Übersetzungen, Mikroverfilmungen und die Einspeicherung und Verarbeitung in elektronischen Systemen.

Satz: Dörr + Schiller GmbH, Curiestraße 4, 70563 Stuttgart | Druck und Verarbeitung: fgb – freiburger graphische betriebe GmbH & Co. KG, Bebelstraße 11, 79108 Freiburg im Breisgau

Richard Boorberg Verlag GmbH & Co KG | Scharrstraße 2 | 70563 Stuttgart
Stuttgart | München | Hannover | Berlin | Weimar | Dresden
www.boorberg.de

Übersicht

Vorwort VII
Cornelia Thaler

Kapitel I
Green Building als gesellschaftliche Verpflichtung und Ausdruck von Erstklassigkeit 1
Horst Schlemminger, Jörn Stobbe

Kapitel II
Regulierungstrends 9
Horst Schlemminger, Gerold Jaeger, Hans-Josef Schneider und David Elshorst

Kapitel III
Das Green Building-Zertifikat in der Immobilientransaktion 37
Bettina Krause, Klaus Minuth, Thomas Reischauer und Christian Trenkel

Kapitel IV
Grüne Mietverträge 61
Christian Keilich, Fabian Böhm

Kapitel V
Der Zertifizierungsvertrag 89
Horst Schlemminger

Kapitel VI
Verträge mit Auditoren und Fachplanern 103
Stefan Löchner

Kapitel VII
Green Building und Bauverträge 117
Stefan Löchner

Kapitel VIII
Zertifizierungswesen – Erweiterung der Leistungsbilder von Asset und Facility Manager 123
Reinhard Scheer-Hennings

Kapitel IX
Versicherbarkeit der Auditoren- und Fachplanertätigkeiten 131
Ulrich Flege

Kapitel X
Grüne Betreiberimmobilien im Verdrängungswettbewerb 139
Horst Schlemminger

Kapitel XI
Nachhaltigkeitsanforderungen bei der Vergabe öffentlicher Aufträge 145
Steffen Amelung

Kapitel XII
Die steuerliche Abzugsfähigkeit von Kosten einer energetischen Modernisierung/Sanierung von Gebäuden 157
Thorsten Sauerhering

Anhänge 165

Stichwortverzeichnis 197

Autorinnen und Autoren 221

Vorwort

„Green Building" das ist schon lange keine Modeerscheinung mehr – Green Building ist ein Megatrend und wird gesetzlich sowie ökonomisch zur „Pflicht" werden. In den kommenden Jahren werden eine Reihe von Gesetzen im Rahmen lokaler und europäischer Gesetzgebung in Kraft treten, die weitere Anreize schaffen bzw. den Handlungsspielraum für Neubauten eingrenzen werden, um die Nutzung von Ressourcen weiter zu optimieren.

Ökologische Nachhaltigkeit ist maßgeblicher Teil von Studien, die sich mit der Überalterung des Immobilienbestandes befassen. Im Bereich Green Building werden Überlegungen dominieren, ob Renovierung oder Neubau die mit dem Nachhaltigkeitsgedanken und dem Bewahren von Ressourcen am besten zu vereinbarende Umsetzung sind. Längst ist der Antrieb für Immobilieneigentümer, Green Building als Marketinginstrument zu nutzen („Soziale Reputation"), in den Hintergrund getreten.

Nachhaltigkeit ist angesichts knapper Ressourcen ein Prinzip für die nächsten Jahrzehnte, dem sich insbesondere die Immobilienwirtschaft schon jetzt stellen muss: Nachhaltige Herstellung, nachhaltiger Konsum und letzten Endes auch nachhaltige Lebensweise des Einzelnen werden die Entwicklung und den Wert der Immobilie bestimmen. Auch darf die Immobilienwirtschaft nicht den Anschluss verlieren, sondern muss gerade aufgrund ihrer volkswirtschaftlichen Bedeutung die Lokomotive sein. So hat „Greening" schon lange die Automobilindustrie vereinnahmt und zum Hybrid-Supersportwagen geführt, über den Automobilisten vor zehn Jahren noch den Kopf geschüttelt hätten, ja sogar das gelbe „M" von McDonald's soll künftig einen grünen Hintergrund bekommen. Und auch die Immobilienbranche mischt bei der Nachhaltigkeit weit vorne mit: Es gibt „grüne" Hotels und „grüne" Gesundheitsimmobilien (z.B. Krankenhäuser und Seniorenpflegeheime), denen „grüne" Stadtteile folgen werden. Nach und neben vielfältigen Gütesiegeln dominieren im deutschen Markt der Green Building (Nachhaltigkeits-)Zertifikate derzeit LEED (Leadership in Energy and Environmental Design) sowie die Deutsche Gesellschaft für Nachhaltiges Bauen (DGNB). Nach der Markteinführung der deutschen BREEAM (Building Research Establishment's Environmental Assessment Method) im Jahr 2012 stehen dem Projektentwickler nun gleich drei angesehene, unter dem World Building Council vereinte Zertifizierungssysteme zur Verfügung, die sich wegen unterschiedlicher Schwerpunkte eher gegenseitig bereichern, als dass sie sich Konkurrenz machen.

Studien zeigen, dass nachhaltige Gebäude für institutionelle Immobilieninvestoren, vor allem aber für Mieter, nicht nur beliebter werden, sondern auch den Ausschlag für den Kauf bzw. deren Anmietung geben. Jüngste Erfahrungen haben sogar gezeigt, dass bauliche Mehrkosten beim Wechsel von einem „braunen" in ein „grünes" Gebäude zu vernachlässigen sind: So ist ein DGNB-Silber-Zertifikat bei frühzeitiger Einbeziehung der Systemanforderungen in die Planung einer Renovierung ohne erhebliche Mehrkosten zu erzielen; bei ohnehin hochwertigen Neubauten lässt sich sogar ohne erhebliche Mehrkosten das Gold-Zertifikat erreichen.

Was hat nun Green Building mit Recht zu tun – umweltgerechtes und energieeffizientes Bauen ist doch vorrangig Sache der Planer? Aber genau wie die Leistungen von Planern und Bauausführenden seit jeher in Verträgen juristisch verbindlich vereinbart begleitet werden, zeigt die Praxis seit mehreren Jahren, dass Green Building-Anforderungen auch in allen anderen Verträgen rund um die Immobilie verankert werden. Mit den Zertifizierungs- und Auditorenverträgen sind zudem neue Spezialverträge in den Immobilienmarkt eingeführt worden. Gerade durch Verträge werden das „magische" Dreieck (Bauunternehmer, Eigentümer und Mieter) und wirtschaftliche Vorteile für alle Beteiligten transparent gemacht.

Deshalb stellen wir – auf Immobilienrecht spezialisierte Anwältinnen und Anwälte der internationalen Anwaltssozietät Clifford Chance – mit diesem Praxishandbuch die rechtlichen Aspekte von Green Building vor, die aus unserem Tagesgeschäft mittlerweile nicht mehr hinweg zu denken sind. Großen Raum haben wir dabei den „grünen" Immobilienverträgen gewidmet, die sich in unterschiedlichen Varianten als neuer Marktstandard etablieren werden. Soweit Steuerthemen relevant sind, werden auch sie mit abgehandelt.

Sie werden sehen: Die Vielzahl der rechtlichen Themen rund um Green Building sind dieses Handbuch wert, das bei der Rasanz, mit der Erfahrungswissen und der Austausch unter Juristen zu Green Building-Themen zunimmt, bald an eine zweite (erweiterte) Auflage denken lassen wird.

Obwohl sie dem vertieft wissenschaftlichen Arbeiten (noch) nicht entwachsen sind, haben sich die Autoren beim Anführen, Zitieren und der Wiedergabe von Gesetzestexten und Fundstellen zurückgehalten und auf das Notwendigste beschränkt. Denn die Idee hinter diesem Buch ist: Ein Handbuch von Praktikern für Praktiker, das auch Nicht-Juristen in der Immobilienwirtschaft in ihrem täglichen „nachhaltigen" Geschäft begleitet.

Cornelia Thaler
Leiterin des deutschen Immobilienbereichs
der internationalen Anwaltssozietät
Clifford Chance   München, im Oktober 2012

Kapitel I
Green Building als gesellschaftliche Verpflichtung und Ausdruck von Erstklassigkeit

A. Ordnungspolitische Mitverantwortung der Immobilienbranche............. 2
B. Sonderproblem: Bestandsimmobilien................................. 2
C. „Soft-Faktoren".. 3
D. Der Einfluss von Green Building-Zertifikaten auf den Verkehrswert einer Immobilie.. 4
   1. Einfluss auf Miethöhe... 4
   2. Einfluss auf Käuferkreis und Finanzierung 5
   3. Neue ImmoWertV nimmt auf Nachhaltigkeit Bezug 6
   4. Einfluss auf Multiplikator? 6
   5. Empfehlungen des RICS Valuation Information Paper No. 13............ 6
   6. Ausblick.. 7

A. Ordnungspolitische Mitverantwortung der Immobilienbranche

Bei der Schonung von Umweltressourcen haben die führenden Industrien ordnungspolitische Mitverantwortung übernommen. Bestes Beispiel hierfür ist die Automobilbranche, die ihren technologischen Fortschritt auf Hybrid- und Elektrofahrzeuge fokussiert, und zwar auch im hochpreisigen Bereich, wo früher nicht der Kraftstoffverbrauch zählte, sondern vorrangig Leistungsstärke. Es gilt als sicher, dass Umwelt- und Klimaherausforderungen auch in den kommenden Jahrzehnten ein gesellschaftliches Schlüsselthema bleiben und eine konstante gesellschaftliche Kulisse darstellen werden.[1]
Dieser Trend macht natürlich nicht vor der Imobilienbranche halt. Im Gegenteil: Ohne deren Mitwirkung lässt sich die ordnungspolitisch angestrebte Energiewende schlichtweg nicht schaffen. So sind in Deutschland ca. 40 % der Treibhausgas-Emissionen dem Gebäudebereich zuzurechnen. Hinzu kommen ca. 30 % des deutschen Bedarfs an primären Ressourcen und Energie sowie ca. 50 % des deutschen Abfallaufkommens.[2] Deshalb hat es ordnungspolitisch gesehen sogar höchste Priorität, Gebäude zu errichten, die energieeffizient sind und unter anderem aus Baumaterialien bestehen, die sich recyceln lassen.

B. Sonderproblem: Bestandsimmobilien

Die Einhaltung von Green Building Anforderungen beim Neubau, die mittlerweile bereits weit verbreitet ist, wird bald Normalstandard („State of the Art") sein. Ungelöst scheint noch die Frage, wie mit den Bestandsimmobilien umgegangen werden soll. Insbesondere bei älteren Gebäuden wird eine energetische Sanierung erhebliche (in den meisten Fällen unverhältnismäßig erscheinende) Kosten verursachen, für die der Immobilieneigentümer – unterstellt, dieser kann die Kosten auf lange Sicht auf die Mieter umlegen[3] – zumindest in Vorleistung gehen muss. Dieses Thema birgt Einiges an Eskalationspotenzial. Die „privaten" Mieter behandeln die energiebedingten, stets steigenden Nebenkosten bisher weitgehend ignorant, d. h. sie berufen

---

[1] These im März 2012 vorgetragen von Prof. Dr. Uwe Schneidewind, Präsident des Wuppertaler Instituts für Klima, Umwelt, Energie.
[2] So die überschlägigen Schätzungen von Experten.
[3] Vgl. dazu Kapitel II. A. 2. und IV.

sich nur selten auf das gesetzlich verankerte Wirtschaftlichkeitsgebot, das den Vermieter zu möglichst niedrigen Energieverbrauchskosten zwingt. Sollte sich diese gesellschaftliche Entwicklung ändern, oder gar der Bundesgerichtshof in einer seiner nächsten Entscheidungen zum Wirtschaftlichkeitsgebot andeuten, dass ein Vermieter unabhängig vom Alter und Zustand einer Bestandsimmobilie Energieeffizienz nach aktuellen Standards schuldet, würde eine Blase platzen, die Teile der Immobilienbranche in eine Krise stürzt.[4]

C. „Soft-Faktoren"

Aber es wäre ein Irrglaube anzunehmen, bei Green Building ginge es nur um Energieeffizienz und die Verringerung von Abfallaufkommen, also um Faktoren, aus denen für die Immobilie finanzielle Einsparungen errechnet werden können. Nachhaltigkeit beinhaltet auch „softe" Faktoren, die keinesfalls unterschätzt werden dürfen. Führende deutsche und internationale Unternehmen haben sich insgesamt der Nachhaltigkeit verschrieben. Das gilt zum Beispiel in den Bereichen Corporate Governance und Compliance. Keine Frage, dass solche Unternehmen auch die höchsten Standards an Gebäude anlegen, die sie errichten, erwerben oder anmieten. Hier geht es also um Selbstverständnis und Erstklassigkeit von Marktteilnehmern, die auch in der Einhaltung von Green Building Anforderungen ihren Ausdruck finden.[5]

Vor diesem Hintergrund überraschen die Ergebnisse einer Studie der Technischen Universität München nicht, wonach viele Büro-Mieter bereit sind, bei Einhaltung von Nachhaltigkeitsfaktoren bis zu 10,5 % mehr Miete zu zahlen.[6] Die besondere Erkenntnis aus dem Umfrageergebnis war dabei, dass nur 5 % der 10,5 %, also weniger als die Hälfte, mit der quantifizierbaren Einsparung bei den Betriebskosten begründet wurden. Die restlichen 5,5 %, der etwas größere Anteil, ging auf nicht quantifizierbare Merkmale, also Soft-Faktoren, zurück. In diesem Bereich zählten für die Befragten z. B. bepflanzte bzw. als Grünbereich gestaltete Freiflächen, die manuelle Bedienbarkeit der Lüftungsanlage, die öffentliche Zugänglichkeit sowie die Ver-

---

[4] Siehe dazu: These von Prof. Dr. Uwe Schneidewind.
[5] Uttich, in: FAZ vom 29.08.2011, S. 14.
[6] Siehe Zusammenfassung der Ergebnisse dieser Studie in: Immobilienzeitung, Ausgabe 26, 2011, S. 5.

kehrsanbindung. Auch Raumakustik spielt neuerdings eine Rolle. Dies alles ist Beleg dafür, dass Green Building mehr ist als Energieeffizienz, und dass Marktteilnehmer „Nachhaltigkeit" unterschiedlich definieren.

Alle diese Entwicklungen zeigen klar, dass Green Building einen unaufhaltsamen Vormarsch angetreten hat. Die deutsche Immobilienbranche wird das Thema nie mehr los![7]

D. Der Einfluss von Green Building-Zertifikaten auf den Verkehrswert einer Immobilie

Ein Green Building-Zertifikat bzw. das Fehlen eines solchen Zertifikats hat einen ganz immensen Einfluss auf den Verkehrswert einer Immobilie.

Diese These ist in der Bewerterzunft nahezu unbestritten, wenn auch bislang nicht für alle Assetklassen und Lagen.

In welchen Fällen und wodurch führt die Zertifizierung als „Green" zur Wertsteigerung eines Gebäudes? Unter welchen Umständen sind Wertabschläge bei fehlender Nachhaltigkeit gerechtfertigt? Wie so oft lohnt eine differenzierte Betrachtungsweise:

1. Einfluss auf Miethöhe

So profitiert von der Nachhaltigkeit von Gebäuden wegen der geringeren Nebenkosten zunächst nur der Mieter mit der Folge, dass Investoren noch sehr unterschiedlich reagieren, wenn zunächst zusätzliche Investitionen getätigt werden müssen. Da smarte Mieter aber die langfristige Gesamtbelastung interessiert, können optimierte Nebenkosten gerade in Zeiten steigender Energiepreise beispielsweise auch nach Ansicht der ECE Projektmanagement[8] in Zukunft höhere Mieten ermöglichen. Vielen Investoren ist daher bewusst, dass sich die Nachhaltigkeit einer Immobilie damit auch erheblich auf die Wertentwicklung auswirkt und fragen aktiv entsprechende Maßnahmen nach.

Dies gilt umso mehr, als nach neuesten Erfahrungen ein neues Gebäude mit der Auszeichnungsstufe „DGNB Silber" ohne erhebliche Mehrkosten errichtet werden kann, wenn die Green Building-Anforderungen rechtzeitig

---

7 So auch die These von zahlreichen Referenten auf diversen Vortragsveranstaltungen.
8 Alexander Otto, Immobilienmanager 5/2012.

in die Bauplanung eingebracht worden sind und der Neubau ohnehin erhöhten Qualitätsstandards entspricht.[9]

2. Einfluss auf Käuferkreis und Finanzierung

Zahlreiche Investoren auf der Nachfrageseite legen sogar Wert darauf, nur noch Immobilien zu erwerben, bei denen Nachhaltigkeitsaspekte ausreichend berücksichtigt sind.

Union Investment hat jüngst als einer der ersten großen Bestandshalter eine Umweltbilanz für sein Immobilienportfolio erstellt. Analysiert wurden dabei die Indikatoren Endenergieverbrauch, Primärenergieverbrauch, CO_2-Emission, Wasserverbrauch und Abfallaufkommen. Die Daten wurden zunächst für 187 Immobilien mit einem Verkehrswert von rund 14 Mrd. Euro ermittelt und anschließend auf das Gesamtportfolio (282 Objekte im Wert von rund 18,7 Mrd. Euro) hochgerechnet. Die Ergebnisse: Das Gesamtportfolio hat einen CO_2-Fußabdruck von 351.487 t pro Jahr, der Wasser-Footprint liegt bei rund 2,356 Mio. m^3 jährlich. Union Investment will die Umweltbilanz nun fortlaufend verbessern und die Ergebnisse jährlich veröffentlichen. Ähnlich ist auch die IVG verfahren.

Zahlreiche Bankenvertreter begrüßen es, wenn eine Immobilie mit möglichst hochwertigem Green Building-Zertifikat angekauft werden soll. Dabei geht es primär (noch) nicht um für den Darlehensnehmer günstigere Margen und sonstige Sonderkonditionen; in Zeiten, in denen Kreditinstitute mehr Darlehensanträge „auf dem Tisch liegen" haben, als sie Kredite vergeben können oder möchten, scheint klar, dass zertifizierte Immobilien (z. B. wegen der geringeren Nachvermietungsrisiken) bevorzugt behandelt werden. Vor allem bei ausländischen Investoren, die einen kurz- bzw. mittelfristigen Weiterverkauf nicht ausschließen, herrscht die Überzeugung vor, dass das Fehlen eines angemessenen Green Building-Zertifikats zum Zeitpunkt des Weiterverkaufs ein Problem darstellen könnte, was schon jetzt als Qualitätsdefizit angesehen wird. Nicht zuletzt deswegen ist die Einhaltung von Green Building-Anforderungen jedenfalls bei größeren Transaktionen fester Bestandteil der rechtlichen und technischen Ankaufs-Due Diligence geworden.[10]

---

[9] Sachverständige Aussage in einer Dialog-Veranstaltung „Ist Nachhaltigkeit der entscheidende Faktor der Immobilienwirtschaft" am 15.03.2012.
[10] So die praktische Erfahrung der Clifford Chance-Anwälte (Autoren).

3. Neue ImmoWertV nimmt auf Nachhaltigkeit Bezug

Die ab dem 1. Juni 2010 geltende ImmoWertV greift bereits Nachhaltigkeitsaspekte auf. So wirken gemäß § 4 eingeplante Flächen für Erneuerbare Energien werterhöhend. Ferner sind bei der Wertermittlung gemäß § 6 Abs. 5 u. a. die energetischen Eigenschaften und die Restnutzungsdauer zu berücksichtigen. Letztere soll sich durch Maßnahmen zur Einsparung von Energie verlängern. Dies erscheint aber allenfalls in Ausnahmefällen denkbar, da die Restnutzungsdauer von Einrichtungen meist kürzer als die Restnutzungsdauer von Gebäuden ist. Wirklich nachweisbare Auswirkungen auf den Wert bzw. Preis hat die Green Building-Eigenschaft auf breiter Ebene kaum. Beispielsweise wird das Vorhandensein von Labeln bisher in Gutachten oftmals gar nicht erwähnt bzw. berücksichtigt.

4. Einfluss auf Multiplikator?

Auch der Einfluss von „Green" auf den Multiplikator ist eine eingehende Betrachtung wert. Bestimmte Unternehmen haben für sich beispielsweise entschieden, ausschließlich in Green Buildings zu ziehen und scheiden daher als Mietinteressenten für sonstige Gebäude aus. Erweitert man folglich den potenziellen Mieterkreis durch „Green", führt dies zu verstärkter Nachfrage und verringert unabhängig von der erzielbaren Miete die voraussichtliche Leerstandszeit nach Projektentwicklung oder bei Mieterwechsel. Dies macht jedoch auch deutlich, dass es sinnvoll erscheint, zwischen bestimmten Lagen und Nutzungsarten zu differenzieren. Gerade (führende) internationale Unternehmen als Mieter und Nachfrager an einem der führenden Bürostandorte achten in der Regel eher auf „Green" als der lokale Nutzer in einer deutschen Mittelstadt.

5. Empfehlungen des RICS Valuation Information Paper No. 13

Bereits im Dezember 2009 hat RICS Deutschland mit der deutschen Fassung des „Information Paper on Sustainability and Commercial Property Valuation"[11] Wege aufgezeigt, wie Nachhaltigkeit unabhängig von den diversen Zertifizierungen gemessen werden kann und Empfehlungen für die Berücksichtigung im Bewertungsprozess gegeben. Diese gilt bei Experten als die

---

11 Nachzulesen bei www.rics.org.

kompetenteste und umfangreichste Handlungsanweisung für Sachverständige zum Themenkomplex „Green Building und Bewertung".

6. Ausblick

In New York muss bereits jeder Neubau eine LEED-Zertifizierung ausweisen. Der Trend in Deutschland für Neubauten in Top-Lagen ist greifbar. Noch kann RICS Deutschland zu der Bewertungsthematik und den wesentlichen wertbestimmenden Faktoren Miete und Multiplikator aber nicht einheitlich Stellung beziehen. Die beiden Professional Groups „Bewertung" unter der Leitung von Prof. Gerrit Leopoldsberger, FRICS, und „Nachhaltigkeit" unter der Leitung von Hermann Horster, MRICS, haben das Thema gemeinsam aufgegriffen und werden berichten.

Es ist zumindest schwer vorstellbar, dass der Verkehrswert einer Immobilie künftig nicht von Nachhaltigkeitsaspekten mitgeprägt wird.

Wenn aber die Einhaltung von Green Building-Anforderungen für die Werthaltigkeit einer Immobilie – wie beschrieben – eine wichtige Rolle spielt, dann wollen und müssen die Marktteilnehmer auf die Richtigkeit und Vollständigkeit eines Green Building-Zertifikats vertrauen. Vertrauen bedeutet dabei in erster Linie Transparenz und Wissen um zentrale Fragen wie:

- Was vermag ein Green Building-Zertifikat zu leisten, was nicht?[12]
- Wie unterscheiden sich die einzelnen Zertifizierungssysteme (z.B. DGNB, LEED, BREEAM) voneinander, wie gewichten sie unterschiedlich, wie unterscheiden sich die Auszeichnungsstufen und in welchem Umfang taugen sie für den internationalen Immobilienmarkt?[13]

Weitgehend spürbar ist ein gewisses Unbehagen der Marktteilnehmer im Hinblick darauf, dass sich „Nachhaltigkeit" bei Immobilien nicht einheitlich definieren lässt. Bei Immobilientransaktionen (bis hin zur Beleihung) möchten die Transaktionsbeteiligten die Nachhaltigkeit des Gebäudes nicht mehr im Einzelnen überprüfen, weil dies zu viel Aufwand bedeutet, sondern diese stattdessen mit einem verlässlichem Dokument nachgewiesen bekommen: dem Green Building-Zertifikat.

Und spätestens an dieser Stelle kommt das Recht ins Spiel. Green Building-Zertifikate müssen frühzeitig geplant, beantragt, erteilt und Marktteilnehmern (z.B. Käufern und den die Ankäufe finanzierenden Banken) zum

---

[12] vgl. dazu ausführlich Kapitel V.
[13] vgl. dazu den Überblick in Kapitel V und VI.

Nachweis vorgelegt werden. Sie müssen deshalb in allen Verträgen rund um die Immobilie einen festen Platz einnehmen. Dies gilt auch für die Pflege und Erneuerung etwa erteilter Zertifikate, für die in erster Linie die Asset Manager und Facility Manager zuständig sind.

Wer wissen möchte, in welche Richtung sich die Green Building-Zertifikate zukünftig entwickeln werden, der muss Regulierungstrends frühzeitig im Auge behalten. Dies gilt vor allem für zukünftige Verschärfungen der Energieeinsparverordnung, der EU-Gebäuderichtlinie, des Erneuerbare Energien-Wärmegesetzes sowie für Gesetzesvorhaben zur Erleichterung und steuerlichen Privilegierung von energetischen Sanierungen.[14]

> Übersicht
> Was spricht für den Einfluss des Green Building-Zertifikats auf den Immobilienwert?
> - Nach der neuen ImmoWertV sind bei der Wertermittlung die energetischen Eigenschaften und die Restnutzungsdauer von Immobilien zu berücksichtigen. Ferner wirken eingeplante Flächen für erneuerbare Energien werterhöhend.
> - Investoren, die Immobilien jetzt kaufen und mittelfristig an einen Weiterverkauf denken, gehen schon heute davon aus, dass ein fehlendes Green Building-Zertifikat den Weiterverkaufspreis mindern könnte.
> - Green Building-Themen – auch das Fehlen eines Green Building-Zertifikats – sind neuerdings fester Bestandteil der Due Diligence in der Immobilientransaktion.
> - Selbst wenn eine Immobilie langfristig und „gut" (ohne Green Building-Zertifikat) vermietet ist, besteht das Risiko, dass sich die Nachvermietung ohne Green Building-Zertifikat schwieriger gestaltet.

---

14 vgl. dazu auführlich Kapitel XII.

Kapitel II
Regulierungstrends

A. Deutschland 10
   1. EU-Gebäuderichtlinie 2010, Energieeinsparverordnung (2009 und 2013) und Energieeffizienzrichtlinie 10
   2. Energetische Modernisierung von vermietetem Wohnraum – Neues aus dem deutschen Mietrecht 12
      a) Duldungspflichten des Mieters 13
          aa) Erhaltungsmaßnahmen 13
          bb) Modernisierungsmaßnahmen 13
      b) Modernisierungsmieterhöhungen 15
      c) Obliegenheiten des Vermieters 16
      d) Rechte des Mieters 17
          aa) Minderung 17
          bb) Sonderkündigungsrecht 17
      e) Auswirkungen auf das gewerbliche Mietrecht 18
      f) Auswirkungen auf die Praxis und weiterer Ausblick 20
   3. Gesetz zur Förderung Erneuerbarer Energien im Wärmebereich (Erneuerbare-Energien-Wärmegesetz – EEWärmeG) 28
   4. Landesrechtliche Spezialregelungen (z. B. „Energetischer Überbau") 30
B. Europäisches Ausland (Beispiele) 32
   1. Frankreich 33
   2. Großbritannien (England und Wales) 33
   3. Irland 34
   4. Italien 35
   5. Die Niederlande 35
   6. Osteuropa 35

A. Deutschland

1. EU-Gebäuderichtlinie 2010, Energieeinsparverordnung (2009 und 2013) und Energieeffizienzrichtlinie

Die Energieeinsparverordnung aus dem Jahr 2009 (**EnEV 2009**) regelt den Energiebedarf bzw. Energieverbrauch von Gebäuden. Die EU-Gebäuderichtlinie 2010 zwingt die Bundesregierung dazu, die Regelungen zum Ablauf des Jahres 2012 zu verschärfen. Energiebedarf und Energieverbrauch sind wesentliche Bestandteile bzw. Prüfungskriterien für die Green Building-Zertifizierung. Deshalb wird die Verschärfung der EnEV, die gesetzlich zwingende Anforderungen an Gebäude stellt, zukünftig auch auf die (freiwillige) Green Building-Zertifizierung erheblichen Einfluss haben. Mit anderen Worten: Wenn ohnehin gesetzlich zwingend erhöhte Standards einzuhalten sind, ist der Weg, durch Erfüllung zusätzlicher umweltbezogener Kriterien ein Green Building-Zertifikat zu erreichen, weniger weit.

Bereits die EnEV 2009 enthält Regelungen über Mindestanforderungen an die Energieeffizienz, den Ausbau und die Nachrüstung von heizungstechnischen Anlagen, zur Vorlagepflicht des Energieausweises beim Bau, dem Verkauf und der Vermietung von Gebäuden oder Gebäudeteilen sowie zur energetischen Inspektion von Klimaanlagen durch Fachpersonal. Erhebliche Verstöße gegen Regelungen der EnEV 2009 können als Ordnungswidrigkeit sanktioniert werden, so z. B. in bestimmten Fällen die Nichtvorlage des Energieausweises.[15] Eigentlich war die Novelle der EnEV für das Jahr 2012 geplant. Nach aktuellem Stand erscheint eine Verschiebung in die erste Hälfte des Jahres 2013 unumgänglich.[16] Gründe hierfür sind, dass die Novelle zum einem inhaltlich mit dem gleichzeitig zu überarbeitenden Energieeinspargesetz (**EnEG**) abgestimmt werden muss. Zum anderen stand die Stellungnahme des Bundesumweltministeriums (BMU) bis vor kurzem noch aus. Schließlich bedarf noch weiterer Diskussion, wie einerseits das energetische Anforderungsniveau im Hinblick auf die Bau- und Gebäudetechnik weiter angehoben und gleichzeitig das Wirtschaftlichkeitsgebot des EnEG beachtet und gewahrt werden kann. Aus der EnEV 2012 ist damit die **EnEV 2013** geworden.

Die wohl wichtigste Verschärfung wird darin liegen, dass die Anforderungen an den primären Energiebedarf von Wohngebäuden durchschnittlich um 30 % erhöht werden sollen, und zwar gleichgültig, ob es sich um

---

15 Vgl. dazu ausführlich Kapitel IV. B. 1.
16 Siehe dazu ausführlich Tuschinski, „Was gibt es Neues zur EnEV 2009/2013?", ergänzte Ausgabe: 26. Juni 2012, nachzulesen bei www. EnEV-online.de.

Neu- oder Bestandsbauten handelt. Während sich bei neuen Wohngebäuden Primärenergie unter anderem durch Dreifach- statt Zweifachverglasungen reduzieren lässt, herrscht unter den Eigentümern von bestehenden Wohnimmobilien weiterhin Ratlosigkeit, wie dieses Ziel mit finanziell zumutbaren Nachrüstungen erreicht werden kann.[17] Auch mit Blick auf das Wirtschaftlichkeitsgebot wird weiterer Sanierungszwang befürchtet.

Ferner zeichnet sich ab, dass die EnEV 2013 Pflichtangaben für Werbemaßnahmen bringt. So sollen die Angaben der Kennwerte (Energieverbrauch bzw. Energiebedarf) aus dem Energieausweis für alle Anzeigen und nicht nur für kommerzielle Inserate in Zeitungen und Onlineportalen gelten. Verstöße dagegen sollen bußgeldbewehrt sein. In der Konsequenz hätte dies z. B. zur Folge, dass ein Student, der per Aushang Mitbewohner sucht, ein Bußgeld bis zu 5.000 Euro befürchten muss, wenn er die Energiewerte der WG-Wohnung nicht angibt.[18]

Im Einklang mit der EU-Gebäuderichtlinie 2010 wird die EnEV 2013 vorsehen, dass spätestens ab dem Jahr 2021 alle neuen Gebäude sog. Niedrigstenergiegebäude sind, d. h. Null- oder Plusenergiehäuser, bezogen auf den Jahres-Primärenergiebedarf. Bei öffentlichen Gebäuden gilt diese Anforderung sogar schon ab dem Jahr 2019.

Weiterhin zeichnet sich ab, dass die Energieausweise schärfer kontrolliert werden. Bisher musste sich der Gebäudeeigentümer bzw. Vermieter nur mit solchen Käufern bzw. Mietern auseinander setzen, die die Vorlage des Energieausweises tatsächlich verlangt haben. Bußgelder wegen Nichtvorlage des Energieausweises wurden in der Praxis so gut wie nicht verhängt. Zukünftig sollen Energieausweise nicht nur in öffentlichen Dienstleistungsbauten, sondern auch in sonstigen Gebäuden mit regem Publikumsverkehr (wie z. B. Hotels, Kinos, Kaufhäuser, Theater etc.) ausgehängt werden, wenn die Gesamtnutzfläche 500 m² übersteigt. Eventuell wird diese Mindestgröße im Jahr 2015 erheblich weiter herabgesetzt. Angedacht ist auch ein Kontrollsystem für Energieausweise und Inspektionsberichte.[19] Gemäß EU-Richtlinie 2010 soll nur stichprobenartig kontrolliert werden, und zwar ein statistisch signifikanter Prozentanteil aller jährlich ausgestellen Energieausweise und Inspektionsberichte. Es ist noch offen, ob und wie die EnEV 2013 diese Vorgabe umsetzt. Die Umsetzung würde für die Bundesländer auf jeden Fall einen gesteigerten Aufwand an Personal bedeuten.

---

17 Siehe kritische Stimmen aus der Immobilienwirtschaft in der Immobilienzeitung, Ausgabe vom 19.07.2012, S. 7.
18 So die Kritik von Haus & Grund, zitiert in Immobilienzeitung, Ausgabe vom 19.07.2012, S. 7.
19 vgl. dazu ausführlicher Tuschinski, a.a.O.

Nach neuesten Auskünften sollen sich die beteiligten Bundesministerien auf Arbeitsebene darauf geeinigt haben, die Energieanforderungen nur für Neubauten zu erhöhen, und zwar für neue Gebäude ab 2014 um 12,5 % und ab 2016 dann nochmals um weitere 12,5 %. Verschärfte Kontrollen sowie einige der vorgesehenen Nachrüstungspflichten seien jedoch aus dem Entwurf weitgehend gestrichen worden. In einigen Wochen (leider aber nach Redaktionsschluss für dieses Buch) werden wohl die endgültigen Einigungsergebnisse verkündet werden.

Kurz vor Redaktionsschluss für dieses Buch hat das EU-Parlament eine Energieeffizienz-Richtlinie[20] verabschiedet. Wird diese Richtlinie durch den Ministerrat beschlossen, haben die EU-Staaten 18 Monate Zeit, die Vorgaben in nationales Recht umzusetzen. Die verabschiedete Version der Energieeffizienz-Richtlinie enthält einige der im ursprünglichen Entwurf vorgesehenen Verschärfungen nicht. So müssen jährlich nur 3 % der Gebäude der Bundesregierung (energetisch) saniert werden. Kommunale und öffentliche Wohnungsunternehmen bleiben verschont. Auch für den Gebäudebestand sind keine verbindlichen Sanierungsziele mehr vorgesehen. Dafür sollen die EU-Staaten bis 2014 Strategien vorlegen, wie der Energieverbrauch bis 2050 gegenüber 2010 um 80 % gesenkt werden kann. Auf jeden Fall bedeutet die Energieeffizienz-Richtlinie eine weitere Verdichtung der EU-Regularien, die das Korsett für die Mitgliedstaaten immer enger werden lässt.

Die Green Building-Zertifizierer (vor allem DGNB, LEED und BREEAM) werden die vorstehend beschriebenen, verschärften Anforderungen in ihre Zertifizierungssysteme übernehmen, zumindest größtenteils. Anderenfalls würden sie in Verruf geraten, die Nachhaltigkeit eines Gebäudes zu bescheinigen, welches gesetzliche Anforderungen nicht einhält.

2. Energetische Modernisierung von vermietetem Wohnraum – Neues aus dem deutschen Mietrecht

Am 23.05.2012 hat das Bundeskabinett eine Mietrechtsnovelle beschlossen.[21] In seinem Kernbereich dient der Gesetzesentwurf der Umsetzung des Koalitionsvertrags, nach dem die Hürden im Mietrecht für eine energetische

---

20 http://www.europarl.europa.eu/news/de/pressroom/content/20120907IPR50808/html/ Energy-efficiency-billions-to-be-made-in-savings
21 Der Gesetzesentwurf ist abrufbar unter: http://www.bmj.de/SharedDocs/Downloads/DE/ pdfs/RegE_Gesetz_ueber_die_energetische_Modernisierung_von_vermietetem_Wohnraum_und_ueber_die_vereinfachte_Durchsetzung_von_Raeumungstiteln.pdf; vgl. auch BT-Drucks. 17/10485.

Modernisierung zum gemeinsamen Vorteil von Eigentümern und Mietern gesenkt werden sollen. Letztendlich dient der Gesetzesentwurf aber wohl vor allem dem Versuch, die in dem Energiekonzept vom 28.09.2010 formulierten ambitionierten Klimaschutzziele der Bundesregierung zu erreichen. Bei ca. 24 Mio. Mietwohnungen in Deutschland ist der potenzielle Anwendungsbereich der Mietrechtsnovelle enorm. Das sozial geprägte Wohnraummietrecht in seiner bisherigen gesetzlichen Form bietet aus Eigentümersicht bislang keine attraktiven Rahmenbedingungen für energetische Modernisierungen. Dies soll sich mit der Mietrechtsnovelle zumindest teilweise ändern. Der politische Konflikt bzw. das Spannungsfeld, mit dem sich der Gesetzgeber schwer tut, liegt auf der Hand: Mieterschutz versus Energiewende, die ohne die energetische Sanierung von Bestandsimmobilien scheitern würde.

a) Duldungspflichten des Mieters

Der Entwurf novelliert die Pflicht des Mieters zur Duldung von Erhaltungs- und Modernisierungsmaßnahmen. Hierdurch soll dem Vermieter die Möglichkeit gegeben werden, seine Erhaltungs- und Gewährleistungspflicht zu erfüllen. Der Mieter ist dabei zu einem aktiven Mitwirken nicht verpflichtet. Er hat den für die Erhaltungsmaßnahme erforderlichen Zugang zur Mietsache zu gewähren und gegebenenfalls auch die Umstellung von Gegenständen in der Mietsache bis hin zum vorübergehenden Auszug aus der Mietsache auf Kosten des Vermieters hinzunehmen.

aa) Erhaltungsmaßnahmen

Erhaltungsmaßnahmen sind in § 555a Abs. 1 BGB-E als zur Instandhaltung und Instandsetzung der Mietsache notwendige Maßnahmen legaldefiniert. Die Pflicht des Mieters zur Duldung solcher Maßnahmen folgt bereits daraus, dass die Mietsache durch diese keine Veränderungen erfährt.[22] Die Rechtslage bleibt, bis auf die Einfügung der Legaldefinition, unverändert.[23]

bb) Modernisierungsmaßnahmen

Das Gesetz definiert in § 555b BGB-E Modernisierungsmaßnahmen als bauliche Veränderungen, durch die in Bezug auf die Mietsache Endenergie oder

---

22 Jaeger/Aufderhaar, ZfIR 2011, 8, 169, 171.
23 Jaeger/Aufderhaar, ZfIR 2011, 553, 554.

nicht erneuerbare Primärenergie nachhaltig eingespart wird.[24] Mit dieser Regelung sollen alle Maßnahmen umfasst werden, die zur Verbesserung der Energieeffizienz und zum Klimaschutz beitragen. Der Tatbestand ist diesbezüglich bewusst offen formuliert, um auch künftige neue Technologien, die eine effizientere Nutzung von Energie ermöglichen oder dem Klimaschutz dienen, mit der Legaldefinition einer energetischen Modernisierung zu erfassen.[25] Erfasst werden mithin die Einsparung von nicht erneuerbarer Primärenergie, z.B. durch Energieeffizienzmaßnahmen, etwa durch Wechsel auf Energieträger mit niedrigerem Primärenergiefaktor, etwa der Tausch Gas gegen Fernwärme, sowie die Einsparung von Endenergie, d.h. die für den Verbraucher erforderliche Nutzenergie wird eingespart durch Wärmedämmung, Fensteraustausch bzw. Installation von Lüftungsanlagen mit Wärmerückgewinnung, Erneuerung von Heizkesseln oder Anlagen zur Nutzung der Sonnen- oder Windenergie.

Nachdem der erste Referentenentwurf noch zwei Tatbestände beinhaltete, in denen Modernisierungsmaßnahmen vom Mieter vorbehaltlos zu dulden waren[26] – die rechtliche Verpflichtung des Vermieters zur Modernisierung und eine freiwillige Modernisierung, bei der der Vermieter auf die Möglichkeit zur Mieterhöhung nach § 559 BGB verzichtet – schreibt § 555d BGB-E eine grundsätzliche Duldungspflicht des Mieters für Modernisierungsmaßnahmen fest. Auf die hierdurch bewirkte Verbesserung der Mietsache soll es nicht mehr ankommen. Sämtliche Modernisierungsvorhaben, auch solche zur energetischen Modernisierung, sind von der Norm erfasst.

Nach dem Gesetzesentwurf besteht die Duldungspflicht des Mieters auch, wenn zwar keine Energie eingespart, aber auf eine ökologischere Energiequelle umgestellt wird. In diesem Fall sollen dann aber nach dem Gesetzesentwurf der zeitlich befristete Minderungsausschluss und die Möglichkeit der Modernisierungsmieterhöhung nicht gelten.

Zu beachten ist jedoch, dass die energetische Modernisierung den Mietgegenstand betreffen muss, was im Rahmen des vorgelegten Gesetzesentwurfs z.B. im Hinblick auf die Fassade und das Dach eines Hauses die Frage aufwirft, ob dies zum Mietgegenstand des jeweiligen Wohnungsmieters gehört.

Vor dem Hintergrund des Klimaschutzes erscheinen diese Regelungen begrüßenswert. Vermieter werden wesentlich eher zu freiwilligen Moderni-

---

24 Fleindl, NZM 2012, 57, 58.
25 Jaeger/Aufderhaar, ZflR 2011, 553, 554.
26 Dazu näher Jaeger/Aufderhaar, ZflR 2011, 169, 171.

sierungen bereit sein, wenn ihnen die Weitergabe der angefallenen Kosten im Wege einer Mieterhöhung nicht verwehrt wird.

Bei der Berücksichtigung von Härtefällen differenziert der neue Entwurf zwischen wirtschaftlichen Gesichtspunkten in Gestalt der über § 559 BGB folgenden Mieterhöhung und sonstigen Aspekten. Letztere werden bereits auf der Ebene der Duldungspflicht berücksichtigt, erstere erst im Rahmen des § 559 BGB. Kritisch zu betrachten ist der mit dieser Regelung verbundene Wegfall einer absoluten Privilegierung von bestimmten Modernisierungsvorhaben, wie sie noch im ersten Entwurf enthalten war.[27] Bei jeder Modernisierungsmaßnahme besteht nunmehr – zumindest theoretisch – die Gefahr des Einwands von Härtegründen. Inwieweit diese Neuregelung geeignet ist, den mit dem Gesetz angestrebten Zweck zu fördern, bleibt abzuwarten. Die Folgen der Neuregelung werden zumindest dadurch abgeschwächt, dass die drohende Mietsteigerung erst auf der Ebene der Mieterhöhung, nicht bereits bei dem „Ob" der Sanierung berücksichtigt wird.[28] Finanzielle Erwägungen des Mieters vermögen somit keine Modernisierung zu verhindern.

Die Einzelheiten der Härtefallregelung sind in § 555d Abs. 2 BGB-E geregelt. Wo die Modernisierung im Einzelfall für den Mieter eine unbillige Härte bedeutet, die auch nach einer Interessenabwägung nicht zu rechtfertigen ist, besteht eine Ausnahme von der Duldungspflicht. Mit dem Klima- und Energieschutz ist ein neues Abwägungskriterium aufgenommen worden, welches nach bisheriger Rechtslage so nicht zu berücksichtigen war. Es obliegt dem Mieter, den Vermieter auf die Umstände, die einen Härtefall begründen, aufmerksam zu machen. Wo er dies unterlässt, sieht § 555d Abs. 3 und 4 BGB-E eine Präklusion der betreffenden Einwände vor.

Darüber hinaus stellt der Gesetzesentwurf klar, dass die Mietparteien Vereinbarungen über bestimmte Erhaltungs- und Modernisierungsmaßnahmen treffen können. Ob eine solche Klarstellung in dem auf Privatautonomie beruhenden BGB tatsächlich notwendig ist, sei dahingestellt.[29]

b) Modernisierungsmieterhöhungen

Bereits seit dem Jahr 2001 können Vermieter die Kosten für bauliche Maßnahmen, die der nachhaltigen Einsparung von Energie oder Wasser dienen,

---

27 Jaeger/Aufderhaar, ZfIR 2011, 553, 556.
28 Jaeger/Aufderhaar, ZfIR 2011, 553, 555.
29 Jaeger/Aufderhaar, ZfIR 2011, 553, 559.

im Wege der Modernisierungsmieterhöhung nach § 559 BGB teilweise umlegen.

Die Mieterhöhung kann nach altem wie nach neuem Recht jährlich bis zu 11 % der für die Maßnahmen in Bezug auf die Wohnung aufgewandten Kosten betragen.[30] Der Entwurf verzichtet jedoch auf das Kriterium der Nachhaltigkeit der Maßnahmen.

Die zweite Ebene der Härtefallprüfung findet sich in § 559 Abs. 4 BGB-E. Für den in Satz 1 vorgesehen Ausschluss der Mieterhöhung bei einer unzumutbaren finanziellen Härte sieht Satz 2 Rückausnahmen vor.[31]

c) Obliegenheiten des Vermieters

Nach dem Gesetzeswortlaut hat der Vermieter dem Mieter Erhaltungsmaßnahmen rechtzeitig anzukündigen, es sei denn, diese sind mit einer nur unerheblichen Einwirkung auf die Mietsache verbunden. Das bedeutet, dass Erhaltungsmaßnahmen mit Ausnahme von Notmaßnahmen vom Vermieter derart anzukündigen sind, dass sich der Mieter auf die Maßnahme einstellen kann.

Weitreichender ist demgegenüber die Ankündigungspflicht im Falle von Modernisierungsmaßnahmen. Diese sind gemäß § 555c Abs. 1 BGB-E mittels einer sog. Modernisierungsankündigung mindestens drei Monate vor ihrem Beginn in Textform mitzuteilen. Für die Wahrung der Frist kommt es auf den Zugang der Modernisierungsankündigung beim Mieter an. Die Ankündigung muss Art und Umfang der Modernisierungsmaßnahme sowie Angaben über den Beginn und die voraussichtliche Dauer enthalten.[32] § 555c Abs. 2 BGB-E gestattet es dem Vermieter, im Rahmen seiner Ankündigung auf anerkannte Pauschalwerte zu verweisen, um über die energetische Qualität der Bauteile zu informieren. Was konkret anerkannte Pauschalwerte sind, regelt der Gesetzesentwurf jedoch nicht. Inwieweit sich dadurch wirklich Vereinfachungen einstellen, hängt somit von der Umsetzung in der Praxis ab. Diese Anforderungen könnten im rechtlichen Alltag Fehlerquellen darstellen.

Eine Ausnahme von der Obliegenheit besteht nach § 555c Abs. 3 BGB-E dort, wo die Maßnahmen nur unerhebliche Einwirkungen auf die Mietsache verursachen und nur zu einer unerheblichen Mieterhöhung berechtigen.

---

30 Fleindl, NZM 2012, 57, 59.
31 Z.B., wenn die Mietsache durch die Modernisierung lediglich in einen Zustand versetzt wurde, der allgemein üblich ist oder die Modernisierungsmaßnahme aufgrund von Umständen durchgeführt wurde, die der Vermieter nicht zu vertreten hatte.
32 Jaeger/Aufderhaar, ZfIR 2011, 553, 557.

Bei versäumter oder ungenügender Modernisierungsankündigung beginnt die Frist des Mieters zur Geltendmachung von die Duldungspflicht ausschließenden Härtegründen (bis zum Ablauf des Monats nach Zugang der Ankündigung) nicht zu laufen, und die Frist für die Wirksamkeit einer Modernisierungsmieterhöhung verlängert sich um sechs Monate.

d) Rechte des Mieters

aa) Minderung

Wesentliche Neuerungen im Vergleich zu dem Entwurf aus Oktober 2010 enthält der aktuelle Entwurf bezüglich der Mietminderung. Diese tritt gemäß § 536 Abs. 1 BGB kraft Gesetzes ein, ohne dass es einer entsprechenden Erklärung des Mieters bedarf. Überzählig gezahlte Miete kann über das Bereicherungsrecht zurückverlangt werden. Das Minderungsrecht stellt somit eines der größten Hemmnisse für Modernisierungsmaßnahmen dar.[33] Der alte Entwurf sah einen Ausschluss der Minderung nur bei Modernisierungen vor, zu denen der Vermieter rechtlich verpflichtet ist. Nunmehr sieht § 536 Abs. 1a BGB-E einen Ausschluss der Minderung bei Maßnahmen, die zur energetischen Modernisierung gemäß § 555b Nr. 1 BGB-E dienen, für einen Zeitraum von drei Monaten vor. Mit der Formulierung soll klargestellt werden, dass auch Maßnahmen, die sowohl der energetischen Modernisierung als auch der Erhaltung der Mietsache dienen, erfasst sind.[34] Danach, oder auch bei völliger Aufhebung der Gebrauchstauglichkeit des Mietgegenstandes, bleibt das Minderungsrecht jedoch bestehen.

bb) Sonderkündigungsrecht

Das bereits nach geltender Rechtslage bestehende Sonderkündigungsrecht des Mieters, dem die Modernisierung angekündigt worden ist, wird durch den Gesetzesentwurf in § 555e BGB-E ebenfalls aufgegriffen. Nach dem Zugang der Modernisierungsankündigung kann der Mieter bis zum Ablauf des darauf folgenden Monats das Mietverhältnis außerordentlich zum Ablauf des übernächsten Monats beenden. Ein derartiges Kündigungsrecht existiert bereits nach geltendem Recht. Neu eingeführt wird – über den Verweis des § 555e Abs. 2 BGB-E auf § 555c Abs. 3 BGB-E – ein Ausschlusstatbestand für Bagatellmaßnahmen.[35]

---

33 Jaeger/Aufderhaar, ZfIR 2011, 169, 174 f.
34 Jaeger/Aufderhaar, ZfIR 2011, 553, 557.
35 Jaeger/Aufderhaar, ZfIR 2011, 553, 558.

e) Auswirkungen auf das gewerbliche Mietrecht

Von den geplanten Änderungen sind gewerbliche Mietverhältnisse nur ansatzweise betroffen. Zwar sieht der Gesetzesentwurf auch für gewerbliche Mieter Duldungspflichten für die Durchführung einer energetischen Modernisierung vor, eine Möglichkeit zur Mieterhöhung nach Durchführung einer energetischen Modernisierung fehlt indes völlig – § 578 Abs. 2 BGB-E verweist nicht auf § 559 BGB-E. Eine solche wäre für den Vermieter einer Gewerbeimmobilie demnach nur indirekt über eine Änderungskündigung denkbar, was jedoch bei – und dies dürfte der Regelfall sein – den zumeist mit fester Laufzeit abgeschlossenen Gewerbemietverhältnissen auch nicht möglich ist.

Auch wenn Vermietern der Ausschluss des Minderungsrechts zugute kommt, stellt die fehlende Möglichkeit zur Mieterhöhung ein entscheidendes Hemmnis bei der Modernisierung und damit der Förderung des Klimaschutzes dar.

Empfohlene („Vermieterfreundliche") Modernisierungsklauseln für gewerbliche Mietverträge:

– *Duldungsklausel*
Verpflichtung des Mieters, energetische Sanierungs- und Modernisierungsmaßnahmen des Vermieters nach rechtzeitiger vorheriger Ankündigung unter Ausschluss von Mieterrechten wie Mietminderung etc. zu dulden.
(1) Der Mieter stimmt einer späteren Modernisierung des Mietobjekts oder der Mietsache zu.
(2) Modernisierung im oben genannten Sinn ist jede bauliche Veränderung,
   a. die zur Instandhaltung oder Instandsetzung der Mietsache erforderlich ist,
   b. durch die in Bezug auf die Mietsache Endenergie oder nicht erneuerbare Primärenergie nachhaltig eingespart wird,
   c. durch die auf sonstige Weise nicht erneuerbare Primärenergie nachhaltig eingespart oder das Klima nachhaltig geschützt wird,
   d. durch die der Wasserverbrauch nachhaltig reduziert wird,
   e. durch die der Gebrauchswert der Mietsache nachhaltig erhöht wird,
   f. durch die die allgemeinen Wohnverhältnisse auf Dauer verbessert werden oder

g. die aufgrund von Umständen durchgeführt wird, die der Vermieter nicht zu vertreten hat.
(3) Der Vermieter wird den Mieter über geplante Modernisierungsmaßnahmen informieren. Der Mieter kann der Modernisierung nur aus wichtigem Grund widersprechen. Ein Widerspruch hat durch den Mieter spätestens zwei Wochen nach dem Erhalt der Information durch den Vermieter zu erfolgen. Der Widerspruch hat schriftlich zu erfolgen und ist mit einer ausführlichen Begründung zu versehen. Erfolgt innerhalb der genannten Frist kein Widerspruch, gilt die Zustimmung des Mieters als erteilt. Ein wichtiger Grund kann nur dann vorliegen, wenn die geplante Modernisierung für den Mieter auch unter Würdigung der berechtigten Interessen sowohl des Vermieters als auch anderer Mieter in dem Mietobjekt sowie von Belangen der Energieeinsparung und des Klimaschutzes nicht zu rechtfertigen ist.
(4) Dem Mieter stehen hinsichtlich durchgeführter Modernisierungsmaßnahmen Schadensersatzansprüche nur insofern und insoweit zu, als sie mit einer länger als eine Woche anhaltenden erheblichen Beeinträchtigung des Geschäftsbetriebs des Mieters verbunden sind. Ein Kündigungsrecht des Mieters gemäß § 554 Abs. 3 Satz 2 BGB wegen der Durchführung der Maßnahme ist ausgeschlossen. Für die Dauer von drei Monaten ist das Recht des Mieters, die Miete aufgrund einer durch Modernisierungsmaßnahmen geminderten Gebrauchstauglichkeit des Mietobjekts zu mindern, ausgeschlossen.
(5) Schadensersatzansprüche des Mieters bestehen nur im Fall vorsätzlichen oder grob fahrlässigen Verhaltens des Vermieters oder seiner Erfüllungsgehilfen. Dies gilt nicht für Schäden aus der Verletzung des Lebens, des Körpers oder der Gesundheit, für die der Vermieter uneingeschränkt bei Vorsatz und Fahrlässigkeit haftet.

– *Mieterhöhungsklausel*
Recht des Vermieters, die Kosten der energetischen Sanierung bzw. Modernisierung mit einem bestimmten Verteilerschlüssel innerhalb eines bestimmten Zeitraums im Rahmen einer Sondermieterhöhung auf den Mieter umzulegen.
(1) Der Vermieter kann infolge von Modernisierungsmaßnahmen im Sinne von § [...] dieses Vertrags die jährliche Miete um [...] Prozent der für die Modernisierung aufgewendeten Kosten erhöhen. Betrifft die Modernsierung mehrere Mieter

> des Mietobjekts oder Gemeinschaftsflächen, sind die Kosten anteilig zu verteilen.
> (2) Wird die Modernisierung durch öffentliche Mittel gefördert, sind diese von den aufgewendeten Kosten abzuziehen. § 559a BGB gilt entsprechend.
> (3) Eine Erhöhung der Miete im oben genannten Sinn ist dem Mieter schriftlich zu erklären. In der Erklärung sind die Modernisierungskosten aufzulisten.
> (4) Der Mieter schuldet die erhöhte Miete mit Beginn des übernächsten Monats nach dem Zugang der Erklärung, ohne dass es einer weiteren Aufforderung oder Erklärung durch den Vermieter bedarf.
> (5) Ein Kündigungsrecht des Mieters wegen der Mieterhöhung ist ausgeschlossen.
> (6) Die in § [...] dieses Vertrags vereinbarte Wertsicherung der Miete bleibt hiervon unberührt.

f) **Auswirkungen auf die Praxis und weiterer Ausblick**

Freiwillige Modernisierungsmaßnahmen berechtigen nach dem neuen Entwurf für einen Zeitraum von drei Monaten nicht mehr zu einer Mietminderung. Die durch sie entstehenden Kosten können bei Wohnraummietverhältnissen über Mieterhöhungen in bestimmtem Maße an die Mieter weitergegeben werden. Wo ein Vermieter eine Modernisierungsmaßnahme für notwendig erachtet, ist er – bei Wohnraummietverhältnissen – nicht mehr darauf angewiesen, seine rechtliche Verpflichtung zu ihrer Durchführung zu prüfen. Um die erwünschten Investitionsanreize wirklich zu schaffen, wäre eine Erstreckung des § 559 BGB-E auf Gewerbemietverträge erforderlich.

Soweit Mieter die Duldung von Modernisierungsmaßnahmen unter Verweis auf finanzielle Härten ablehnen, hindert dies Vermieter letztlich nicht an der Durchführung von Modernisierungsmaßnahmen. Die insoweit vorgenommene Anpassung der Härtefallprüfung in § 555b Abs. 2 BGB-E und die Verlagerung finanzieller Aspekte auf die Ebene des § 559 BGB-E wird die Durchführung von Modernisierungsmaßnahmen beschleunigen.

Eine Prognose, ob der Entwurf unverändert Gesetzeskraft erhält und zu welchem Zeitpunkt dies geschieht, ist momentan nicht möglich. In einer Stellungnahme hat der Bundesrat den geplanten Ausschluss der Mietminderung bei energetischen Modernisierungen von Mietwohnungen abgelehnt. Eine Gegenäußerung der Bundesregierung liegt derzeit noch nicht vor.

Der Bundestag wird sich nach dem vorliegenden neuen Entwurf voraussichtlich im Herbst 2012 mit dem Vorhaben beschäftigen.[36]

Übersicht
Änderungen im Vergleich zur bisherigen Rechtslage durch den Entwurf eines Gesetzes über die energetische Modernisierung von vermietetem Wohnraum und über die vereinfachte Durchsetzung von Räumungstiteln vom 15.08.2012 (Mietrechtsänderungsgesetz – MietRÄndG) hinsichtlich der wesentlichen Änderungen des BGB
– Änderungen im *Kursivdruck* –

Entwurf August 2012	BGB (Stand 01.08.2012)
§ 536 Mietminderung bei Sach- und Rechtsmängeln *(1a) Für die Dauer von drei Monaten bleibt eine Minderung der Tauglichkeit außer Betracht, soweit diese auf Grund einer Maßnahme eintritt, die einer energetischen Modernisierung nach § 555b Nummer 1 dient.*	–
–	§ 554 Duldung von Erhaltungs- und Modernisierungsmaßnahmen (1) Der Mieter hat Maßnahmen zu dulden, die zur Erhaltung der Mietsache erforderlich sind. (2) Maßnahmen zur Verbesserung der Mietsache, zur Einsparung von Energie oder Wasser oder zur Schaffung neuen Wohnraums hat der Mieter zu dulden. Dies gilt nicht, wenn die Maßnahme für ihn, seine Familie oder einen anderen Angehörigen seines Haushalts eine Härte bedeuten würde, die auch unter Würdigung der berechtigten Interessen des Vermieters und anderer Mieter in dem Gebäude nicht zu rechtfertigen ist. Dabei sind insbesondere die vorzunehmenden Arbeiten, die baulichen Folgen, vorausgegangene Aufwendungen des Mieters und die zu erwartende

---

36 Ein stets aktueller Überblick über das Verfahren findet sich auf: http://gesetzgebung.beck.de/node/1014978.

Kapitel II Regulierungstrends

Entwurf August 2012	BGB (Stand 01.08.2012)
	Mieterhöhung zu berücksichtigen. Die zu erwartende Mieterhöhung ist nicht als Härte anzusehen, wenn die Mietsache lediglich in einen Zustand versetzt wird, wie er allgemein üblich ist. (3) Bei Maßnahmen nach Absatz 2 Satz 1 hat der Vermieter dem Mieter spätestens drei Monate vor Beginn der Maßnahme deren Art sowie voraussichtlichen Umfang und Beginn, voraussichtliche Dauer und die zu erwartende Mieterhöhung in Textform mitzuteilen. Der Mieter ist berechtigt, bis zum Ablauf des Monats, der auf den Zugang der Mitteilung folgt, außerordentlich zum Ablauf des nächsten Monats zu kündigen. Diese Vorschriften gelten nicht bei Maßnahmen, die nur mit einer unerheblichen Einwirkung auf die vermieteten Räume verbunden sind und nur zu einer unerheblichen Mieterhöhung führen. (4) Aufwendungen, die der Mieter infolge einer Maßnahme nach Absatz 1 oder 2 Satz 1 machen musste, hat der Vermieter in angemessenem Umfang zu ersetzen. Auf Verlangen hat er Vorschuss zu leisten. (5) Eine zum Nachteil des Mieters von den Absätzen 2 bis 4 abweichende Vereinbarung ist unwirksam.
§ 555a *Erhaltungsmaßnahmen* *(1) Der Mieter hat Maßnahmen zu dulden, die zur Instandhaltung oder Instandsetzung der Mietsache erforderlich sind (Erhaltungsmaßnahmen).* *(2) Erhaltungsmaßnahmen sind dem Mieter rechtzeitig anzukündigen, es sei denn, sie sind nur mit einer unerheblichen Einwirkung auf die Mietsache verbunden oder ihre sofortige Durchführung ist zwingend erforderlich.* *(3) Aufwendungen, die der Mieter infolge einer Erhaltungsmaßnahme machen*	–

Entwurf August 2012	BGB (Stand 01.08.2012)
muss, hat der Vermieter in angemessenem Umfang zu ersetzen. Auf Verlangen hat er Vorschuss zu leisten. (4) Eine zum Nachteil des Mieters von Absatz 2 oder 3 abweichende Vereinbarung ist unwirksam.	
§ 555b Modernisierungsmaßnahmen Modernisierungsmaßnahmen sind bauliche Veränderungen, 1. durch die in Bezug auf die Mietsache Endenergie oder nicht erneuerbare Primärenergie nachhaltig eingespart wird (energetische Modernisierung), 2. durch die auf sonstige Weise nicht erneuerbare Primärenergie nachhaltig eingespart oder das Klima nachhaltig geschützt wird, 3. durch die der Wasserverbrauch nachhaltig reduziert wird, 4. durch die der Gebrauchswert der Mietsache nachhaltig erhöht wird, 5. durch die die allgemeinen Wohnverhältnisse auf Dauer verbessert werden, 6. die auf Grund von Umständen durchgeführt werden, die der Vermieter nicht zu vertreten hat, und die keine Erhaltungsmaßnahmen nach § 555a sind, oder 7. durch die neuer Wohnraum geschaffen wird.	–
§ 555c Ankündigung von Modernisierungsmaßnahmen (1) Der Vermieter hat dem Mieter eine Modernisierungsmaßnahme spätestens drei Monate vor ihrem Beginn in Textform anzukündigen (Modernisierungsankündigung). Die Modernisierungsankündigung muss Angaben enthalten über: 1. die Art und den voraussichtlichen Umfang der Modernisierungsmaßnahme in wesentlichen Zügen,	–

Kapitel II Regulierungstrends

Entwurf August 2012	BGB (Stand 01.08.2012)
2. den voraussichtlichen Beginn und die voraussichtliche Dauer der Modernisierungsmaßnahme, 3. den Betrag der zu erwartenden Mieterhöhung, sofern eine Erhöhung nach § 559 verlangt werden soll, sowie die voraussichtlichen künftigen Betriebskosten. (2) In der Modernisierungsankündigung für eine Modernisierungsmaßnahme nach § 555b Nummer 1 und 2 kann der Vermieter insbesondere hinsichtlich der energetischen Qualität von Bauteilen auf allgemein anerkannte Pauschalwerte Bezug nehmen. (3) Die Absätze 1 und 2 gelten nicht für Modernisierungsmaßnahmen, die nur mit einer unerheblichen Einwirkung auf die Mietsache verbunden sind und nur zu einer unerheblichen Mieterhöhung führen. (4) Eine zum Nachteil des Mieters abweichende Vereinbarung ist unwirksam.	
§ 555d Duldung von Modernisierungsmaßnahmen, Ausschlussfrist (1) Der Mieter hat eine Modernisierungsmaßnahme zu dulden. (2) Eine Duldungspflicht nach Absatz 1 besteht nicht, wenn die Modernisierungsmaßnahme für den Mieter, seine Familie oder einen Angehörigen seines Haushalts eine Härte bedeuten würde, die auch unter Würdigung der berechtigten Interessen sowohl des Vermieters als auch anderer Mieter in dem Gebäude sowie von Belangen der Energieeinsparung und des Klimaschutzes nicht zu rechtfertigen ist. Die zu erwartende Mieterhöhung sowie die voraussichtlichen künftigen Betriebskosten bleiben bei der Abwägung im Rahmen der Duldungspflicht außer Betracht; sie sind nur nach § 559 Absatz 4 und 5 bei einer Mieterhöhung zu berücksichtigen.	–

Entwurf August 2012	BGB (Stand 01.08.2012)
(3) Der Mieter hat dem Vermieter Umstände, die eine Härte im Hinblick auf die Duldung oder die Mieterhöhung begründen, bis zum Ablauf des Monats, der auf den Zugang der Modernisierungsankündigung folgt, in Textform mitzuteilen. Der Lauf der Frist beginnt nur, wenn die Modernisierungsankündigung den Vorschriften des § 555c entspricht. (4) Nach Ablauf der Frist sind Umstände, die eine Härte im Hinblick auf die Duldung oder die Mieterhöhung begründen, nur zu berücksichtigen, wenn der Mieter ohne Verschulden an der Einhaltung der Frist gehindert war und er dem Vermieter die Umstände sowie die Gründe der Verzögerung unverzüglich in Textform mitteilt. Umstände, die eine Härte im Hinblick auf die Mieterhöhung begründen, sind nur zu berücksichtigen, wenn sie spätestens bis zum Beginn der Modernisierungsmaßnahme mitgeteilt werden. (5) § 555a Absatz 3 gilt entsprechend. (6) Eine zum Nachteil des Mieters abweichende Vereinbarung ist unwirksam.	
§ 555e Sonderkündigungsrecht des Mieters bei Modernisierungsmaßnahmen (1) Nach Zugang der Modernisierungsankündigung kann der Mieter das Mietverhältnis außerordentlich zum Ablauf des übernächsten Monats kündigen. Die Kündigung muss bis zum Ablauf des Monats erfolgen, der auf den Zugang der Modernisierungsankündigung folgt. (2) § 555c Absatz 3 gilt entsprechend. (3) Eine zum Nachteil des Mieters abweichende Vereinbarung ist unwirksam.	–

Entwurf August 2012	BGB (Stand 01.08.2012)
§ 555f *Vereinbarungen über Erhaltungs- oder Modernisierungsmaßnahmen* *Die Vertragsparteien können nach Abschluss des Mietvertrags aus Anlass von Erhaltungs- oder Modernisierungsmaßnahmen Vereinbarungen treffen, insbesondere über die* *1. zeitliche und technische Durchführung der Maßnahmen,* *2. Gewährleistungsrechte und Aufwendungsersatzansprüche des Mieters,* *3. künftige Höhe der Miete.*	–
§ 556c *Kosten der Wärmelieferung als Betriebskosten, Verordnungsermächtigung* *(1) Hat der Mieter die Betriebskosten für Wärme oder Warmwasser zu tragen und stellt der Vermieter die Versorgung von der Eigenversorgung auf die eigenständig gewerbliche Lieferung durch einen Wärmelieferanten (Wärmelieferung) um, so hat der Mieter die Kosten der Wärmelieferung als Betriebskosten zu tragen, wenn* *1. die Wärme aus einer vom Wärmelieferanten errichteten neuen Anlage oder aus einem Wärmenetz geliefert wird und* *2. die Kosten der Wärmelieferung die Betriebskosten für die bisherige Eigenversorgung mit Wärme oder Warmwasser nicht übersteigen.* *Beträgt der Jahresnutzungsgrad der bestehenden Anlage vor der Umstellung mindestens 80 Prozent, kann sich der Wärmelieferant anstelle der Maßnahmen nach Nummer 1 auf die Verbesserung der Betriebsführung der Anlage beschränken.* *(2) Der Vermieter hat die Umstellung spätestens drei Monate zuvor in Textform anzukündigen (Umstellungsankündigung).*	–

Entwurf August 2012	BGB (Stand 01.08.2012)
(3) Die Bundesregierung wird ermächtigt, durch Rechtsverordnung ohne Zustimmung des Bundesrates Vorschriften für Wärmelieferverträge, die bei einer Umstellung nach Absatz 1 geschlossen werden, sowie für die Anforderungen nach den Absätzen 1 und 2 zu erlassen. Hierbei sind die Belange von Vermietern, Mietern und Wärmelieferanten angemessen zu berücksichtigen. *(4) Eine zum Nachteil des Mieters abweichende Vereinbarung ist unwirksam.*	
§ 558 Mieterhöhung bis zur ortsüblichen Vergleichsmiete (2) Die ortsübliche Vergleichsmiete wird gebildet aus den üblichen Entgelten, die in der Gemeinde oder einer vergleichbaren Gemeinde für Wohnraum vergleichbarer Art, Größe, Ausstattung, Beschaffenheit und Lage *einschließlich der energetischen Ausstattung und Beschaffenheit* in den letzten vier Jahren vereinbart oder, von Erhöhungen nach § 560 abgesehen, geändert worden sind. Ausgenommen ist Wohnraum, bei dem die Miethöhe durch Gesetz oder im Zusammenhang mit einer Förderzusage festgelegt worden ist.	§ 558 Mieterhöhung bis zur ortsüblichen Vergleichsmiete (2) Die ortsübliche Vergleichsmiete wird gebildet aus den üblichen Entgelten, die in der Gemeinde oder einer vergleichbaren Gemeinde für Wohnraum vergleichbarer Art, Größe, Ausstattung, Beschaffenheit und Lage in den letzten vier Jahren vereinbart oder, von Erhöhungen nach § 560 abgesehen, geändert worden sind. Ausgenommen ist Wohnraum, bei dem die Miethöhe durch Gesetz oder im Zusammenhang mit einer Förderzusage festgelegt worden ist.
§ 559 Mieterhöhung nach Modernisierungsmaßnahmen (1) Hat der Vermieter Modernisierungsmaßnahmen im Sinne des § 555b Nummer 1, 3, 4, 5 oder 6 durchgeführt, so kann er die jährliche Miete um 11 Prozent der für die Wohnung aufgewendeten Kosten erhöhen. (2) Kosten, die für Erhaltungsmaßnahmen erforderlich gewesen wären, gehören nicht zu den aufgewendeten Kosten nach Absatz 1; sie sind, soweit erforderlich, durch Schätzung zu ermitteln.	§ 559 Mieterhöhung bei Modernisierung (1) Hat der Vermieter bauliche Maßnahmen durchgeführt, die den Gebrauchswert der Mietsache nachhaltig erhöhen, die allgemeinen Wohnverhältnisse auf Dauer verbessern oder nachhaltig Einsparungen von Energie oder Wasser bewirken (Modernisierung), oder hat er andere bauliche Maßnahmen auf Grund von Umständen durchgeführt, die er nicht zu vertreten hat, so kann er die jährliche Miete um 11 vom Hundert der für die Wohnung aufgewendeten Kosten erhöhen.

Entwurf August 2012	BGB (Stand 01.08.2012)
(3) Werden Modernisierungsmaßnahmen für mehrere Wohnungen durchgeführt, so sind die Kosten angemessen auf die einzelnen Wohnungen aufzuteilen. (4) Die Mieterhöhung ist ausgeschlossen, soweit sie auch unter Berücksichtigung der voraussichtlichen künftigen Betriebskosten für den Mieter eine Härte bedeuten würde, die auch unter Würdigung der berechtigten Interessen des Vermieters nicht zu rechtfertigen ist. Eine Abwägung nach Satz 1 findet nicht statt, wenn 1. die Mietsache lediglich in einen Zustand versetzt wurde, der allgemein üblich ist, oder 2. die Modernisierungsmaßnahme auf Grund von Umständen durchgeführt wurde, die der Vermieter nicht zu vertreten hatte. (5) Umstände, die eine Härte nach Absatz 4 Satz 1 begründen, sind nur zu berücksichtigen, wenn sie nach § 555d Absatz 3 und 4 rechtzeitig mitgeteilt worden sind. Die Bestimmungen über die Ausschlussfrist nach Satz 1 sind nicht anzuwenden, wenn die tatsächliche Mieterhöhung die angekündigte um mehr als 10 Prozent übersteigt. (6) Eine zum Nachteil des Mieters abweichende Vereinbarung ist unwirksam.	(2) Sind die baulichen Maßnahmen für mehrere Wohnungen durchgeführt worden, so sind die Kosten angemessen auf die einzelnen Wohnungen aufzuteilen. (3) Eine zum Nachteil des Mieters abweichende Vereinbarung ist unwirksam.

3. Gesetz zur Förderung Erneuerbarer Energien im Wärmebereich (Erneuerbare-Energien-Wärmegesetz – EEWärmeG)

Zweck des EEWärmeG ist es, ausweislich seines § 1 Abs. 1, „insbesondere im Interesse des Klimaschutzes, der Schonung fossiler Ressourcen und der Minderung der Abhängigkeit von Energieimporten, eine nachhaltige Entwicklung der Energieversorgung zu ermöglichen und die Weiterentwicklung von Technologien zur Erzeugung von Wärme und Kälte aus Erneuerbaren Energien zu fördern".

Um diesen Zweck „unter Wahrung der wirtschaftlichen Vertretbarkeit zu erreichen, verfolgt dieses Gesetz das Ziel, dazu beizutragen, den Anteil Erneuerbarer Energien am Endenergieverbrauch für Wärme und Kälte bis zum Jahr 2020 auf 14 % zu erhöhen" (§ 1 Abs. 2).

Vor dem Hintergrund des definierten Gesetzeszwecks und der damit verfolgten Ziele sind folgende Regelungen des EEWärmeG wesentlich:

- Erneuerbare Energien im Sinne des Gesetzes werden in § 2 Abs. 1 definiert, nämlich Geothermie, Umweltwärme, solare Strahlungsenergie, aus fester, flüssiger und gasförmiger Biomasse erzeugte Wärme sowie Kälte aus Erneuerbaren Energien.
- Als zentrale Vorschrift ist § 3 Abs. 1 (Nutzungspflicht) anzusehen. Danach sind die Eigentümer von Gebäuden mit einer Nutzfläche von mehr als 50 qm grundsätzlich (Ausnahmen regelt § 4) verpflichtet, den Wärme- und Kälteenergiebedarf des jeweiligen Gebäudes durch die anteilige Nutzung von Erneuerbaren Energien nach Maßgabe des Gesetzes zu decken.
- Die generelle Pflicht, bei neuen Gebäuden Erneuerbare Energien zu nutzen, wird in § 5 konkretisiert, und zwar differenziert nach den verschiedenen Arten Erneuerbarer Energien:
Bei Nutzung von solarer Strahlungsenergie muss der Wärme- und Kälteenergiebedarf zu mindestens 15 % hieraus gedeckt werden, bei Nutzung von gasförmiger Biomasse zu mindestens 30 %, bei Nutzung von flüssiger und fester Biomasse zu mindestens 50 % und bei Nutzung von Geothermie und Umweltwärme ebenfalls zu mindestens 50 % aus den Anlagen zur Nutzung dieser Energien.
Ob die im Gesetz geforderten Mindestanteile erreicht werden, müssen die Verpflichteten der zuständigen Behörde nachweisen (§ 10).
- Das Gesetz statuiert in § 1a eine „Vorbildfunktion öffentlicher Gebäude", selbst für öffentliche Gebäude im Ausland, wenn sie sich im Eigentum der öffentlichen Hand befinden.
Das Gesetz nimmt die – in § 2 Abs. 2 Nr. 6 definierte – „öffentliche Hand" in besonderer Weise in die Pflicht:
Die generelle Verpflichtung, den Wärme- und Kälteenergiebedarf durch die anteilige Nutzung von Erneuerbaren Energien zu decken, gilt für die öffentliche Hand auch dann, wenn sie öffentliche Gebäude im Ausland neu errichtet (§ 3 Abs. 1 Satz 2).
Weiterhin schreibt das Gesetz die Deckung des Wärme- und Kälteenergiebedarfs durch die anteilige Nutzung von Erneuerbaren Energien der öffentlichen Hand nicht nur bei der Errichtung neuer Gebäude vor, son-

dern auch bei der grundlegenden Renovierung bereits errichteter öffentlicher Gebäude (§ 3 Abs. 2); dies gilt auch, wenn öffentliche Gebäude im Ausland grundlegend renoviert werden (§ 3 Abs. 2 Satz 2).

Das Gesetz geht aber noch einen Schritt weiter: Die öffentliche Hand muss sogar sicherstellen, dass auch bereits errichteten öffentlichen Gebäuden, die sich in ihrem Besitz, aber nicht in ihrem Eigentum befinden (also etwa angemietete Gebäude) im Zuge einer grundlegenden Renovierung eine Vorbildfunktion zukommt. Bei der Anmietung oder Pacht von Gebäuden wird dies sichergestellt, wenn in erster Linie Gebäude angemietet oder gepachtet werden, die bereits die gesetzlichen Vorgaben zur anteiligen Nutzung Erneuerbarer Energien erfüllen. In zweiter Linie muss sich der Eigentümer eines gemieteten oder gepachteten Gebäudes verpflichten, die gesetzlichen Vorgaben zur anteiligen Nutzung Erneuerbarer Energien im Fall einer grundlegenden Renovierung zu erfüllen (§ 3 Abs. 3 Satz 2 Nr. 1 und 2).

- § 13 schreibt fest, dass die Nutzung Erneuerbarer Energien für die Erzeugung von Wärme oder Kälte durch den Bund bedarfsgerecht gefördert wird, und zwar in den Jahren 2009 bis 2012 mit bis zu 500 Mio. Euro pro Jahr. Welche Maßnahmen unter welchen Voraussetzungen gefördert werden, regelt § 14.

Übersicht
Zu erwartende Folgen des EEWärmeG für die Immobilienpraxis
- Die öffentliche Hand wird nur noch öffentliche Gebäude errichten, anmieten und/oder anpachten, die zu einem ausreichenden Anteil mit erneuerbaren Energien versorgt werden.
- Auch die Eigentümer sonstiger Gebäude sind in der Regel verpflichtet, den Wärme- und Kälteenergiebedarf durch die anteilige Nutzung von erneuerbaren Energien zu decken, und zwar je nach Energiequelle (Solar, Biomasse, Geothermie etc.) bis zu 50 %.
- Bei der Immobilientransaktion wird zukünftig auch im Rahmen der Due Diligence geprüft werden, ob die Vorgaben des EEWärmeG erfüllt sind.

---

4. Landesrechtliche Spezialregelungen (z. B. „Energetischer Überbau")

Obwohl die nachträgliche Dämmung des Gebäudebestandes zu den vorrangigen Zielen der energiepolitischen Maßnahmen der Bundesregierung gehört, ist es zu einer gesetzlichen Umsetzung auf bundesrechtlicher Ebene noch nicht gekommen.

Demgegenüber gibt es auf der Ebene der Länder eine Reihe energiepolitisch motivierter, spezifischer Regelungen, die teils zivilrechtlicher, teils öffentlich-rechtlicher Natur sind. In der beigefügten Tabelle sind ausschließlich solche Regelungen aufgeführt, die aus energiepolitischen Gründen eingefügt, ergänzt oder geändert worden sind.

In der Sache geht es im Wesentlichen um zwei Arten von Maßnahmen: Zum einen soll die nachträgliche Dämmung von Bauwerken rechtlich vereinfacht und erleichtert werden, zum anderen begünstigen bauordnungsrechtliche Sonderregelungen den Bau und die Montage von Solaranlagen.

Im Hinblick auf nachträgliche Dämmmaßnahmen regeln zivilrechtliche Spezialvorschriften etwa den sog. „energetischen Überbau", also die Frage, unter welchen Voraussetzungen und in welchem Umfang ein Grundstückseigentümer die vom Nachbarn an seinem Gebäude aufgebrachte, über die Grundstücksgrenze hinausragende Dämmfassade dulden muss.

Der Großteil der landesrechtlichen Regelungen ist öffentlich-rechtlicher Natur und findet sich in den Bauordnungen der Länder. Mit ihnen soll vor allem erreicht werden, dass bislang geltende Vorschriften über Abstandsflächen und Abstände nachträgliche Dämmmaßnahmen nicht ausschließen. Zu diesem Zweck bestimmen die meisten Bauordnungen, dass im Fall nachträglicher Dämmmaßnahmen unter bestimmten Voraussetzungen entweder eine geringere Abstandsfläche über eine Befreiung zugelassen oder festgelegt wird und somit energetische Sanierungsmaßnahmen bei der Bestimmung der Abstandsflächen unberücksichtigt bleiben.

Auch die Sonderregelungen für Solaranlagen betreffen überwiegend Vorschriften über Abstandsflächen und Abstände: Solaranlagen bis zu einer bestimmten Größe sind regelmäßig innerhalb der Abstandsflächen eines Gebäudes und ohne eigene Abstandsfläche bauordnungsrechtlich zulässig und genehmigungsfähig.

	Zivilrecht	Öffentliches Recht
Baden-Württemberg	–	§ 6 Abs. 3 Nr. 3 LBO
Bayern	Art. 46a AGBGB (kein Nachbarrechtsgesetz)	Art. 6 Abs. 9 Satz 1 Nr. 2 LBO
Berlin	§ 16a i. V. m. § 17 Abs. 3 Nachbarrechtsgesetz Berlin sowie § 912 Abs. 2 BGB	§ 6 Abs. 6 Satz 1 Nr. 3 BauO Bln § 6 Abs. 7 Satz 1 Nr. 2 BauO Bln
Brandenburg	–	§ 6 Abs. 7 Satz 1 Nr. 4 LBO
Bremen	§ 24a AGBGB (kein Nachbarrechtsgesetz)	§ 6 Abs. 6 Satz 1 Nr. 4 LBO § 6 Abs. 6 Satz 3 LBO § 6 Abs. 7 Satz 1 Nr. 2 LBO

Kapitel II Regulierungstrends

	Zivilrecht	Öffentliches Recht
Hamburg	–	§ 6 Abs. 6 Nr. 3 HBauO § 6 Abs. 7 Satz 1 Nr. 2 HBauO
Hessen	§§ 10a, 10b Hessisches Nachbarrechtsgesetz	§ 4 Abs. 2 Satz 2 und 3 HBO § 6 Abs. 6 Satz 3 HBO § 6 Abs. 9 Nr. 3 HBO § 6 Abs. 10 Nr. 4 und 9 HBO
Mecklenburg-Vorpommern	–	§ 6 Abs. 7 Satz 1 Nr. 2 LBauO M-V
Niedersachsen	–	–
Nordrhein-Westfalen	§ 23a NachbG NRW	§ 6 Abs. 10 Satz 2 bis 5 BauO NRW § 6 Abs. 10 Satz 1 BauO NRW § 6 Abs. 14 BauO NRW
Rheinland Pfalz	–	§ 8 Abs. 5 Satz 2 LBauO § 8 Abs. 9 Satz 1 Nr. 2 LBauO
Saarland	–	§ 8 Abs. 2 Satz 1 Nr. 4 und 9 LBO § 8 Abs. 4 LBO
Sachsen	–	§ 6 Abs. 7 Satz 1 Nr. 2 SächsBO
Sachsen-Anhalt	–	§ 6 Abs. 8 Satz 1 Nr. 2 BauO LSA
Schleswig-Holstein	–	§ 6 Abs. 6 Nr. 3 LBO § 6 Abs. 7 Nr. 4 LBO
Thüringen	–	§ 6 Abs. 7 Satz 1 Nr. 2 LBO

B. Europäisches Ausland (Beispiele)

Alle EU-Mitgliedsstaaten sind Teil des Europäischen Emissionshandelssystems. Die EU-Richtlinie 2003/87/EG über ein System für den Handel mit Treibhausgasemissionszertifikaten in der Gemeinschaft, die zur Erfüllung der Verpflichtungen der EU aus dem Kyoto-Protokoll dient, ist in den verschiedenen EU-Mitgliedsstaaten in nationales Recht umgesetzt worden. Das Europäische Emissionshandelssystem findet aber nur auf die Betreiber großer Kraftwerke und bestimmter Industrieanlagen Anwendung.

Es trifft die Immobilienwirtschaft daher nicht direkt. Doch auch im europäischen Ausland wird die Nachhaltigkeit einer Immobilie immer wichtiger. Das zeigt sich nicht nur an den Bewegungen im Markt, sondern ebenso an den Vorgaben der nationalen Gesetzgeber, die auch dort beobachtet werden können. Teilweise beruhen diese auf Vorgaben der EU, insbesondere der EU-Gebäuderichtlinie.[37] Im Folgenden sollen die wichtigsten Regelungen einiger Staaten umrissartig skizziert werden.

1. Frankreich

In Frankreich gilt eine Regelung, deren Ziel die Senkung des Energieverbrauchs ist. Sie ist als certificat d'économie d'énergie[38] bekannt. Die Regelung soll eine Senkung des Energieverbrauchs um jährlich 2 % von 2005 bis 2015 und danach jährlich um 2,5 % bis 2030 herbeiführen. Daher müssen bestimmte Anbieter von Strom, Gas, Wärme und Kälte sowie Heizöllieferanten eine bestimmte Energiemenge gemäß der ihnen gewährten Zielvorgabe einsparen. Um ihren Verpflichtungen nachzukommen, können Betreiber beispielsweise Aktionen durchführen, wie z. B. für das Energiesparen werben, ein Zertifikat erwerben oder einen Geldbetrag zahlen.

Darüber hinaus hat das Gesetz Grenelle 2 vom 13.07.2010 die Senkung des mittleren Energieverbrauchs von Gebäuden um 40 % bis 2020 zum Ziel. Es zielt auf eine höhere Energieeffizienz sowohl für alte als auch für neue Gebäude und berücksichtigt den Lebenszyklus des Gebäudes von seiner Erbauung bis zu seinem Abriss. Gebäude, die nach 2012 gebaut werden, müssen weniger als 50 kW pro qm und Jahr verbrauchen, solche die nach 2020 gebaut werden, müssen „energiepositiv" sein, d. h. mehr Energie produzieren als sie verbrauchen.

Ab 2013 müssen 400.000 alte Gebäude pro Jahr renoviert werden; die Renovierung der öffentlichen Gebäude soll noch vor dem Jahresende 2012 beginnen. Damit möchte die Regierung eine Senkung des Energieverbrauchs bei öffentlichen Gebäuden um mindestens 40 % und eine Reduzierung der Treibhausgasemissionen um 50 % bis 2020 erreichen.

2. Großbritannien (England und Wales)

Großbritannien tritt dem Klimawandel mit einem ehrgeizigen Maßnahmenprogramm entgegen. Über die Vorgaben der Emissionshandelsrichtlinie hinaus hat sich Großbritannien zu einer 80 %-igen Reduzierung der CO2-Emissionen bis 2050 im britischen Klimawandelgesetz von 2008 (Climate

---

[37] Richtlinie 2010/31/EU des Europäischen Parlaments und des Rates vom 19.05.2012 über die Gesamtenergieeffizienz von Gebäuden, Abl. L 153/13 v. 18.06.2010.
[38] Gesetz Nr. 2005–781 vom 13.07.2005 über die französische Energiepolitik.

Change Act 2008) verpflichtet. Im April 2001 trat eine Umweltsteuer in Kraft, deren Lenkungswirkung Großbritannien das Erreichen dieses Treibhausgasemissonsreduktionsziels erleichtern soll. Ferner existiert mit dem CRC Energieeffizienzsystem (CRC energy efficiency scheme) ein Cap-and-Trade-System, welches die Reduzierung des Energieverbrauchs und der Kohlendioxidemissionen der teilnehmenden Unternehmen zum Ziel hat. Diese Gesetze zielen aber nicht spezifisch auf Immobilien.

Wenn ein Vorhabenträger ein Gebäude errichtet oder ausbaut, Klimaanlagen installiert oder Fenster austauscht, finden bestimmte Regelungen der britischen Bauordnung von 2000 (Building Regulations 2000) Anwendung. Die Bauordnung sieht vor, dass Einsparmöglichkeiten bei Brennstoffen und Strom durch verschiedene Methoden, wie z. B. durch die Begrenzung von Wärmeverlust durch das Baumaterial, angemessen berücksichtigt werden müssen. Es gibt mehrere Kriterien, anhand derer sich bestimmen lässt, ob ein Gebäude den Energieeinsparvorgaben der Bauordnung entspricht. Dazu gehören die Messung der prognostizierten Menge an Kohlendioxidemissionen aus dem Gebäude und die Eigenschaften der Bausubstanz und anderer fester Anlagen in Bezug auf Zielmengen und Grenzwerte gemäß behördlich genehmigter Dokumente. Das Gesetz sieht auch vor, dass größere Sanierungen von Gebäuden mit über 1.000 qm im Einklang mit bestimmten Energieeffizienzrichtwerten ausgeführt werden müssen. In einigen Fällen müssen an existierenden Gebäuden Modernisierungsarbeiten vorgenommen werden. Großbritannien folgt in der Methodik für die Festlegung von Energieeffizienz-Richtwerten der EU-Richtlinie 2002/91/EG zur Energieeffizienz von Gebäuden.

3. Irland

In Irland gibt es mehrere Gesetze, die Vorgaben zur Energieeffizienz von Gebäuden machen. Zu nennen ist insoweit die Bauordnung von 2008 (Building [Part L Amendment] Regulations), welche die einzuhaltenden Standards bei Energieverbrauch und Wärmedämmung vorgibt. Ferner sind bestimmte Klimaanlagen mit einer Leistung von mehr als 12 kW bestimmten Prüfpflichten unterworfen. Daneben wird die EU-Richtlinie 2002/91/EC durch die Energy Performance Building Regulations 2006 to 2008 in nationales Recht umgesetzt. Dabei geht es vorrangig um die Beachtung bestimmter Vorgaben zur Verwendung Erneuerbarer Energien bei der Errichtung größerer Neubauten. Ferner ist, wie auch in Deutschland, ein Energieausweis vorgeschrieben, der Käufern und Mietern vorgelegt werden muss.

4. Italien

In Italien geben mehrere Rechtsnormen einen Anreiz, Maßnahmen zur Senkung des Energieverbrauchs in Gebäuden umzusetzen, insbesondere das Gesetzesdekret Nr. 115 vom 30.05.2008, welches die EU-Richtlinie 2006/32/EG über Endenergieeffizienz und Energiedienstleistungen umsetzt. Ferner stehen einem Gebäude, das über ein Energieeffizienz-Zertifikat verfügt, besondere Vergünstigungen zu, wie z. B. Steuerreduzierung und finanzielle Zuschüsse bzw. Prämien.

5. Die Niederlande

In den Niederlanden richtet sich die Energieeinsparung in Gebäuden schon seit 1995 nach einem sog. Energie-Leistungskoeffizienten (Energieprestatie-coefficient), der mit jedem Bauantrag zu berechnen und zur Prüfung bei der Behörde einzureichen ist. Seit 2008 sind zudem nach dem sog. Besluit energieprestatie gebouwen Energieausweise gesetzlich vorgeschrieben, welche für die Errichtung, den Verkauf oder die Vermietung bestimmter Bauwerke gebraucht werden.

6. Osteuropa

> Übersicht über Green Building-Regularien
> - **Russland** – In Russland gibt es keine rechtlich verbindlichen, zwingenden Standards für Green Buildings. Seit 2010 gibt es einen russischen Standard des „Center of Environmental Certification – Green Standards", der vom russischen Umweltministerium unterstützt wird. Im Markt dominieren aber noch die auf freiwilliger Basis umgesetzten, international anerkannten Zertifizierungen nach BREEAM und LEED, daneben auch der DGNB-Standard. Dies könnte sich ändern, da sich der staatliche Baukonzern Olympstroi für Bauarbeiten für die Olympischen Spiele 2014 in Sochi einen internen Green Building-Standard auferlegt hat. Es wird erwartet, dass dieser Standard später zu einem offiziellen russischen Standard ausgearbeitet wird.
> - **Ukraine** – Green Building Standards führen in der Ukraine noch ein Schattendasein. Es gibt keine rechtlich verbindlichen, zwingenden Standards. Es existiert auch noch keine lokale Interessenvereinigung, die sich des Themas annimmt, wenn es auch erste Anzeichen dafür gibt, dass diese sich in näherer Zukunft konstituieren könnte.
> - **Tschechien** – In Tschechien gibt es keine rechtlich verbindlichen, zwingenden Standards für Green Buildings. Das Czech Green Building Council (www.czgbc.org) ist noch jung, betreibt aber sehr aktiv die Öffentlichkeits-

arbeit für Green Building Standards. Im Markt dominieren noch die Zertifizierungen nach BREEAM und LEED.
- **Rumänien** – In Rumänien soll der Verkäufer im Rahmen des Verkaufsprozesses dem Käufer ein Green Building Certificate vorlegen. In der Praxis wird hierauf häufig verzichtet. Der angewandte Green Building Standard ist meist BREEAM. Einen eigenen rumänischen Standard gibt es nicht.
- **Polen** – In Polen gibt es keine rechtlich verbindlichen, zwingenden Standards. Im Markt üblicherweise anzutreffen sind BREEAM und LEED.

Kapitel III
Das Green Building-Zertifikat in der Immobilientransaktion

A. Die rechtliche Überprüfung von Zertifikaten (Due Diligence) 38
   1. Prüfungsmaßstab 38
   2. Zwei Beispielsfälle 42
      a) Beispiel 1 42
      b) Beispiel 2 43
B. Kaufvertragliche Haftung im Zusammenhang mit Energieausweisen, Nachrüstungspflichten, energetischen Vorgaben und Green Building-Zertifikaten 44
   1. Energieausweis 44
      a) Keine Wirksamkeitsvoraussetzung 44
      b) Verzicht bzw. Verfristung des Anspruchs des Käufers. 45
      c) Nichtvorlage als Ordnungswidrigkeit 45
      d) Vertragsgestaltung. 45
   2. Haftung des Verkäufers für die Einhaltung der EnEV. 47
   3. Haftung des Bauträgers 48
   4. Nichteinhaltung energetischer Vorgaben des EEWärmeG 49
   5. Green Building-Zertifikate. 49
C. „Green Building" in der Immobilienfinanzierung 50
   1. Regelungen in Darlehens- und Sicherheitenverträgen zu verwandten Bereichen 52
   2. Regelungsgegenstände bei Zertifizierung als „Green Building" 53
   3. Regelungsvorschläge für Darlehensvertrag und Sicherungszweckvereinbarung 56
   4. Regelung der Auszahlungsvoraussetzungen 58
   5. Sicherheiten. 58
   6. KfW-70-Finanzierungen 60

A. Die rechtliche Überprüfung von Zertifikaten (Due Diligence)

Im Gegensatz zu ausländischen Immobilienmärkten, wie z. B. in den USA, haben zertifizierte Immobilien auf dem deutschen Immobilienmarkt noch keine langjährige Tradition. Der Trend aber ist überdeutlich: Schon jetzt ist absehbar, dass sich sowohl für den Neubau als auch für die Bestandsbauten ein Standard durchsetzen wird, der in jedem Aspekt Nachhaltigkeitskriterien zu erfüllen hat. So können sich auch Due Diligence-Berater (rechtliche, technische wie auch sog. Commercial-Berater) diesem neuen Nachhaltigkeits-Trend nicht entziehen. Die Prüfung von Zertifikaten eines Gebäudes wird zu einem integralen Bestandteil jeder Due Diligence-Prüfung werden.

Jeder verantwortungsbewusste Due Diligence-Berater muss sich also in Zukunft fragen, welchen Prüfungsmaßstab er – vor dem Hintergrund der ihm obliegenden „gebührenden Sorgfalt" – im Rahmen der Beratung für den An- oder Verkauf einer Immobilie in Bezug auf die Nachhaltigkeit bzw. die Zertifizierung anlegen muss. Zunächst einmal sollten, um den Due Diligence-Prozess insgesamt für den Erwerbsinteressenten so effektiv wie möglich zu gestalten, die Themenkreise in Bezug auf die technische, wirtschaftliche und rechtliche Due Diligence voneinander abgegrenzt werden. Schnittstellen werden sich letztlich jedoch nicht vermeiden lassen.

1. Prüfungsmaßstab

Während die jeweiligen Berater im Bereich der technischen Due Diligence ein bereits erteiltes Green Building-Zertifikat in Bezug auf die einzelnen Kriterien und deren Bewertung[39] „sezieren", werden sog. Commercial-Berater das Thema Nachhaltigkeit eher generell in Bezug auf Standort- und Marktumfeld, Mieten sowie Nebenkosten oder im Rahmen möglicher Darlehensvergaben[40] betrachten. Bei der Prüfung eines bereits vorliegenden oder noch zu erteilenden Green Building-Zertifikats durch Rechtsberater werden in der Regel folgende Themenkreise zu beachten sein:

Liegt ein Zertifikat vor (z. B. nach LEED, BREEAM oder DGNB), bewertet der Rechtsberater in seiner Due Diligence nicht, ob in Bezug auf das zu prüfende Gebäude ein anderes Zertifizierungssystem vorzugswürdig gewesen wäre. Diese Frage wird sich der Asset Manager des Erwerbsinteressenten stellen müssen; insbesondere wird er einschätzen müssen, welche Aussagekraft das jeweils vorliegende Zertifikat für die Zukunft haben wird.

---

39 Siehe hierzu auch Kapitel V.F.
40 Siehe hierzu ausführlicher Kapitel III. C.

A. Die rechtliche Überprüfung von Zertifikaten (Due Diligence)

Der Rechtsberater wird sich zunächst, je nachdem, ob bereits ein Zertifikat vorliegt oder nicht, folgende Frage stellen:

Es liegt noch kein Zertifikat vor:
Hat der Verkäufer alles getan, um seine Planer, Architekten, Bauunternehmer bzw. Auditoren in den jeweiligen Verträgen zu verpflichten, alle Anforderungen so zu erfüllen, dass die Erteilung des erstrebten Zertifikats außer Frage steht?

Es versteht sich von selbst, dass – gerade wenn noch kein Zertifikat erteilt worden ist – auch die vorgenannten Verträge dahingehend überprüft werden sollten, ob eine Verpflichtung besteht, alle für den Erhalt des Zertifikats erforderlichen Leistungen zu erbringen. Im Due Diligence Bericht sollte eine Empfehlung abgegeben werden, wonach der Verkäufer sämtliche einschlägigen Ansprüche aus den jeweiligen Planerverträgen bzw. Verträgen mit Bauunternehmern, Auditoren und Zertifizierungsstellen, die die Erfüllung von Leistungen im Hinblick auf die Erteilung des Zertifikats betreffen, an den Käufer abtritt.

Es liegt bereits ein Zertifikat bzw. Zertifizierungsvertrag vor:
Ergeben sich aus den im Rahmen der Due Diligence ersichtlichen Tatsachen Umstände, die eine potenzielle Gefahr für den Bestand bzw. die Aufrechterhaltung des Zertifikats darstellen?

Hierzu ein Beispiel im Zusammenhang mit der Gefahr eines Widerrufs des Zertifikats: Nach dem Zertifizierungs-Muster der DGNB (siehe hierzu Muster Anhang A) steht es der DGNB frei, die Verleihung des Zertifikats zu widerrufen, soweit Umstände bekannt werden, wonach das Zertifikat nicht oder nicht in der konkreten Weise hätte erteilt werden dürfen. Insbesondere soll das der Fall sein, wenn das Projekt nicht im Einklang mit den zu der sog. Konformitätsprüfung[41] eingereichten Unterlagen erstellt worden ist bzw. genutzt wird. Konkret bedeutet das für einen potenziellen Käufer, dass die Gefahr des Widerrufs besteht, sollte die sog. Eigenerklärung des Bauherrn falsch gewesen sein.

Lösungsvorschlag:
- In diesem Fall ist ein entsprechender Warnhinweis im Due Diligence Bericht geboten sowie eine Empfehlung, in den zu schließenden Kaufvertrag eine Regelung aufzunehmen, wonach der Verkäufer versichert, dass seine Angaben, die er im Rahmen des Zertifizierungsprozesses gegenüber dem Auditor bzw. der DGNB abgegeben hat (sog. „Eigenerklärung"), voll-

---

[41] Siehe zur Konformitätsprüfung ausführlicher Kapitel V. F.

ständig und zutreffend waren.[42] Im Regelfall wird der Verkäufer nicht ohne Weiteres für seine Eigenerklärung einstehen wollen und häufig wird – als Kompromiss – eine sog. (Nicht-)Kenntniserklärung durch den Verkäufer abgegeben werden, und zwar mit dem Inhalt, dass die Tatsachen, auf denen seine Eigenerklärung beruht, nach Kenntnis des Verkäufers nicht unrichtig oder unvollständig sind.

Da der Verkäufer – verständlicherweise – in der Regel ebenso wenig für die Dokumentation und/oder die Erklärungen seiner Planer und/oder des von ihm eingeschalteten Auditors einstehen will, ist es in jedem Fall aus Käufersicht auch insoweit ratsam, sich die betreffenden Ansprüche gegen die Vertragspartner abtreten zu lassen.

- Ein Widerruf eines DGNB-Zertifikats erfolgt durch die DGNB ausschließlich gegenüber dem Antragsteller. Die DGNB behält sich darüber hinaus das Recht vor, über diesen Widerruf auch auf ihrer Webseite oder im Wege anderer Veröffentlichungen zu informieren. Vor diesem Hintergrund schadet eine entsprechende Empfehlung im Due Diligence-Bericht nicht, eine Regelung in den zu schließenden Kaufvertrag aufzunehmen, wonach der Verkäufer versichert, dass das Zertifikat nicht widerrufen worden ist. Erfolgt ein Widerruf unberechtigt, kann sich ein Käufer hiergegen gegenüber der DGNB nur dann erwehren, wenn der Antragsteller, also der Bauherr bzw. der Verkäufer, ihm zuvor die Rechte aus dem Zertifizierungsvertrag übertragen hat. Eine Übertragung von Ansprüchen des Antragstellers an Dritte bedarf jedoch nach dem derzeitigen Muster-Zertifizierungsvertrag der DGNB der vorherigen schriftlichen Zustimmung durch die DGNB, die allerdings nur aus wichtigem Grund verweigert werden darf. Als wichtiger Grund im Sinne des Zertifizierungsvertrags gilt der Fall, wenn die Abtretung an Dritte die ordnungsgemäße Abwicklung der Zertifizierungsabläufe nicht nur unerheblich gefährdet. Insofern ist auch hier ein Hinweis in den Due Diligence-Bericht aufzunehmen, wonach sich der Käufer in dem zu schließenden Kaufvertrag die Ansprüche aus dem Zertifizierungsvertrag abtreten lassen und der Verkäufer verpflichtet werden sollte, sich um die Zustimmung der DGNB nach besten Kräften zu bemühen.[43]

Rechtsberater werden im Rahmen ihrer Due Diligence ferner zu prüfen haben, ob das im Zertifikat angegebene Nutzungsprofil (z. B. DGNB Zertifikat, Neubau Büro- und Verwaltungsgebäude, Version 2009) der tatsächlichen Nutzung des Gebäudes entspricht. Auf dieser Stufe wird man jedoch

---

42 Siehe hierzu eingehend Kaptiel V.E.
43 Siehe ausführlich zur Übertragbarkeit Kapitel V.H.

A. Die rechtliche Überprüfung von Zertifikaten (Due Diligence)

nicht stehen bleiben können, sondern den Erwerbsinteressenten darauf hinweisen müssen, dass in Zukunft möglicherweise das vorliegende Zertifikat nicht mehr das bestmögliche „Gütesiegel" für diese Art von Immobilie sein wird, weil es u. a. auf einem bestimmten, zur Zeit der Erteilung gesetzlich geforderten Energiestandard basiert. Der rechtliche Berater sollte Neuerungen in der Gesetzgebung, so z. B. die jetzt für 2013 erwartete neue Energieeinsparverordnung,[44] immer im Blick haben und darauf hinweisen. Im Gegensatz zu Zertifikaten nach anderen Zertifizierungssystemen (z. B. nach BREEAM) behält das Zertifikat der DGNB seine Gültigkeit für die Ewigkeit, weshalb bei der Prüfung dieses Zertifikats umso mehr Wert auf den Hinweis gelegt werden sollte, dass das Zertifikat in der Version eines bestimmten Jahres ausgestellt wurde und dies keine Garantie dafür ist, dass das Gebäude aus Gesichtspunkten der Nachhaltigkeit zukünftig noch „compliant" ist.

Der jeweilige Zertifizierungsvertrag knüpft unter Umständen auch an ein bestimmtes Nutzerverhalten an. Im Rahmen der rechtlichen Due Diligence ist in einem solchen Fall zu klären, ob die jeweiligen Anforderungen an das Nutzerverhalten eingehalten worden sind bzw. werden. So sieht z. B. der Zertifizierungsvertrag der DGNB vor, dass ein bestimmter Stand des Innenausbaus Bedingung für die Teilnahme an der sog. Konformitätsprüfung ist. Sollte der Innenausbau noch nicht zu 80 % erfolgt sein, fordert z. B. die DGNB, dass zusätzlich schriftliche Mieterausbauverpflichtungen vorzulegen sind, die sicherstellen, dass der Ausbau qualitativ entsprechend den einzelnen Kriterien erfolgt. Insoweit wäre im Rahmen der Due Diligence aufzuklären, ob die Mieterausbauten entsprechend den der DGNB vorgelegten Dokumenten erfolgt sind oder noch erfolgen werden. Im Rahmen der Due Diligence ist sodann zu prüfen, ob die Mieter in den jeweiligen Mietverträgen ausreichend verpflichtet sind, ihren Mieterausbau entsprechend den für die Erteilung des Zertifikats erforderlichen Kriterien auszuführen und diesen Standard zu halten.

Ein Rechtsberater sollte schließlich prüfen, inwieweit in den bestehenden Mietverträgen weitere Vorgaben für das zukünftige Nutzerverhalten enthalten sind. Für beide Parteien, sowohl für den Mieter als auch für den Vermieter, dürfte die Aufrechterhaltung der inhaltlichen Kriterien, die zum Zertifikat geführt haben oder führen, eine wesentliche Bedeutung haben. Insoweit sollten die bestehenden Mietverträge idealerweise u. a. Regelungen vorsehen, wonach sich jede Partei verpflichtet, Voraussetzungen, die zur Zertifizierung geführt haben, aufrechtzuerhalten. Ebenso sollte es Unterlassungspflichten in Bezug auf Handlungen, die den Bestand des Zertifikats

---

44 Zum Stand der EnEV 2013 vgl. Kapitel II. A.

gefährden könnten, geben.[45] Enthalten bestehende Mietverträge solche Regelungen noch nicht, sollte der rechtliche Berater hierauf hinweisen und vorschlagen, diese im Rahmen möglicher, sowieso anstehender Nachträge noch zum Vertragsbestandteil zu machen.

2. Zwei Beispielsfälle

Die folgenden Beispiele verdeutlichen die Relevanz der Überprüfung des Zertifikats im Rahmen der rechtlichen Due Diligence:

a) Beispiel 1

Sachverhalt: Das zu überprüfende und auf „Gold" lautende Zertifikat wurde für ein Gebäudeensemble bzw. Stadtquartier erteilt. Der Erwerber beabsichtigte jedoch, nur ein einzelnes Gebäude aus diesem Gebäudeensemble zu erwerben.

Problemstellung: Die Energieversorgung innerhalb des Gebäudeensembles bzw. Stadtquartiers war so organisiert, dass sich die notwendigen Versorgungsstationen auf einer bestimmten Liegenschaft innerhalb des Gebäudeensembles befanden. Sollte das einzelne Gebäude aus dem Ensemble herausgelöst werden, ohne die Energieversorgung durch die Versorgungsstation innerhalb des Ensembles sicherzustellen, würde sich die energetische Qualität und damit die ökologische Bilanz für das Einzelgebäude negativ verändern. Weiterhin konnte man in dem für ein Gebäudeensemble bzw. Stadtquartier ausgestellten Zertifikat nicht erkennen, ob und inwieweit jedes einzelne Gebäude für sich betrachtet sämtliche Kriterien, die für das Erreichen des „Gold"-Standards erforderlich gewesen wären, erfüllt hätte.

Auf die Problemstellung war der Erwerber hinzuweisen. Mit anderen Worten: Es bestand die Gefahr, dass das Gebäude für sich betrachtet tatsächlich keinen „Gold"-Standard erreicht bzw. jedenfalls durch die Herauslösung aus der Versorgungssituation innerhalb des Ensembles einen energetischen Standard erreicht hätte, der allenfalls einem „Bronzestatus" entspricht.

Lösung: Hier waren die rechtlichen Vertreter des Käufers aufgerufen, Lösungen zu entwickeln, die eine Abwertung des Zertifikats, z. B. durch eine Veränderung in der Energiebilanz, verhindern. Gemeinsam mit Verkäufer und Käufer wurde die Energieversorgung durch die Bestellung von Dienstbarkei-

---

45 Z. B. durch Widerruf des Zertifikats, vgl. Kapitel V. I.

ten gesichert. Flankierend war in diesem Zusammenhang eine Versorgungsgemeinschaft zwischen sämtlichen Eigentümern der Liegenschaften innerhalb des Ensembles zu gründen, wonach jeder Eigentümer im Innenverhältnis daran gebunden ist, Energie von dem Versorger innerhalb des Ensembles zu beziehen. Im Außenverhältnis hingegen würde jeder Eigentümer selbst mit dem Contractor entsprechende Verträge abschließen.

b) Beispiel 2

Sachverhalt: Für ein prominentes Bürogebäude in 1A-Lage, welches insgesamt an einen einzelnen Mieter vermietet ist, der das Thema „Greening" zum festen Bestandteil seiner Corporate Responsibility zählt, wurde ein „Gold"-Zertifikat ausgestellt. Das Energiekonzept – hier in Form eines angegebenen Energiemixes – für Elektrizität und Fernwärme ist ein wesentlicher Bestandteil zur Beurteilung der Nachhaltigkeit und demnach ebenso ein wichtiger Baustein für die Zertifizierung.

Problemstellung: Maßgebliches Kriterium für den gebäudespezifischen Energiebedarf ist vordergründig der Primärenergiebedarf „Gesamtenergieeffizienz". Dieser Gesamtprimärenergiebedarf wurde in dem Energieausweis für das fragliche Gebäude mit einem niedrigen Wert (welcher letztlich für die „Gold"-Beurteilung maßgeblich bedeutsam war) angegeben. Wie sich später herausstellte, wurde der Primärenergiefaktor auf der Grundlage einer zwischen den Fachleuten umstrittenen Berechnung festgelegt.

Demnach war nicht auszuschließen, dass das Gebäude tatsächlich eine ungünstigere Energiebilanz aufweist. Man errechnete, dass bei einer konservativen Neuberechnung zwar der derzeitige „Gold"-Status nicht gefährdet war, jedoch das Risiko bestand, dass das Energiekonzept im Zuge der weiteren Verschärfung der energetischen Anforderungen an Gebäude – so im Rahmen der geplanten EnEV 2013 – für eine künftige Nachweisführung bei einer Re-Zertifizierung für „Gold" nicht ausreichen würde.

Das vorgenannte Beispiel zeigt, dass ein Zertifikat nur so „wertvoll" ist, wie die einzelnen Grundlagen und Dokumentationen. Auf die inhaltliche Richtigkeit muss ein Käufer vertrauen dürfen. Insofern sollte ein Verkäufer für die inhaltliche Richtigkeit einstehen. Dies ist der Idealfall aus Käufersicht. In der Praxis wird dieser allerdings selten durchsetzbar sein.

Prüfungskatalog für die rechtliche Due Diligence:
- Kein Green Building-Zertifikat vorhanden, obwohl neues Gebäude?
- Ist das für das Zertifikat erforderliche Nutzerverhalten (z. B. Mieterausbauten) ausreichend im Mietvertrag abgesichert?

- Hinweise auf die zentrale Bedeutung der Richtigkeit bzw. Vollständigkeit der Eigenerklärung des Antragstellers, einschließlich Widerrufsrisiko.
- Droht „Veralterung" bzw. Ablauf des Zertifikats?
- Ist das Zertifikat durch Herauslösen von Gebäuden oder Gebäudeteilen aus einem Gebäudeverbund gefährdet?
- Erscheint der im Zertifizierungsverfahren für die Bewertung angesetzte Primärenergiebedarf (Energiemix) zweifelhaft?
- Ist die Übertragung des Zertifikats auf den Käufer möglich und sichergestellt?

B. Kaufvertragliche Haftung im Zusammenhang mit Energieausweisen, Nachrüstungspflichten, energetischen Vorgaben und Green Building-Zertifikaten

Die Einführung und zunehmende Verschärfung energetischer Standards für neu zu errichtende Gebäude und Bestandsgebäude im Rahmen der Energieeinsparverordnung (EnEV) sowie die Erhöhung der Anforderungen in Bezug auf den Wärmebedarf von Neubauten im Rahmen des Erneuerbaren-Energien-Wärmegesetzes (EEWärmeG) führen im Verhältnis zwischen Verkäufer und Käufer einer Immobilie zu der Frage, inwiefern der Verkäufer dem Käufer gegenüber für das Vorliegen oder den Inhalt eines Energieausweises oder für die Einhaltung bestimmter energetischer Standards haftet.

1. Energieausweis

a) Keine Wirksamkeitsvoraussetzung

§ 16 Abs. 2 EnEV regelt für den Fall des Verkaufs eines mit einem Gebäude bebauten Grundstücks (einschließlich eines grundstücksgleichen Rechts an einem bebauten Grundstück und einschließlich Wohnungs- oder Teileigentum) allein die Pflicht des Verkäufers, dem potenziellen Käufer einen Energieausweis zugänglich zu machen (Vorlagepflicht), und zwar unverzüglich, nachdem der potenzielle Käufer dies verlangt. Darüber hinaus gehende Rechtswirkungen bestehen nicht. Insbesondere ist das Zugänglichmachen eines Energieausweises keine Voraussetzung für die Wirksamkeit eines abgeschlossenen Kaufvertrags, die Auflassung oder den Grundbuchvollzug. Energieausweise dienen lediglich der Information (§ 5a Satz 3 EnEG). Rechtswirkungen kommen einem Energieausweis daher nur zu, wenn Vertragsbeteiligte ihn insgesamt oder Teile seines Inhalts über die reine Informationsfunktion hinaus zum Vertragsbestandteil machen.

b) Verzicht bzw. Verfristung des Anspruchs des Käufers

Aus dem Umstand, dass der Energieausweis nur auf Verlangen des potenziellen Käufers vorgelegt werden muss, sowie aus der Ratio des Käuferschutzes wird allgemein die Zulässigkeit eines – endgültigen – Verzichts des Käufers auf Vorlage des Energieausweises abgeleitet.[46] Daneben wird vertreten, dass ein Vorlageverlangen nach Kaufvertragsabschluss verfristet sei, da der Energieausweis dann nicht mehr der Entscheidungsfindung des Käufers im Hinblick auf den Erwerb des Gebäudes dienen könne.[47]

c) Nichtvorlage als Ordnungswidrigkeit

Die bloße Nichtvorlage eines Energieausweises trotz Verlangens des Käufers erfüllt einen Ordnungswidrigkeitentatbestand (§ 27 Abs. 2 Nr. 1 EnEV), sie begründet aber keine zivilrechtliche Haftung gegenüber dem Käufer.[48]

d) Vertragsgestaltung

Der Notar kann ohne Weiteres und ohne Verstoß gegen seine Neutralitätspflicht gegenüber den Urkundsbeteiligten auf die Vorlagepflicht hinweisen und darüber belehren, er muss es aber nicht, weil er nach allgemeiner Meinung keine entsprechende Amtspflicht hat.[49]

In vielen Fällen wird der Notar die (erfolgte) Vorlage des Energieausweises im Kaufvertrag dokumentieren. Empfehlenswert ist eine Regelung aber insbesondere in den Fällen, in denen der Verkäufer z. B. gar keinen Energieausweis besitzt und der Käufer auch nicht auf der Vorlage eines Energieausweises besteht, dann gegebenenfalls verbunden mit einem Hinweis an den Käufer, dass zukünftige Mietinteressenten einen Energieausweis vom ihm verlangen können.[50]

Liegt kein Energieausweis vor und verzichtet der Käufer nicht auf eine Vorlage, sind verschiedene Regelungen zur Leistungspflicht bzw. Haftung des Verkäufers denkbar. Neben der Verpflichtung des Verkäufers zur Nach-

---

46 Krüger/Hertel, Der Grundstückskauf, 9. Aufl. 2008, Rn. 825e.
47 Krauß, Immobilienkaufverträge in der Praxis, 2010, Rn. 1939.
48 Krüger/Hertel, a.a.O., Rn. 825d.
49 Hertel, DNotZ 486, 497.
50 Krauß, a.a.O., Rn. 1946 ff.

lieferung eines Energieausweises (nebst Frist und gegebenenfalls definierten inhaltlichen Anforderungen an den Energieausweis, z. B. ob er verbrauchs- oder bedarfsbezogen zu erstellen ist), kann die Vorlage des Energieausweises zur Fälligkeitsvoraussetzung für den Kaufpreis erhoben werden oder die ausbleibende Vorlage zu vereinbarten Kaufpreiseinbehalten führen. Das Recht des Käufers, im Verzugsfall selbst einen Energieausweis zu erstellen (bzw. erstellen zu lassen) nebst der Regelung zur Kostenerstattung durch den Verkäufer, sind ebenso denkbar wie Rücktritts- oder Minderungsrechte für den Fall, dass als Beschaffenheit des Kaufgegenstandes oder als Garantie vereinbarte inhaltliche Werte des Energieausweises nicht eingehalten werden.[51]

Nach allgemeiner Meinung enthält die bloße Vorlage eines Energieausweises, mit der der Verkäufer lediglich seiner gesetzlichen Vorlagepflicht nachkommt, keine Beschaffenheitsvereinbarung;[52] die Vorlage stellt in diesem Fall lediglich die Erklärung des Verkäufers dar, dass der vorgelegte der aktuelle Energieausweis für den Kaufgegenstand ist.

Allerdings können die Kaufvertragsparteien den Inhalt des Energieausweises oder Teile seines Inhalts zu einer Beschaffenheitsvereinbarung oder gar zu einer Garantie machen. Ob und in welchem Umfang ein Verkäufer allerdings eine solche vertragliche Haftungserweiterung vornehmen will, sollte gut überlegt sein, da er bei einer Beschaffenheitsvereinbarung bzw. Garantie bezüglich der Inhalte eines Energieausweises sogar dafür einstehen würde, dass der von ihm oder gar seinem Rechtsvorgänger beauftragte Aussteller des Energieausweises richtig gerechnet hat.[53] Ein Verkäufer wird aus diesem Grund oftmals lieber die Variante wählen, dass er bloß (aber immerhin) die objektive Richtigkeit aller oder nur ausgewählter Angaben, die der Aussteller des Energieausweises seinen Berechnungen zugrundegelegt hat, als Beschaffenheit des Kaufgegenstandes vereinbart (Soll-Beschaffenheit der Ermittlungsgrundlagen des Energieausweises)[54] oder die entsprechenden Angaben garantiert. Möglich sind ferner auch Kenntniserklärungen des Verkäufers, z. B. dergestalt, dass die erforderlichen Angaben zur Erstellung des Energieausweises vom Verkäufer „nach bestem Wissen" erfolgt sind, oder dass ihm „nicht bekannt ist", dass Angaben nicht zutreffen oder (allgemeiner) dass etwas gegen die Richtigkeit des Energieausweises spricht. Da der Aussteller des Energieausweises für die Richtigkeit seiner Berechnun-

---

51 Krauß, a. a. O., Rn. 1949.
52 Krüger/Hertel, a. a. O., Rn. 825b.
53 Hertel, DNotZ 2007, 486, 494.
54 Krauß, a. a. O., Rn. 1942 f. (mit Formulierungsvorschlag).

gen haftet, kommt auch die Abtretung entsprechender Ansprüche, die dem Verkäufer zustehen, an den Käufer in Betracht.[55]

Ausnahmen vom Grundsatz, dass der Verkäufer ohne besondere vertragliche Vereinbarung für eine Unrichtigkeit des Energieausweises nicht haftet, bestehen in Einzelfällen nach allgemeinen Haftungsregelungen, wenn der Verkäufer z.B wider besseren Wissens (arglistig) Unrichtigkeiten verschweigt oder eine der Arglist gleichzustellende „Erklärung ins Blaue hinein" gegenüber dem Käufer abgibt.

2. Haftung des Verkäufers für die Einhaltung der EnEV

Inwiefern der Verkäufer für die Einhaltung der EnEV haftet, richtet sich insbesondere danach, ob es sich beim Kaufgegenstand um ein Bestandsobjekt oder einen Neubau (Kauf vom Bauträger; s. nachfolgend 3.) handelt. Bei Bestandsgebäuden gilt:

In den Fällen, in denen die EnEV gegebenenfalls in einer zwischenzeitlich nicht mehr aktuellen Fassung zum Zeitpunkt der Errichtung eines später zum Verkauf anstehenden Bestandsgebäudes Anwendung fand, stellt sich die Frage, ob der Verkäufer den neuen Standard schuldet.

Die EnEV regelt nicht nur Anforderungen an neu zu errichtende Gebäude, sondern begründet auch Nachrüstungspflichten für bestehende Gebäude (§ 10 EnEV). Fraglich ist, ob im Rahmen eines Verkaufs eines solchen Bestandsobjekts bei bestehender Nachrüstungspflicht eine Offenbarungspflicht des Verkäufers besteht. Dies wird man bejahen müssen, wenn die Nachrüstungspflicht zum Zeitpunkt des Verkaufs bzw. der Übergabe des Kaufgegenstandes aktuell besteht, weil der Zustand des Kaufgegenstandes dann gegen öffentlich-rechtliche Vorschriften verstößt. Man wird dies ferner bejahen können, wenn die Fristen zur Nachrüstung noch laufen, obwohl in diesem Fall zum Verkaufszeitpunkt bzw. zum Zeitpunkt des Besitzübergangs noch nicht gegen die Nachrüstungspflicht verstoßen wird. Die Nachrüstungspflicht besteht aber bereits dem Grunde nach und muss vom Verkäufer übernommen werden.[56]

Anders ist hingegen der Fall zu beurteilen, dass bei Wohngebäuden mit einer oder zwei Wohnungen der Bestandseigentümer, der wenigstens eine der Wohnungen am 01.02.2002 selbst bewohnt hat (eigengenutzte Immobilie) nach der EnEV privilegiert ist und die Nachrüstungspflicht, wie z.B. § 10 Abs. 2 Satz 1 Nr. 1 und Satz 2 EnEV hinsichtlich der Wärmedämmung, erst

---

55 Krauß, a.a.O., Rn. 1945.
56 Hertel, DNotZ 2007, 486, 499.

innerhalb von zwei Jahren nach einem Eigentümerwechsel zu erfüllen ist. Hier wird die Nachrüstungspflicht erst durch den Eigentümerwechsel ausgelöst, sodass zum Verkaufszeitpunkt und bis zur Eigentumsumschreibung noch keine Verpflichtung besteht und das Gebäude zu diesem Zeitpunkt den öffentlich-rechtlichen Anforderungen genügt.[57]

Selbst wenn ein Mangel des Kaufgegenstandes wegen nicht durchgeführter Nachrüstungen gemäß der jeweils gültigen EnEV objektiv vorliegt, wird die Haftung des Verkäufers durch einen üblichen allgemeinen Ausschluss von Rechten des Käufers bei Sachmängeln erfasst („gekauft wie gesehen"). Ein Verstoß gegen Offenbarungspflichten des Verkäufers kann jedoch bei Kenntnis des Verkäufers (die dieser z. B. durch Mitteilung des Schornsteinfegers erlangt hat) arglistes Verhalten bedeuten, was dem Verkäufer die Berufung auf einen vereinbarten allgemeinen Ausschluss von Rechten bei Sachmängeln verwehrt und zur vollen Sachmängelhaftung führt.

Im Hinblick auf die Nachrüstungspflichten des Verkäufers gemäß den Regelungen der EnEV werden keine Belehrungspflichten des Notars ausgelöst, da die „Gefahr" – wie bei sonstigen Sachmängeln – in der Eigenart des verkauften Objekts liegt und nicht in der besonderen Fallgestaltung des Verkaufs.[58]

Weiterer Regelungsbedarf für den Kaufvertrag besteht insbesondere dann, wenn dem Käufer nicht erfüllte Nachrüstungspflichten bekannt sind, von ihm übernommen und bei der Kaufpreisbemessung berücksichtigt werden (durch klarstellenden Hinweis) oder wenn der Verkäufer die Nachrüstungen noch selbst vornehmen oder gegebenenfalls bestimmte Tatsachen wie z. B. die Einbaudaten des Heizkessels (nach dem 01.01.1978 wegen § 10 Abs. 1 EnEV) oder die fachgerechte Vornahme z. B. von Dämmarbeiten garantieren soll.

3. Haftung des Bauträgers

In Bauträgerverträgen werden Energiestandards regelmäßig ausführlicher festgelegt. Wegen der Besonderheiten kann insoweit auf das Kapitel „Green Building und Bauverträge[59]" verwiesen werden.

---

57 Hertel, DNotZ 2007, 486, 499.
58 Hertel, DNotZ 2007, 486, 499 f.
59 Siehe Kapitel VII.

4. Nichteinhaltung energetischer Vorgaben des EEWärmeG

Nach dem Erneuerbare-Energien-Wärmegesetz (EEWärmeG) müssen Neubauten (das sind Gebäude, für die nach dem 01.01.2009 ein Bauantrag gestellt wurde) zukünftig für ihren Wärmebedarf erneuerbare Energien in einem bestimmten Mindestumfang nutzen oder besonders energiesparend ausgelegt sein (§ 5 Abs. 1 bis 4, § 7 Nr. 1 und 2 EEWärmeG). Die Einhaltung dieser öffentlich-rechtlichen Vorgaben stellt für ein Gebäude des betreffenden Alters eine übliche Beschaffenheit bzw. eine vom Käufer zu erwartende Beschaffenheit im Sinne von § 434 Abs. 1 Satz 2 Nr. 2 BGB dar; ohne die Einhaltung der Grenzwerte liegt ein Mangel des Gebäudes vor.[60]

Allerdings wird diese Fehlerhaftigkeit durch übliche und wirksame Mängelhaftungsausschlüsse (bei gebrauchten, nicht neuen Immobilien) erfasst. Sobald der Verkäufer aber von dieser Mangelhaftigkeit Kenntnis erlangt hat, ist er verpflichtet, diese – auch ungefragt – dem Käufer zu offenbaren (Offenbarungspflicht). Widrigenfalls – bei arglistigem Verhalten – greift der vereinbarte Mängelhaftungsausschluss nicht und eine uneingeschränkte Mängelhaftung besteht (§ 444 Alt. 1 BGB).

5. Green Building-Zertifikate

Das Vorliegen oder das Nichtvorliegen von Nachhaltigkeitszertifikaten (z. B. erteilt von BREEAM, LEED, DGNB) hat zwar grundsätzlich keine zwingende vertragliche Relevanz. Es können in diesem Zusammenhang aber – wie immer öfter im Markt zu beobachten ist – letztlich solche Vereinbarungen vertraglich getroffen werden, die im Wesentlichen mit den denkbaren Regelungen im Zusammenhang mit einem fehlenden Energieausweis vergleichbar sind. In Betracht kommen z. B.
- Verpflichtung des Verkäufers, bis zu einem bestimmten Zeitpunkt das vereinbarte Zertifikat zu beschaffen,
- Vorliegen des Zertifikats als Auszahlungsvoraussetzung bzw. Fälligkeitsvoraussetzung für den Kaufpreis,
- Rücktrittsrechte bei Nichtvorlage innerhalb vereinbarter Zeit und gegebenenfalls angemessener Nachfrist,
- Selbstvornahmerechte für den Käufer (einschließlich Kostenerstattungsansprüche),

---

60 Flatow, NJW 2008, 2886, 2888.

- Garantien bzw. Beschaffenheitsvereinbarungen, wonach das Zertifikat den in ihm abgebildeten bzw. zugrunde gelegten tatsächlichen Bauzustand zutreffend und vollständig wiedergibt,
- Abtretung von Ansprüchen gegen den Auditor, die Zertifizierungsstelle bzw. den Planer.

Hinzu kommen individuelle Klauseln, die besondere Feststellungen aus der Due Diligence im Interesse der Parteien reflektieren.[61]

Nachhaltigkeitszertifikate bekommen dann eine besondere Bedeutung, wenn ein Investor eine Immobilie für einen Fonds erwirbt, dessen Fondsbedingungen entweder einen bestimmten Prozentsatz des Anlagevolumens als „nachhaltig" vorsehen oder der sogar als reiner „Green Building-Fonds" konzipiert wird. Immer mehr Fondsanbieter, insbesondere im Bereich der geschlossenen Fonds oder der Spezialfonds legen derartige Produkte mit einem expliziten Fokus auf nachhaltige Gebäude auf.[62] In derartigen Fällen wird der Käufer im Rahmen der Vertragsgestaltung das Green Building-Zertifikat regelmäßig mindestens als Beschaffenheit vereinbaren wollen, um seinen Anlagezielen gerecht zu werden.

C. „Green Building" in der Immobilienfinanzierung[63]

Das Thema Nachhaltigkeit in der Immobilienwirtschaft gewinnt auch für Fremdkapitalgeber an Bedeutung. Pressemeldungen von Banken über die Finanzierung von Immobilienentwicklungen und Immobilieninvestments verweisen auf die Zertifizierung des Gebäudes, Banken befassen sich in Veranstaltungen und Publikationen mit dem Thema Nachhaltigkeit und „Green Buildings" und unterstreichen die Bedeutung für Immobilienentwicklung, Immobilienbestand und Immobilieninvestments.[64] Damit verbunden sind Bekenntnisse, den Trend zu mehr Nachhaltigkeit „als verlässlicher und innovativer Finanzierungspartner" zu begleiten. „Green Buildings" werden

---

61 Zur Due Diligence vgl. Kapitel III. A.
62 Diversen Meldungen in der Immobilienzeitung lassen sich u. a. folgende Anbieter von Green Building Fondsprodukten entnehmen: IVG, Wölbern Invest, iii-investments, Sarasin/Catella, Real I.S.
63 Die folgende Darstellung beschränkt sich auf die gewerbliche Immobilienfinanzierung.
64 Etwa Finance-Studien, Green Building, Bewertung, Finanzierung, Ausblick, Hypovereinsbank, Januar 2011; Nachhaltigkeit in der Immobilienwirtschaft Deutsche Hypo, Februar 2012.

als Teil des eigenen Geschäftsmodells der Immobilienfinanzierung gesehen.[65]

Jenseits offizieller Stellungnahmen wird in der Branche gelegentlich jedoch auch die Auffassung vertreten, dass der praktische Nutzen einer Zertifizierung bei der Entscheidung über die Gewährung einer Finanzierung gering sei. Als Grund hierfür lässt sich anführen, dass die Parameter, die ein Gebäude zu einem zertifizierten „Green Building" machen, auch über die üblichen Kriterien für die Entscheidung über eine Finanzierung erfasst werden. Entspricht ein Bestandsgebäude nicht aktuellen energetischen Standards, hat dieser Umstand einen negativen Einfluss auf die Bewertung, die Vermietbarkeit und den Cash-Flow des Vermieters.[66] Dieses Gebäude kann jedoch mit einem langfristigen Mietvertrag (noch) finanzierbar sein, während ein den neuesten Anforderungen entsprechendes Gebäude mit einem kurzfristigen Mietvertrag nicht finanzierbar ist. In dem Maße, in dem sich die Zertifizierung von „Green Buildings" durchsetzt, werden auch Banken diese als einen Standard ansehen, den Darlehensnehmer liefern müssen. Mindestens in unvorhergesehenen Situationen, wie einem vorzeitigen Ende eines Mietverhältnisses mit der Notwendigkeit einer Anschlussvermietung oder bei Verwertung des Objekts durch die Bank, kann sich eine Zertifizierung aus Sicht der Bank in jedem Fall als hilfreich erweisen. Deutlicher fällt die Analyse für Projektentwicklungen aus, bei denen für die Finanzierung die oft noch nicht abgeschlossene Vermietung des Objekts entscheidende Bedeutung hat. Eine Zertifizierung bescheinigt in diesem Fall nicht nur, dass die Nachhaltigkeit als Grundlage für die wirtschaftliche Effizienz des Gebäudes gegeben ist, sondern sie stellt auch einen nicht zu vernachlässigenden Faktor für die erfolgreiche, von der Bank vorausgesetzte Vermarktung dar.

Bisher sind Regelungen zur Zertifizierung von „Green Buildings" in Finanzierungsverträgen die Ausnahme und Ansätze zu umfangreicheren Vereinbarungen finden sich allenfalls für Projektentwicklungen. Je mehr die Zertifizierung in der Zukunft zum Standard wird, umso deutlicher wird sich dies auch in der Dokumentation von Immobilienfinanzierungen niederschlagen. Neben Aspekten, die sich auf die wirtschaftlichen Parameter auswirken, etwa die Höhe der Marge von der Zertifizierung des Gebäudes abhängig machen, ist der Umfang der erforderlichen Regelungen überschaubar. Nachfolgend sollen die wesentlichen zu regelnden rechtlichen Sachverhalte untersucht und einige Formulierungsvorschläge gemacht werden.

---

65 Etwa Finance-Studien, Green Building, Bewertung, Finanzierung, Ausblick, Hypovereinsbank, Januar 2011, S. 4.
66 So jedenfalls zuletzt Äußerungen von Bankenvertretern auf Vortragsveranstaltungen.

1. Regelungen in Darlehens- und Sicherheitenverträgen zu verwandten Bereichen

Der vdp-Mustervertrag Gewerbe[67] (Mustervertrag des Verbandes der Pfandbriefbanken) normiert in den Zusicherungen und laufenden Verpflichtungen des Darlehensnehmers Sachverhalte, die nur im weiteren Sinne im Zusammenhang mit der Nachhaltigkeit des Gebäudes stehen; lediglich ein Bezug auf den Energieausweis befasst sich konkret mit dem Thema. Ähnlich sieht die Situation für andere Dokumentationen aus.

Die Zusicherungen des Darlehensnehmers sind im vdp-Mustervertrag wie folgt gefasst:

„15.13. Umwelt: Der Darlehensnehmer und die Gruppengesellschaften haben alle den Umwelt- und Gesundheitsschutz und die Arbeitssicherheit betreffenden Vorschriften und Verwaltungsakte befolgt. (…)"

„15.16. Beleihungsobjekte: (…) (b) Die Beleihungsobjekte (i) weisen keinerlei Schäden auf, welche die Nutzung oder den Wert der Beleihungsobjekte beeinträchtigen würden, (ii) befinden sich in gutem baulichen Zustand (…) und (iii) weisen keine strukturellen Mängel, Überschwemmungs- oder Absenkungsschäden auf. (…)"

Der Darlehensnehmer übernimmt folgende laufenden Verpflichtungen:

„18.5. Verwaltung bzw. Nutzung der Beleihungsobjekte: (a) Während der gesamten Laufzeit des Darlehensvertrages muss die ordnungsgemäße Verwaltung der Beleihungsobjekte zu marktüblichen Konditionen gewährleistet sein. (…) (c) Der Darlehensnehmer wird der Bank unverzüglich einen Gebäude-Energieausweis für jedes Beleihungsobjekt vorlegen, sofern und sobald während der Laufzeit des Darlehensvertrags eine gesetzliche Verpflichtung zur Ausstellung eines solchen Ausweises besteht."

Vergleichbare Regelungen können sich auch in der Sicherungszweckvereinbarung zum Grundpfandrecht finden. Dort wird häufig etwa bestimmt, dass das

„Pfandobjekt und die sich darauf befindlichen Gebäude und Anlagen, einschließlich Bestandteile und Zubehör in einem guten Zustand zu erhalten sind".

Mit der Regelung in der Sicherungszweckvereinbarung wird sichergestellt, dass die Verpflichtung auch vom dem Grundstückseigentümer übernommen

---

67 Abrufbar unter www.pfandbrief.de.

wird, der, ist das Grundstück eine Drittsicherheit und steht nicht im Eigentum des Darlehensnehmers, nicht Partei des Darlehensvertrags wird. Ferner sind regelmäßig Informationspflichten vorgesehen, die etwa dazu verpflichten, dem Darlehensgeber *„jederzeit auf Verlangen Auskunft über die Pfandobjekte zu erteilen und diesbezügliche Unterlagen und Nachweise vorzulegen."*

Diese Regelungen, die den Darlehensnehmer im Wesentlichen verpflichten, einen bestimmten Zustand des Gebäudes und die Einhaltung von nicht näher im Detail bestimmten Standards zu gewährleisten, sichern so keinen präzisen Mindeststandard ab. Die Finanzierungsdokumentation gibt dem Darlehensgeber einen Ansatz für Sanktionen bei Verstoß. In Dokumentationen für die Finanzierung von Projektentwicklungen finden sich bereits Verweise auf die Zertifizierung des Objekts und auf bauliche wie energetische Standards, die einzuhalten sind.

2. Regelungsgegenstände bei Zertifizierung als „Green Building"

Bei Einführung einer Zertifizierung in die Finanzierungsdokumente sind zunächst Entscheidungen dahingehend zu treffen, welches Zertifizierungssystem Anwendung finden soll, welches Nutzungsprofil und welche Auszeichnungsstufe geschuldet sind. Aus Sicht des Darlehensnehmers wird es dabei wünschenswert sein, eine gewisse Flexibilität zu erhalten und beispielsweise zu vereinbaren, dass eine Zertifizierung des Gebäudes nach DGNB mit der Auszeichnungsstufe „Silber" erforderlich ist, der Darlehensnehmer aber alternativ auch einen Nachweis einer Zertifizierung nach LEED oder BREEAM vorlegen darf, wenn diese im Wesentlichen mindestens die gleichen Anforderungen zugrunde legen. Diese Öffnung der Regelung kann auch eine Lösung für den Fall bieten, dass ein Zertifizierungssystem vom Markt verschwindet oder sich weitere Zertifizierungssysteme durchsetzen. Der Darlehensgeber wird sich bei zum Zeitpunkt der Gewährung des Darlehens unbekannten Zertifizierungssystemen aber eine Ablehnung vorbehalten, wenn diese nicht oder noch nicht über die notwendige Anerkennung im Markt verfügen.

Üblicherweise wird der Darlehensgeber verlangen, dass ein Zertifikat während der Laufzeit des Darlehens aufrechterhalten bzw. erneuert wird. Nur so kann sichergestellt werden, dass – beispielsweise in dem genannten Fall einer Nachvermietung – der Darlehensgeber jedenfalls indirekt von der Zertifizierung profitiert. Den Darlehensnehmer trifft dann zum einen faktisch die Pflicht, die tatsächlichen Voraussetzungen dafür sicherzustellen, dass eine Zertifizierung erfolgen kann und zum anderen die Pflicht, ein Verfahren für eine Verlängerung oder Erneuerung einzuleiten und dem Darlehensgeber die Dokumentation darüber zur Verfügung zu stellen.

Ein Zertifikat bescheinigt dabei lediglich, dass die im Zeitpunkt des Zertifizierungsverfahrens geltenden Anforderungen erfüllt sind.[68] Die Parteien müssen entscheiden, inwieweit das Zertifizierungserfordernis während der Laufzeit des Darlehens dynamisiert wird, also der Darlehensnehmer etwa verpflichtet wird, ein Zertifikat der DGNB der Stufe „Gold" entsprechend den jeweils geltenden Anforderungen – und nicht nur entsprechend den bei der ersten Zertifizierung vorgesehenen Anforderungen – vorzulegen. Für den Darlehensnehmer würde dies eine erhebliche Veränderung zur bisherigen Praxis bedeuten: Der übliche Bezug auf die jeweils geltenden Rechtsvorschriften sichert einen schwachen Standard, da der Darlehensnehmer zum einen vielfach auf die Bestandskraft seiner Baugenehmigung vertrauen kann und verbindliche Rechtsvorschriften zum anderen zumeist nicht den bestmöglichen Standard festlegen werden und bei nachträglicher Verschärfung Übergangsfristen vorsehen. Auch die bisher gelegentlich anzutreffenden Regelungen, nach denen nicht bereits zwingende gesetzliche Anforderungen, die bereits in Kraft oder bereits absehbar sind, als vom Darlehensnehmer einzuhaltenden Standard vereinbart werden, sind aus Sicht des Darlehensnehmers überschaubar. So hätte etwa vereinbart werden können, dass ein Gebäude bereits bei Auszahlung des Darlehens die erst ab 2012 geltenden Anforderungen der Energieeinsparverordnung 2009 erfüllen muss und dies dem Darlehensgeber nachzuweisen ist. In der rechtlichen Dokumentation ist darauf zu achten, dass eine dynamische Regelung mit Verpflichtung auf die jeweils geltenden Anforderungen präzise formuliert wird. Dennoch könnte bei Vereinbarung als Allgemeine Geschäftsbedingung fraglich sein, ob eine solche Regelung wirksam ist: Anders als beim Verweis auf die jeweils geltenden gesetzlichen Regelungen wird einem privaten Dritten hier die Möglichkeit gegeben, die Pflichten des Darlehensnehmers mit verbindlicher Wirkung zu bestimmen und – kann der Darlehensnehmer diese nicht erfüllen – die Basis für empfindliche Sanktionen begründet (§ 308 Nr. 4 BGB).

Die Dokumentation der Finanzierung muss sich der Frage stellen, in welchem Umfang nicht nur das Vorliegen eines Zertifikats gefordert wird, sondern auch, in welchem Umfang die Übereinstimmung des Gebäudes mit den Anforderungen aus der Zertifizierung Sache des Darlehensnehmers ist. Aus Sicht des Darlehensgebers besteht dabei kein Grund, vom Darlehensnehmer

---

68 Vgl. Kapitel V. L.

nicht die Erklärung und Verpflichtung zu verlangen, dass das Gebäude entsprechend den Spezifikationen der Zertifizierung errichtet wurde, in diesem Zustand erhalten wird, und dass der Zertifizierungsstelle vollständige und richtige Informationen überlassen wurden.

Der Darlehensnehmer übernimmt damit vollständig die mit der Zertifizierung zusammenhängenden Risiken, also in Bezug auf Fehler bei der Bauausführung und der Zertifizierungsstelle. Dafür sollte sich der Darlehensnehmer mindestens durch eine robuste vertragliche Gestaltung gegenüber der Zertifizierungsstelle, Architekten, Planern, Ingenieuren und Bauhandwerkern absichern. In der Verhandlung mag dieser umfassende Ansatz noch Abwandlungen erfahren, insbesondere, wenn der Darlehensnehmer nicht bereit ist, die vollständige Verantwortlichkeit für den Zustand des Gebäudes zu übernehmen. Dies gilt etwa für Mieter, denn auch eine vom Mieter vorgenommene Änderung am Gebäude kann dazu führen, dass das Gebäude bei vorhandener Zertifizierung nicht mehr den Anforderungen entspricht. Hier sollte der Darlehensnehmer jedenfalls den Spielraum haben, bekannt gewordene Verstöße in angemessener Frist zu beseitigen, bevor Sanktionen greifen.

Bei Projektentwicklungen hat der Darlehensnehmer oft noch Einfluss auf das Programm für die Errichtung des Gebäudes und wird sicherstellen, dass etwa ein Generalunternehmer- oder Generalübernehmervertrag Leistungen in einem Umfang vorsieht, mit dem gewünschte nachhaltige Gebäudestandards erreicht werden. Soweit die Bank einen Projektcontroller einschaltet, der vor Auszahlungen den Stand der Entwicklung bestätigt, ist das Thema „Green Building" zu adressieren. In der Beauftragung sollten die Anforderungen an die Nachhaltigkeit definiert und eine entsprechende Prüfung ausdrücklich zum Teil des Prüfungsprogramms gemacht werden.

An das Vorliegen einer Zertifizierung einer bestimmten Stufe können im Darlehensvertrag auch unmittelbare wirtschaftliche Folgen geknüpft werden, etwa eine Reduzierung der Marge, solange eine Zertifizierung einer bestimmten Stufe vorliegt oder eine Erhöhung der Marge, wenn eine Zertifizierung nicht mehr vorliegt oder aber sich herausstellt, dass die Zertifizierung fehlerhaft ist, weil das Gebäude tatsächlich nicht den Anforderungen entspricht. Eine solche Regelung wird dabei neben die üblichen Sanktionen im Fall von falschen Zusicherungen oder der Verletzung von Pflichten des Darlehensnehmers treten.

Das Zertifikat muss an den Darlehensnehmer ausgestellt worden sein, sodass eine Haftung der Zertifizierungsstelle gegenüber diesem besteht. Die Haftung folgt aus dem Zertifizierungsvertrag, über den zugunsten des Darlehensgebers Sicherheiten bestellt werden können (vgl. dazu unter 4.). Hilfreich ist auch die Möglichkeit, das Zertifikat auf einen Rechtsnachfolger, also insbesondere auf einen neuen Eigentümer des Gebäudes zu übertragen. Aus Sicht eines Darlehensgebers kann dies eine Veräußerung der Immobilie, sei es im Wege eines Verkaufs durch den Eigentümer oder der Zwangsvollstreckung, vereinfachen. Davon unabhängig stellt sich die Frage, ob der Darlehensgeber sich auf das Zertifikat verlassen kann.[69]

3. Regelungsvorschläge für Darlehensvertrag und Sicherungszweckvereinbarung

Regelungen zur Zertifizierung im Darlehensvertrag oder in der Sicherungszweckerklärung könnten insbesondere folgende Elemente umfassen:

- *„Der Darlehensgeber hat bei der Gewährung des Darlehens berücksichtigt, dass die Gebäude entsprechend den Anforderungen für eine Zertifizierung nach …(Zertifizierungsstelle) für … (Nutzungsprofil) mit der Auszeichnungsstufe … (Auszeichnungsstufe) nach dem Stand … (Daten) errichtet wurden, eine entsprechende Zertifizierung vorliegt und diese während der Laufzeit des Darlehens aufrechterhalten wird. Anstelle einer Zertifizierung durch … (Zertifizierungsstelle) ist für die Zwecke dieses Vertrags (**Alternative 1**: auch eine Zertifizierung durch … [Zertifizierungsstelle] ausreichend.), (**Alternative 2**: eine Zertifizierung durch eine andere Zertifizierungsstelle ist zulässig, soweit diese Zertifizierungsstelle nach Auffassung des Darlehensgebers nach vergleichbaren Standards zertifiziert und die erreichte Auszeichnungsstufe gleiche oder höhere Anforderungen an die Qualität des Gebäudes als Voraussetzung einer Zertifizierung dieser Auszeichnungsstufe stellt.)"*
- *„Der Darlehensnehmer sichert zu, dass (i) dem Auditor/dem Zertifizierungsberater und der Zertifizierungsstelle vollständige und richtige Informationen für die Zwecke der Zertifizierung überlassen wurden und dass (ii) das Gebäude (**Alternative 1**: entsprechend den Anforderungen für die Zertifizierung nach … [Zertifizierungsstelle] für … [Nutzungsprofil] mit der Auszeichnungsstufe … [Auszeichnungsstufe] errichtet wurde und diese Anforderungen erfüllt.) (**Alternative 2**: entsprechend den Spezifikationen, wie sie der Zertifizierungsstelle zum Zweck der Zertifizierung übermittelt wurden, errichtet wurde und diese Anforderungen erfüllt.)"*
- *„Der Darlehensnehmer verpflichtet sich sicherzustellen, dass das Gebäude während der Laufzeit des Darlehens stets mindestens nach …*

---

[69] Sog. „Reliance", dazu mehr in Kapitel V.H.

*(Zertifizierungsstelle) für ... (Nutzungsprofil) mit der Auszeichnungsstufe ... (Auszeichnungsstufe) nach dem Stand Systemprofiljahrgang zertifiziert ist. (**Alternative 1**: Soweit sich die Anforderungen für diese Zertifizierung ändern, bleiben die am [...] geltenden Anforderungen für die Zwecke dieses Vertrags maßgeblich und eine niedrigere Zertifizierungsstufe ist ausreichend, wenn mit der Erfüllung der Anforderungen nur diese niedrigere Auszeichnungsstufe erreicht werden kann.). (**Alternative 2**: Soweit zur Erreichung der Auszeichnungsstufe ... [Auszeichnungsstufe] Änderungen am Gebäude erforderlich sind, ist der Darlehensnehmer verpflichtet, diese durchzuführen.). Der Darlehensnehmer hat dem Darlehensgeber unverzüglich eine Kopie des Zertifikats oder der Verlängerung des Zertifikats sowie Kopien des Zertifizierungsvertrags und der Vereinbarung mit dem Auditor bzw. dem Zertifizierungsberater vorzulegen und die Ansprüche aus diesen Verträgen zur Sicherheit an den Darlehensgeber abzutreten."*

- *"Der Darlehensnehmer ist verpflichtet sicherzustellen, dass das Gebäude die Anforderungen für eine Zertifizierung nach ... (Zertifizierungsstelle) für ... (Nutzungsprofil) mit der Auszeichnungsstufe ...(Auszeichnungsstufe) während der Laufzeit dieses Darlehens erfüllt. Die Bank hat das Recht, auf Kosten des Darlehensnehmers einen Dritten mit der Feststellung zu beauftragen, ob das Gebäude die sich aus der Zertifizierung ergebenden Anforderungen an das Gebäude erfüllt, soweit der Darlehensgeber Anlass zu der Annahme hat, dass dies nicht der Fall ist."*

Die vorstehenden Regelungen werfen naturgemäß Fragen nach weiteren Ergänzungen in den Finanzierungsverträgen auf: So könnte bei der Höhe der Marge an die Zertifizierung angeknüpft werden, um einen Darlehensnehmer entweder durch einen Nachlass zur Zertifizierung des Gebäudes anzuhalten oder aber bei Verlust der Zertifizierung durch eine erhöhte Marge zu sanktionieren. Ebenso könnten ausdrückliche Kündigungsrechte geregelt werden, etwa wenn die Zertifizierung widerrufen wird, weil der Darlehensnehmer die Zertifizierung durch falsche Angaben erreicht hat. Der Darlehensnehmer wird demgegenüber sicherstellen wollen, dass die Kosten der Zertifizierung – insbesondere, wenn nach Abschluss des Darlehensvertrags auch noch bauliche Maßnahmen erforderlich werden, die aus dem Cash-Flow bestritten werden müssen – bei der Verteilung der Einnahmen durch den Darlehensgeber im „Wasserfall" zur Verfügung gestellt werden.

4. Regelung der Auszahlungsvoraussetzungen

Die Finanzierung eines „Green Building" wird auch Niederschlag in den Bedingungen für die Auszahlung des Darlehens finden. Neben den üblichen objektbezogen Auszahlungsvoraussetzungen wie der Vorlage der Ermittlung der Markt- und Beleihungswerte, Baubeschreibungen sowie Flächen- und Kubaturberechnungen, Baupläne, Grundrisse für die Beleihungsobjekte sowie eines technischen und rechtlichen Due Diligence-Berichts dürften folgende Auszahlungsvoraussetzungen aus Sicht des Darlehensgebers ratsam sein:

- Nachweis der Zertifizierung (Zertifikatsurkunde) sowie Bestätigung der Geschäftsführer des Darlehensnehmers, dass die Zertifizierung nicht widerrufen worden ist und nach Kenntnis des Geschäftsführers auch keine Gründe für einen Widerruf vorliegen,
- Vorlage von Kopien des Zertifizierungsvertrags und des Vertrags mit dem Auditor, Zertifizierungsberater, Fachplaner etc.,
- Vorlage einer Bestätigung des von der Bank beauftragten (**Alternative 1**: Architekten, **Alternative 2**: Projektcontrollers, aus der sich ergibt, dass das Beleihungsobjekt in Übereinstimmung mit den Anforderungen der Zertifizierung errichtet wurde und steht.

Ratsam kann auch sein, die Zertifizierung einer Überprüfung im Rahmen der technischen Due Diligence und die rechtlichen Verhältnisse, wie den Zertifizierungsvertrag, einer Überprüfung in der rechtlichen Due Diligence zu unterziehen. Dieses sollte dann als Anforderung an die Due Diligence zumindest bei den Auszahlungsanforderungen geregelt werden. Das macht insbesondere dann Sinn, wenn die Ansprüche aus den Vereinbarungen zur Sicherheit an den Darlehensgeber abgetreten werden sollen, um sicherzustellen, dass weder Abtretungsverbote noch sonstige Regelungen die Sicherheit entwerten. Um auf der Ebene der Finanzierung sicherzustellen, dass der Darlehensnehmer den „Green Building"-Ansatz ganzheitlich verfolgt, sollte der Darlehensgeber auch bei der Bewertung anderer Vereinbarungen, etwa Bau-, Architekten-, Asset Management-, Property Management-, Facility Management- und Mietverträge, ein Augenmerk auf die „Green Building"-Tauglichkeit legen.

5. Sicherheiten

Zu überlegen ist aus Sicht des Darlehensgebers schließlich, inwieweit Sicherheiten über die Zertifizierung genommen werden können. Ausgangspunkt ist dabei zunächst, dass die Zertifizierung nach dem gegenwärtigen Stand grundsätzlich nicht an Dritte gerichtet ist, das Vertrauen eines Dritten auf die Richtigkeit der Zertifizierung also nicht geschützt ist.[70] Insofern bedarf die Gewährung einer sog. Reliance, wie sie Darlehensgeber regelmäßig von den Dritten verlangen, die für den Darlehensnehmer Berichte z.B. über die technische, steuerliche oder rechtliche Due Diligence erstellt haben, einer Mitwirkung der Zertifizierungsstelle. Mit einer Reliance wird der Darlehensgeber regelmäßig wie der Auftraggeber gestellt und kann bei Unrichtigkeit unmittelbar Ansprüche geltend machen. Die Reliance wird zumeist so ausgestaltet, dass die Haftung sich insgesamt nicht erhöht, der Auftraggeber und alle durch die Reliance Begünstigten also Gesamtgläubiger im Sinne von § 428 BGB sind und sämtliche Haftungsbegrenzungen insgesamt Anwendung finden, der Betrag einer Haftungsbegrenzung also insgesamt nur einmal zur Verfügung steht. Grundsätzlich erscheint es nicht ausgeschlossen, dass die Anbieter von Zertifizierungen gegen entsprechende Vergütung zusätzliche Haftungen übernehmen, zumal sich die Haftung in der Summe nicht erhöht. Hier bleibt abzuwarten, wie sich die Praxis einrichtet und ob Darlehensgeber Reliance realistischerweise erwarten können.

Im Rahmen von Finanzierungen tritt der Darlehensnehmer oft nicht nur seine Ansprüche aus Bau- und Architektenverträgen, sondern auch solche aus den Beauftragungen von Dritten mit der Erstellung von Due Diligence Berichten ab. Diese Abtretung kann neben die Gewährung der Reliance treten oder wird unabhängig davon vereinbart. Einer Abtretung der Ansprüche aus dem Zertifizierungsvertrag durch den Auftraggeber steht insoweit grundsätzlich nichts entgegen, insbesondere sieht das Muster für den DGNB-Zertifizierungsvertrag kein Abtretungsverbot vor. Der Wert dieser Sicherheit hängt von dem Umfang der nach den Verträgen und dem einschlägigen Recht vorgesehenen Haftung ab. Hier ergibt sich ein Vorteil des deutschen Zertifizierungssystems DGNB gegenüber den Systemen mit stärkerer Einschränkung, also LEED und BREEAM.[71] Auch Ansprüche, die dem Darlehensnehmer aus sonstigen Verträgen im Zusammenhang mit der Zertifizierung zustehen könnten, etwa mit Architekten, Ingenieuren oder den Auditoren bzw. Zertifizierungsberatern sowie aus Verträgen mit den mit der Bauausführung und Bauüberwachung betrauten Unternehmen, sollten als Sicherheit an den Darlehensgeber abgetreten werden.

---

70 Vgl. dazu Kapitel V.H.
71 Vgl. dazu Kapitel V.H.

6. KfW-70-Finanzierungen

Unter dem Stichwort „KfW-Energieeffizienzhaus" oder „KfW-70" sind – über die Hausbank – öffentlich geförderte Spezialfinanzierungen für den Bau, den Ersterwerb und die Sanierung von Immobilien erhältlich. Dabei steht „KfW-70" für 70% der nach der aktuellen Energieeinsparverordnung zulässigen Höchstwerte, die nicht überschritten werden dürfen.[72] KfW-70-Darlehen sind insofern interessant, als sie zurzeit (während eines Zinsbindungszeitraums von zehn Jahren) für einen Zins von 1% effektiv pro Jahr (bei einer Laufzeit bis zu 30 Jahren) vergeben werden, falls die Voraussetzungen erfüllt sind. Die Auszahlung erfolgt zu 100%, bei maximal fünf tilgungsfreien Anlaufjahren. Auf diese Weise können Mehrkosten, die die Einhaltung der KfW-70-Standards mit sich bringt, oft durch Finanzierungsvorteile (mindestens) kompensiert werden. Die Internetseite der Kreditanstalt für Wiederaufbau (KfW) gibt Antworten auf häufig gestellte Fragen und zudem einen Überblick über die Antragsformulare. KfW-70-Finanzierungen werden z. B. öfters im Zusammenhang mit neu errichteten Seniorenpflegeheimen in Anspruch genommen.[73]

---

[72] Details sind auf der Website www.energiesparen.kfw.de einsehbar.
[73] So die praktischen Erfahrungen der Autoren.

Kapitel IV
Grüne Mietverträge[74]

Literaturhinweise zum „grünen" Mietvertrag	62
A. Einleitung	64
B. Energieausweis	65
1. Vorlagepflicht	65
2. Haftung für Inhalte	67
C. Green Building-Zertifikate	68
D. Energiestandards und andere umweltrelevante Aspekte als Beschaffenheit der Mietsache	70
1. Ausdrückliche Vereinbarung bzw. Zusicherung	71
2. Rechtsfolgen	73
3. Implizite Haftung des Vermieters für energetische Eigenschaften	74
4. Mangel bei Nichteinhaltung der EnEV auch ohne Vereinbarung?	75
E. Energie- und Heizkosten versus Wirtschaftlichkeitsgebot	77
F. Wärme-Contracting	80
G. Energetische Modernisierung – Duldung und Umlegung der Kosten	83
1. Fehlen angemessener gesetzlicher Regelungen im Gewerbemietrecht	84
2. Regelungsempfehlungen	84
H. Sonstige Regelungen	87

---

74 Der Autor Fabian Böhm ist für Abschnitt F. (Wärme-Contracting) dieses Kapitels verantwortlich, während im Übrigen der Autor Christian Keilich für dieses Kapitel verantwortlich zeichnet.

Literaturhinweise zum „grünen" Mietvertrag

Neben zahlreicher Rechtsprechung und diverser Quellen im Internet wird in den Fußnoten dieses Kapitels die folgende, überwiegend öffentlich zugängliche Literatur zitiert, die lesenswerte Details enthält:

Arzt, Ökologische Modernisierung des Wohnungsbestandes, WuM 2008, S. 259 ff.;

Blank, Der vertragsgemäße Zustand der Mietsache, MDR 2009, S. 181 ff.;

Börstinghaus, Anpassung der Wohnung an übliche Wohnstandards bei Neuabschluss und im Bestand; Auswirkungen der Entscheidung BGH, NZM 2004, Seite 736, auf die Vermietungspraxis, NZM 2005, S. 561 ff.;

ECE und Universität Karlsruhe, Nachhaltiges Planen, Bauen und Betreiben – Zertifizierung nachhaltiger Shopping-Center, Handbuch, Hamburg, 2010;

Flatow, Auswirkungen der EnEV 2007/2009 auf Miet-, Kauf- und Werkverträge, NJW 2008, S. 2886 ff.;

Freshfields Bruckhaus Deringer LLP (Hrsg.), Green Lease, Der grüne Mietvertrag für Deutschland, Regelungsempfehlungen zur nachhaltigen Nutzung und Bewirtschaftung von Immobilien, Hamburg, 2012;

Friers, Die Bedeutung der Energieeinsparverordnung (EnEV) für das Mietverhältnis, WuM 2008, S. 255 ff.;

Fritz, Entwicklung des Gewerberaummietrechts im Jahre 2011, NJW 2012, S. 980 ff.;

Horst, Der Umgang mit Standards zur Bewertung eines Mietmangels, NZM 2010, S. 177 ff.;

Horst, Wohnungs- und nachbarrechtliche Folgefragen des Energiepasses, NZM 2008, S. 145 ff.;

Linder-Figura/Oprée/Stellmann (Hrsg.), Geschäftsraummiete, 2. Aufl., München, 2008;

Milger, Die Umlage von Kosten der Wärmelieferung unter besonderer Berücksichtigung des Wirtschaftlichkeitsgebots, NZM 2008, S. 1 ff.;

Palandt (Begr.), Bürgerliches Gesetzbuch, 71. Aufl., München, 2012;

Reimer, Nachhaltige Immobilien: Öffentlich-rechtliche Rahmenbedingungen und zivilrechtliche Folgen für die Vertragspraxis, ZfIR 2010, S. 163 ff.;

v. Seldeneck, Wirtschaftlichkeitsgebot beim Ansatz von Betriebskosten, NZM 2002, S. 545 ff.;

Schmitt-Futterer (Begr.), Mietrecht, Großkommentar des Wohn- und Gewerberaummietrechts, 10. Aufl., München, 2011;

Schultz-Süchtig/Tegtmeyer, Nachhaltige Immobilien: Der Grüne Mietvertrag, ZfIR 2010, S. 396 ff.;

Schwintowski, Das Wirtschaftlichkeitsgebot – die Rechtspflicht des Vermieters zur optimalen Wärmeversorgung, WuM 2006, S. 215 ff.;

Stangl, Der Energieausweis nach EnEV 2007, ZMR 2008, S. 14 ff.;

Usinger/Minuth (Hrsg.), Immobilien – Recht und Steuern, 3. Aufl., Köln, 2004.

A. Einleitung

Das ständig wachsende Umweltbewusstsein lässt auch Mietverhältnisse nicht unberührt. Mietrecht und Mietvertragspraxis in Deutschland waren zwar schon bisher – wohl eher unabsichtlich – in verschiedener Hinsicht „grüner" als in manch anderen Ländern. Im anglo-sächsischen Raum etwa wird gefordert und als innovativ gefeiert, dass sich der Vermieter verpflichtet, Einrichtungen zur separaten Erfassung des Verbrauchs von Wasser, Strom und anderen Energieträgern vorzuhalten, nach Verbrauch des einzelnen Mieters abzurechnen und dabei zwischen den Mietflächen und den Gemeinschaftsflächen zu unterscheiden.[75] In Deutschland sind solche Vertragsinhalte längst übliche Praxis oder sogar gesetzlich zwingend vorgeschrieben.[76]

Darauf wird man sich hierzulande aber nicht ausruhen können – die grüne Welle schwimmt weiter. Zahlreiche Unternehmen haben sich öffentlich zur Einhaltung bestimmter Umweltziele verpflichtet und/oder interne Standards zur Nachhaltigkeit aufgestellt, die sich ganz konkret auch auf die vom jeweiligen Unternehmen abgeschlossenen Mietverträge auswirken. Die Forderung des Mieters, dass der Mietvertrag bestimmte „grüne Klauseln" enthalten müsse, ist bei der Vermietung von Gewerberäumen daher durchaus keine Überraschung mehr.[77] Aber auch Vermieter bieten vermehrt von sich aus eine „grüne" Ausgestaltung von Mietverträgen an.[78] Dabei sind kei-

---

75 Interessante Überblicke zu den Forderungen nach „Green Leases" aus dem anglo-sächsischen Raum finden sich etwa unter http://www.greenleases-uk.co.uk/ (Website der Cardiff University).
76 Die Abrechnung von Strom für die Mieteinheit erfolgt in Deutschland in aller Regel nicht über den Vermieter, da der Mieter direkt mit dem Versorger einen Vertrag abschließt. Bei anderen Medien wie Gas und Wasser sind Verbrauchsmessgeräte pro Mieteinheit in Deutschland wohl üblicher Standard, im Hinblick auf Heizkosten ergibt sich eine Pflicht zur verbrauchsabhängigen Erfassung aus der Heizkostenverordnung.
77 Die Deutsche Bank etwa verfügt über rund 3.000 Immobilien in 74 Ländern weltweit, die 65 % der gesamten Treibhausgasemissionen der Bank ausmachen. Sie hat ein „Green Lease"-Programm aufgesetzt, wonach u. a. in neu abgeschlossenen Mietverträgen „grüne" Klauseln zur Energie- und Wassereffizienz, zur Luftqualität in Innenräumen, zum Abfallmanagement und zur umweltfreundlichen Reinigung der Räume aufgenommen werden müssen (vgl. dazu die Website des Unternehmens: http://www.banking-on-green.de/de/content/projekte_und_initiativen_zur_nachhaltigkeit/gruene_gebaeude.html).
78 So erklärt z. B. die IVG Immobilien AG, dass sie seit 2012 aus allen deutschen Niederlassungen heraus Mietverträge anbiete, die sich an Kriterien der Nachhaltigkeit orientieren und die Mietvertragsparteien zu einer konstruktiven Zusammenarbeit mit dem Ziel maximaler Ressourcenschonung verpflichten (vgl. http://www.ivg.de/presse/pressemitteilungen/presse/info/ivg-etabliert-green-leases-in-deutschland-testphase-erfolgreich-abgeschlossen-1/eb7a3a5ef6988d0fee0d05c575f3a86a/).

neswegs nur gewerbliche Mietverhältnisse berührt. Auch bei der Vermietung von Wohnraum werden Nachhaltigkeitsaspekte nicht zuletzt wegen der im Zuge der „Energiewende" anstehenden Modernisierungsmaßnahmen zunehmend wichtig. In diesem Kapitel beschäftigen wir uns mit einigen der zentralen rechtlichen Aspekte sog. „Grüner Mietverträge" in Deutschland, die Vermietern und Mietern insbesondere von Gewerbeflächen geläufig sein sollten. Ein bestimmter Standard für *den* umweltfreundlichen Mietvertrag, der dabei zugrunde gelegt werden könnte, hat sich zwar bisher (noch) nicht etabliert – zu jung ist das Thema und zu vielschichtig sind die Interessenlagen der Beteiligten.[79] Umso wichtiger ist es aber, die wichtigsten rechtlichen Einzelfragen zu kennen und bei der Gestaltung von Mietverträgen zu berücksichtigen.

B. Energieausweis

Nach den Regelungen der Energieeinsparverordnung (EnEV) ist nunmehr für fast alle Gebäude ein Energieausweis vom Eigentümer zu beschaffen. Der Energieausweis bildet die energetischen Eigenschaften des jeweiligen Gebäudes ab und zeigt die Gesamteffizienz auf einer Ampelskala von grün über gelb bis rot an. Er muss einem Mietinteressenten vor Mietvertragsabschluss vorgelegt werden. Für den Vermieter schließen sich Fragen nach der Haftung bei Nichtvorlage (dazu 1.) und für die Inhalte des Energieausweises (dazu 2.) an.

1. Vorlagepflicht

Bei der Vermietung von Flächen in größeren Gebäuden gleich welcher Art ist der Vermieter gemäß § 5a des Gesetzes zur Einsparung von Energie in Gebäuden (EnEG) i. V. m. § 16 Abs. 2 Satz 2 EnEV verpflichtet, dem Mieter einen

---

[79] Der neueste, im Juni 2012 veröffentlichte Versuch zur Etablierung eines „Marktstandards" etwa kommt von der sog. Projektgruppe Green Leases, die sich aus verschiedenen Marktteilnehmern zusammen setzt (vgl. Freshfields Bruckhaus Deringer LLP (Hrsg.), Green Lease, der grüne Mietvertrag für Deutschland, Regelungsempfehlungen zur nachhaltigen Nutzung und Bewirtschaftung von Immobilien, Hamburg, 2012). Auch diese Studie weist auf oft gegenläufige Interessen der Beteiligten hin. Ob sich diese und andere Versuche der Standardisierung durchsetzen werden, bleibt abzuwarten.

Energieausweis vorzulegen. Der Energieausweis ist vom Vermieter auf eigene Kosten zu beschaffen. Mit der Vorlagepflicht wollte der Gesetzgeber Transparenz über die Energieeffizienz eines Gebäudes für den Mieter vor Abschluss eines Mietvertrags gleichsam erzwingen. In der Vermietungspraxis ist der Energieausweis allerdings kaum (mehr) von Bedeutung. Fragen nach der Energieeffizienz bei Vermietungsgesprächen sind offenbar rückläufig; es scheint so, als werde diese schlicht vorausgesetzt bzw. unterstellt.[80]

§ 16 Abs. 2 EnEV gilt bei jeder Vermietung. Bei der Untervermietung etwa dürfte das ein Problem aufwerfen: Wenn der Untervermieter vom Eigentümer keinen Energieausweis bekommt, kann er dem Untermieter auch keinen vorlegen. Auch der Wohnungseigentümer kann häufig keinen Energieausweis vorlegen, wenn und solange die Gemeinschaft der Wohnungseigentümer des Gesamtgebäudes keinen beschafft hat (der Ausweis wird nur für Gebäude insgesamt erteilt). Theoretisch mögen diese Fragen spannend sein (und Regelungslücken in den gesetzlichen Bestimmungen aufzeigen[81]), praktisch relevant sind sie nicht. Der Mieter hat nämlich keinen gerichtlich durchsetzbaren Anspruch auf Vorlage des Energieausweises – die öffentlich-rechtliche Vorlagepflicht ist also vom Mieter nicht einklagbar und wird damit letztlich zum zahnlosen Tiger. Legt der Vermieter den Energieausweis nicht vor oder kann er ihn nicht vorlegen, kann der Mieter sich nur entscheiden, ob er den Mietvertrag abschließt oder eben nicht.[82]

Gleichwohl: Legt der Vermieter dem Mieter auf Nachfrage nicht unverzüglich einen Energieausweis vor, obwohl er einen beschaffen könnte, handelt er ordnungswidrig. Die Ordnungswidrigkeit kann nach dem EnEG mit einer Geldbuße von bis zu 15.000 Euro geahndet werden. Streitig ist allerdings, ob der Vermieter auch ohne Nachfrage des Mieters einen Energieausweis vorlegen muss oder sogar noch später während des laufenden Mietverhältnisses.[83] Aus Sicht des Vermieters ist es also zu empfehlen, gar nicht erst auf die Frage des Mieters zu warten, sondern ihm den Energieausweis ungefragt vorzulegen – was aber bei unerfreulichen Inhalten des Energieausweises verhandlungstaktisch unklug sein könnte.

---

80 Vgl. Studie „Marktmonitor Immobilien 2011" der Hochschule für Wirtschaft und Umwelt (HfWU) und des Immobilienportals immowelt.de, S. 15 ff. (abzurufen unter http://www.marktmonitor-immobilien.de/fileadmin/files/Marktmonitor2011_Report.pdf).
81 Dazu etwa Flatow, NJW 2008, 2886, 2888.
82 Wie hier Flatow, NJW 2008, 2886, 2889; Stangl, ZMR 2008, 14, 19.
83 Zum Streitstand vgl. Stangl, ZMR 2008, 14, 18; Reimer, ZfIR 2010, 163, 166.

2. Haftung für Inhalte

Wurde der Energieausweis vorgelegt, sollte dies jedenfalls korrekt dokumentiert werden. Ob diese Dokumentation im Mietvertrag selbst erfolgt, sollte aus Sicht des Vermieters gut überlegt werden. Durch die Dokumentation im Mietvertrag könnte der Eindruck entstehen, dass die Parteien nicht nur die Vorlage selbst belegen wollten, sondern auch die Inhalte des Energieausweises für vertraglich relevant hielten und damit eventuell sogar eine Haftung des Vermieters für dessen Richtigkeit beabsichtigten. Aus Sicht des Vermieters sollte dieser Eindruck besser vermieden werden;[84] der Mieter sieht das natürlich naturgemäß anders.

Teilweise wird dem Vermieter empfohlen, in den Mietvertrag immer eine ausdrückliche Regelung dazu aufzunehmen, ob er für die Richtigkeit der Angaben im Energieausweis haftet oder nicht.[85] Ohne ausdrückliche Regelung könne man bei der Auslegung des Vertrags nämlich zu dem Ergebnis kommen, dass der Vermieter für die Angaben im Energieausweis als Beschaffenheit der Mietsache hafte[86] oder diese sogar garantieren wolle.[87] Eine solche Auslegung scheint allerdings kaum vertretbar. Jedenfalls solange der Mietvertrag zum Energieausweis vollständig schweigt, ist nicht erkennbar, wie dieser zum Vertragsinhalt werden sollte. Schon der Gesetzgeber hat in § 5a Satz 3 EnEG ausdrücklich klargestellt, dass der Energieausweis ausschließlich der Information dient. Er wollte also erkennbar nicht in die zivilrechtlichen Verhältnisse zwischen den Parteien eines Mietvertrags eingreifen. Vor diesem Hintergrund scheint es sehr weit hergeholt, aus einem „schweigenden" Mietvertrag eine Haftung des Vermieters zu konstruieren. Richtig ist: Wenn die Parteien den Inhalten des Energieausweises eine derartige vertragliche Wirkung beimessen wollen, müssen sie sich darüber ausdrücklich verständigen.[88]

Umgekehrt stellt sich aber durchaus die Frage, ob der Vermieter gegen seine gesetzlich geforderte, vorvertragliche Aufklärungspflicht verstößt, wenn er den Energieausweis – auch ohne Nachfrage des Mieters – nicht vorlegt. Wäre der Inhalt des Energieausweises eher negativ, könnte der Mieter bei einem solchen Rechtsverständnis möglicherweise Ansprüche auf Ersatz

---

84 Richtigerweise empfehlen daher Hübner/Griesbach/Fürst, in: Linder-Figura/Oprée/Stellmann, Geschäftsraummiete, Kapitel 14 Rn. 211, den Energieausweis im Mietvertrag gar nicht darzustellen.
85 Reimer, ZfIR 2010, 163, 170 m.w.N.
86 Man könnte quasi von einer „konkludenten" Beschaffenheitsvereinbarung sprechen.
87 So etwa Schultz-Süchting/Tegtmeyer, ZfIR 2010, 396, 399.
88 Wie hier Horst, NZM 2008, 145, 146; Friers, WuM 2008, 255, 258; wohl auch Reimer, ZfIR 2010, 163, 169.

von Schäden wegen der schlechten Energieeffizienz des Gebäudes haben. Allerdings geht auch ein solches Verständnis zu weit. Erst wenn der Vermieter auf Nachfrage des Mieters keinen Energieausweis vorlegt, stellt dies eine mit Bußgeld bewehrte Ordnungswidrigkeit dar. Offenbar hat der Gesetzgeber vorher keinen zu ahndenden Pflichtverstoß gesehen. Es kommt hinzu, dass ab der Übergabe der Mietsache (und erst dann wird der Mieter die tatsächliche Energieeffizienz des Gebäudes realisieren) im Hinblick auf Mängel des Mietgegenstandes die Regelungen des Mietvertragsrechts (§§ 535 ff. BGB) abschließend sind.[89] Eine Haftung wegen vorvertraglicher unzureichender Aufklärung über einen Mangel der Mietsache, hier konkret deren mangelhafte Energieeffizienz, ist dann ausgeschlossen.

Aus Sicht eines professionellen Vermieters sollte der Mietvertrag trotz allem eine ausdrückliche Erklärung enthalten, dass der Vermieter für die Inhalte des Energieausweises nicht haftet. Jede andere Empfehlung verkennt die Risiken, die sich durch einen Meinungsumschwung in Rechtsprechung und Literatur oder in Folge einer Gesetzesänderung ergeben können.

> Empfehlung für die Mietvertragsgestaltung
> - Wenn ein Energieausweis vorgelegt wird: Ausdrückliche Regelung, ob der Vermieter eine Haftung für dessen Inhalte übernimmt (wenn ja, in welchem Umfang) oder nicht.

C. Green Building-Zertifikate

In der Praxis zeigt sich, dass Nachhaltigkeitszertifikate nach LEED-, DGNB- oder vermehrt auch BREEAM-Standard jedenfalls bei der Vermietung von Gewerbeimmobilien einen deutlich höheren Stellenwert einnehmen als der Energieausweis. Mietinteressenten legen zunehmend Wert darauf, dass ihre zukünftigen Mietflächen nach in Deutschland, besser noch, international anerkannten Standards zertifiziert sind. Eine gesetzliche Pflicht, dem Mieter ein vorhandenes Zertifikat vorzulegen oder ein solches später zu beschaffen, trifft den Vermieter nicht. Gleichwohl bewerben viele Vermieter ihre Gebäude mit einem bereits erteilten Zertifikat oder sie teilen ihre Absicht mit, ein solches umgehend zu beschaffen.

---

[89] Palandt/Heinrichs, BGB, § 311 Rn. 50; Hübner/Griesbach/Fürst, in: Linder-Figura/Oprée/Stellmann, Geschäftsraummiete, Kapitel 14 Rn. 224.

C. Green Building-Zertifikate

Wird dem Mieter ein vorhandenes Zertifikat vorgelegt oder damit geworben, gilt das Gleiche wie beim Energieausweis: Ohne ausdrücklichen Haftungsausschluss oder ausdrückliche Haftungserklärung verbleiben Unsicherheiten. Vom bloßen Erwähnen der Zertifizierung oder bloßen Beifügen des Zertifikats als Anlage zum Mietvertrag ohne weitere Regelungen[90] ist ebenso wie beim Energieausweis abzuraten (dazu oben B. 2.). Die Situation ist dabei beim Zertifikat noch brisanter als beim Energieausweis. Beim zwingend vorzulegenden Energieausweis ergibt sich schon aus § 5a Satz 3 EnEG, dass er nur der Information dient, dass also keine zivilrechtliche Haftung des Vermieters beabsichtigt ist. Beim freiwillig vorgelegten Zertifikat gibt es aber keine derartige „gesetzliche Enthaftungsregelung". Der Vermieter ist mithin gut beraten, im Vertrag klarzustellen, ob er für das Vorliegen der Zertifizierungskriterien haften will oder nicht.

Empfehlung für die Mietvertragsgestaltung
- Wenn ein Nachhaltigkeitszertifikat vorgelegt wird: Ausdrückliche Regelung, ob der Vermieter eine Haftung für dessen Inhalte übernimmt (wenn ja, in welchem Umfang) oder nicht.

Liegt ein Zertifikat vor, wird manch ein Mieter und wohl jeder Vermieter Wert darauf legen, dass die Zertifizierungsvoraussetzungen auch zukünftig erfüllt bleiben. Daraus ergibt sich – aus Sicht beider Parteien – ein vielfältiges Regelungsbedürfnis:
- Wer muss was tun, unterlassen oder dulden, damit die Kriterien dauerhaft eingehalten werden?
- Darf der Mieter jegliche Umbauten vornehmen, auch wenn der energetische Standard des Gebäudes dadurch beeinträchtigt wird?
- Wer trägt die Kosten, falls es zukünftig Maßnahmen bedarf, um eine bestehende Zertifizierung zu verlängern?

Diese und andere Fragen werden von den Parteien noch viel zu selten gestellt und folglich oft auch nicht vertraglich geregelt. Ein professioneller, moderner und aus Vermietersicht werterhaltender Mietvertrag sollte dazu nicht schweigen.[91]

---

90 So die „Regelungsempfehlung 3" bei Freshfields Bruckhaus Deringer LLP (Hrsg.), Green Lease, S. 16.
91 Ausführliche Regelungsempfehlungen dazu bei Freshfields Bruckhaus Deringer LLP (Hrsg.), Green Lease, S. 17 ff., Regelungsempfehlungen 5 bis 10.

> Empfehlung für die Mietvertragsgestaltung
> - Wenn das Gebäude zertifiziert ist oder werden soll: Regelungen darüber, wie die Einhaltung der Zertifizierungskriterien dauerhaft sichergestellt werden kann, um den Status nicht zu verlieren.

Liegt noch kein Zertifikat vor, hat der Vermieter aber mit seiner Absicht geworben, das Gebäude zertifizieren zu lassen, kann es für ihn heikel werden. Der Mieter könnte den Vermieter durchaus daran festhalten und Regelungen für den Fall verlangen, dass die Zertifizierung nicht erreicht wird. Denkbare Rechtsfolgen reichen von der Mietminderung bis zur Kündigung. Andererseits wird der Vermieter, der für die Zertifizierung noch bauliche und sonstige Maßnahmen durchführen muss, vertragliche Bestimmungen zu Duldungspflichten des Mieters und gegebenenfalls sogar zur Kostenteilung fordern. Auch hierzu haben sich noch keine einheitlichen Standards in der Praxis durchgesetzt.[92]

> Empfehlung für die Mietvertragsgestaltung
> - Wenn das Gebäude noch nicht zertifiziert ist, der Vermieter aber mit der Absicht, die Zertifizierung zu erwerben, geworben hat: Ausdrückliche Regelung dazu, ob der Vermieter eine Haftung für die Erteilung des Zertifikats übernimmt (wenn ja, in welchem Umfang) oder nicht.
> - Wenn der Vermieter eine zukünftige Zertifizierung zusagt: Regelung über den Umfang der Beteiligung des Mieters an dafür etwa erforderlichen Maßnahmen.

D. Energiestandards und andere umweltrelevante Aspekte als Beschaffenheit der Mietsache

Es schließt sich die rechtlich, aber auch im Hinblick auf das wirtschaftliche Ergebnis interessante Frage an, ob, unter welchen Voraussetzungen und mit welchen Folgen bestimmte Energiestandards eines Gebäudes eine sog. Beschaffenheit der Mietsache bilden können, für die der Vermieter haftet.

---

[92] Erste Standardisierungsversuche bei Freshfields Bruckhaus Deringer LLP (Hrsg.), Green Lease, S. 21 ff., Regelungsempfehlungen 11 bis 14.

D. Energiestandards und andere umweltrelevante Aspekte

1. Ausdrückliche Vereinbarung bzw. Zusicherung

Zunächst können die Parteien bestimmte Energiestandards oder andere Nachhaltigkeitsaspekte als Beschaffenheit der Mietsache im Mietvertrag vereinbaren oder der Vermieter kann dem Mieter bestimmte Eigenschaften zusichern. Solche, im positiven Sinne umweltrelevanten Beschaffenheitsvereinbarungen oder Zusicherungen sieht man in Mietverträgen häufig, auch wenn das Motiv „Umweltschutz" oft gar nicht ausdrücklich im Vertrag niedergelegt wird (oder werden müsste). So finden sich etwa insbesondere bei der Vermietung von noch zu errichtenden Neubauten, aber auch von um- oder auszubauenden Flächen „versteckt" in den Baubeschreibungen in den Anlagen zum Mietvertrag häufig umfassende Vereinbarungen betreffend die Substanz (z.B. Dämmwerte, Anzahl von Fahrradstellplätzen), die Versorgung (z.B. Wärmeversorgung durch Erdwärme, Regenwasser für Toilettenspülung) und/oder die Ausstattung der Mietsache (z.B. energiesparende Lampentypen, Lichtregelung durch Bewegungsmelder), die sich auf den Energiestandard des Gebäudes auswirken können.

Konkrete Vereinbarungen oder Zusicherungen zu bestimmten energetischen Zielwerten finden sich in Mietverträgen indes (noch?) eher selten. Nach Auffassung einiger Autoren kann zumindest ein bestimmter Energie*verbrauch* des Gebäudes auch gar nicht vom Vermieter einseitig zugesichert, sondern allenfalls gemeinsam vereinbart werden. Zusicherungen können sich nämlich nur auf *Eigenschaften* beziehen, also auf Merkmale, die der Mietsache auf Dauer anhaften.[93] Da der Energieverbrauch aber überwiegend vom Nutzer abhänge und gerade nicht der Mietsache selbst anhafte, könne er auch vom Vermieter nicht zugesichert werden; anders sei dies dagegen beim Energiebedarf eines Gebäudes.[94] Der fein ziselierte Unterschied zwischen Energie*bedarf* und Energie*verbrauch* dürfte in der täglichen Praxis indes ebenso verschwimmen wie die rechtsdogmatisch sicher interessante Unterscheidung zwischen Zusicherung und Vereinbarung. Findet sich in einer vom Vermieter erstellten Baubeschreibung etwa ein Satz, dass bei der Mietsache ein bestimmter (auch nutzungsabhängiger) Zielwert erreicht werde, dürfte sich selbst der bemühte Richter in der Auslegung zwischen Zusicherung und Vereinbarung bzw. Verbrauch und Bedarf leicht verheddern können.

---

93 Zur Definition einer „zusicherbaren" Eigenschaft vgl. BGH, NJW 2000, 1714, 1715.
94 Dazu etwa Flatow, NZM 2008, 2886, 2890.

> Empfehlung für die Mietvertragsgestaltung
> - Bei Angaben zu bestimmten energetischen Zielwerten (auch in Baubeschreibungen) immer klarstellen, ob der Vermieter eine Haftung für deren Einhaltung übernimmt (wenn ja, in welchem Umfang) oder nicht.

Dem Vermieter ist aber von Vereinbarungen und Zusicherungen über bestimmte Zielwerte, die auch vom Nutzerverhalten abhängen, schon deswegen dringend abzuraten, weil er das Verhalten des Mieters nicht unter Kontrolle hat. So kann etwa die Übernahme einer Haftung für Inhalte des Energieausweises ohne jeden Toleranzrahmen für den Vermieter zum Albtraum werden,[95] es sei denn, es werden gleichzeitig auch konkrete Vereinbarungen zur Steuerung des Nutzerverhaltens getroffen, wie etwa Verbrauchsvorgaben oder ausdrückliche Zustimmungsvorbehalte bei energetisch relevanten Umbauten oder Nutzungsänderungen des Mieters. Bei Aus- und Umbauten des Mieters sollte der Vermieter sich nicht auf die üblichen Klauseln zur Zustimmungspflicht bei bestimmten Bauvolumina oder besonders weitreichenden Eingriffen in die Gebäudesubstanz verlassen. Es ist vielmehr zu empfehlen, auch solche Maßnahmen des Mieters, die sich energetisch nachteilig auf das Gebäude auswirken können, ausdrücklich dem Zustimmungsvorbehalt zu unterstellen.[96] Eine solche Regelung sieht man in der Praxis noch sehr selten; in einem langfristigen Mietvertrag sollte sie aus Sicht des gut beratenen Vermieters aber inzwischen zum Minimalstandard gehören.

> Empfehlung für die Mietvertragsgestaltung
> - Wenn der Vermieter eine Haftung für die Einhaltung bestimmter energetischer Zielwerte übernimmt: Ausdrückliche Regelungen darüber, ob und wie sich etwa (absichtlich oder unabsichtlich) kontraproduktives Nutzungsverhalten des Mieters auf diese Haftung auswirkt bzw. wie solchem Verhalten vorgebeugt wird (Stichwort: Zustimmungsvorbehalt des Vermieters).

---

[95] Die errechneten Werte in Energieausweisen liegen offenbar sehr häufig sehr weit weg von den tatsächlichen Werten; einer Studie zu Einfamilienhäusern aus dem Jahr 2005 zufolge weichen ¾ der Gebäude um mehr als +10% vom errechneten Verbrauch ab! Dazu Stangl, ZMR 2007, 14, 20 m. w. N.

[96] So zu Recht Schultz-Süchtig/Tegtmeyer, ZfIR 2010, 396, 403; Regelungsempfehlungen zu diesem Themenkomplex finden sich bei Freshfields Bruckhaus Deringer LLP (Hrsg.), Green Lease, S. 33 f. Weitere Regelungsmöglichkeiten (Vorgaben für Mieterausbauten) stellen etwa die ECE und die Universität Karlsruhe im Handbuch „Nachhaltiges Planen, Bauen und Betreiben – Zertifizierung nachhaltiger Shopping-Center" vor.

2. Rechtsfolgen

Werden bestimmte Beschaffenheiten vereinbart, sollten sich die Parteien auch über die Rechtsfolgen verständigen, die gelten sollen, wenn die Beschaffenheiten wider Erwarten doch nicht vorliegen (oder erreicht werden können), also ein Mangel auftritt. Schweigt der Mietvertrag dazu, haftet der Vermieter nach dem Gesetz: Der Mieter kann die Miete bis zur Beseitigung des Mangels in angemessenem Umfang mindern (§ 536 Abs. 1 BGB) und/oder Schadensersatz verlangen (§ 536a Abs. 1 BGB). Kommt der Vermieter seiner Pflicht zur Mangelbeseitigung nicht nach, kann der Mieter die erforderlichen Maßnahmen selbst durchführen und Kostenerstattung verlangen (§ 536a Abs. 2 BGB). In schwerwiegenden Fällen kann dem Mieter zuletzt auch noch ein Recht zur Kündigung des Mietvertrags zustehen (§ 543 BGB).[97]

Der Vermieter haftet dabei für anfängliche Mängel grundsätzlich verschuldensunabhängig, also unabhängig davon, ob er den Mangel fahrlässig oder vorsätzlich zu vertreten hat. Für den juristischen Laien: Der Vermieter haftet für einen Mangel, der schon bei Beginn des Mietverhältnisses vorliegt, selbst dann, wenn er nichts dafür kann und/oder nichts davon weiß (etwa weil er sich auf die Angaben in einem Energieausweis oder Nachhaltigkeitszertifikat verlassen hat). Er haftet sogar dann, wenn sich ein solcher Mangel gar nicht beseitigen lässt.[98] Die Haftung des Vermieters ist nur in bestimmten Fällen ausgeschlossen, wenn der Mieter seinerseits den Mangel kannte oder hätte kennen müssen (§ 536b BGB).

Angesichts dieses harschen Haftungsregimes möge sich der vom Anblick des möglichen neuen Mieters beseelte Vermieter unbedingt an den Ratschlag Schillers erinnern: „Drum *prüfe*, wer sich ewig bindet. […] Der Wahn ist kurz, die Reu ist lang."[99] Von für den Mieter attraktiven Zusagen zur Energieeffizienz ins Blaue hinein, also ohne wirklich sorgfältige Prüfung, ob bestimmte Werte oder Eigenschaften tatsächlich erreicht werden können, ist dem Vermieter dringend abzuraten. Das gilt umso mehr dann, wenn bestimmte Zielwerte auch vom Nutzerverhalten des Mieters abhängen.

---

97 Linder-Figura, in: Usinger/Minuth, Immobilien – Recht und Steuern, Kapitel 20 Rn. 67 ff., gibt einen knappen, aber guten Überblick über das mietrechtliche Gewährleistungsrecht mit weiteren Einzelheiten zu den hier zitierten Bestimmungen.
98 Sog. Garantiehaftung, vgl. dazu und zu gewissen Einschränkungen Hübner/Griesbach/Fürst, in: Linder-Figura/Oprée/Stellmann, Geschäftsraummiete, Kapitel 14 Rn. 231.
99 Nur um hier nicht des Plagiats verdächtig zu werden: Schiller, Das Lied von der Glocke. Kursivsatz nicht im Original.

> Empfehlung für die Mietvertragsgestaltung (nur für den Vermieter)
> • REMEMBER SCHILLER!

3. Implizite Haftung des Vermieters für energetische Eigenschaften

Wie oben erwähnt, ergibt sich aus der bloßen Vorlage eines Energieausweises oder Nachhaltigkeitszertifikats per se keine Beschaffenheitsvereinbarung. Dem Vermieter sollte aber bewusst sein, dass er implizit für bestimmte energetische Eigenschaften der Mietsache haftet, wenn er dem Mieter verspricht, einen Energieausweis mit bestimmten Inhalten oder ein Zertifikat bestimmten Typs zu beschaffen.

Erreicht das Gebäude die jeweiligen Anforderungen des zugesagten Zertifikats oder Energieausweises nicht, findet sich der Vermieter in einem kaum lösbaren Spannungsverhältnis wieder: Einerseits muss er unter Umständen kostenintensive Maßnahmen im Gebäude durchführen, um die Zielwerte zu erreichen. Solche Maßnahmen können die Nutzung der Mietsache beeinträchtigen, vielleicht sogar vorübergehend unmöglich machen. Andererseits muss er gemäß § 535 BGB den ungestörten Mietgebrauch sicherstellen. Solche energetischen Modernisierungsmaßnahmen hat der Mieter zwar grundsätzlich gemäß § 554 Abs. 2 BGB zu dulden, dabei sind ihm jedoch alle damit zusammenhängenden Aufwendungen vom Vermieter zu ersetzen (§ 554 Abs. 4 BGB). Überdies steht ihm zuvor ein gesetzliches Kündigungsrecht zu, welches er nach der gesetzlich geforderten Anzeige des Vermieters über die geplanten Maßnahmen ausüben kann (§ 554 Abs. 3 BGB).

Damit wächst sich die Zusage, ein Zertifikat oder einen Energieausweis mit bestimmtem Inhalt zu beschaffen, zu einer impliziten Zusage bestimmter Energiestandards aus, die im schlimmsten Fall ein Kündigungsrecht des Mieters auslösen kann. Im Wohnungsmietvertrag kann dieses Kündigungsrecht nicht abbedungen werden.[100] Der Wohnungsvermieter sollte bei solchen Zusagen also sehr vorsichtig sein. Im Gewerberaummietvertrag kann § 554 BGB dagegen ausgeschlossen werden, worauf der Vermieter achten sollte, wenn er sich zur Beschaffung eines Zertifikats verpflichtet.

---

100 Palandt/Weidenkaff, BGB, § 554 Rn. 3.

D. Energiestandards und andere umweltrelevante Aspekte

> Empfehlung für die Mietvertragsgestaltung
> - Wenn der Vermieter von Gewerberaum zur Zertifizierung noch bauliche Maßnahmen durchführen muss: Regelungen dazu, in welchem Umfang der Mieter diese und damit verbundene Beeinträchtigungen zu dulden hat.
> - Im Übrigen vgl. schon oben unter C. am Ende.

4. Mangel bei Nichteinhaltung der EnEV auch ohne Vereinbarung?

Auch dann, wenn im Mietvertrag gar keine Vereinbarungen über die vom Vermieter geschuldeten Energiestandards getroffen wurden, wird es spannend. Nach den gesetzlichen Vorschriften schuldet der Vermieter dem Mieter die Mietsache in einem für den vertragsgemäßen Gebrauch geeigneten Zustand (§ 535 Abs. 1 Satz 2 BGB). Ein Mangel des Mietgegenstandes liegt also immer dann vor, wenn die Tauglichkeit der Mietsache für den von den Vertragsparteien vorausgesetzten Gebrauch nicht oder nur eingeschränkt gegeben ist. Die Definition des „vertragsgemäßen Gebrauchs" ist zentraler Dreh- und Angelpunkt des gesetzlichen Mangelbegriffs, wenn keine ausdrückliche Vereinbarung der Beschaffenheiten oder Zusicherung vorliegt.

Allerdings dürfte der vertraglich vereinbarte Nutzungszweck der Mietsache, der typischerweise eher allgemein gefasst wird,[101] in den wenigsten Fällen ausdrücklich auf eine bestimmte Energieeffizienz eingehen. Formulierungen wie „zur Nutzung als energieeffizientes Büro" oder „zum Gebrauch als Lagerhalle mit überdurchschnittlichen Energiestandards" sind uns aus der anwaltlichen Praxis zumindest bisher nicht geläufig. Sie sind im rechtlichen Ergebnis auch wenig sinnvoll, weil durch die Verwendung derart unbestimmter Begriffe kaum ein einklagbarer Anspruch des Mieters begründet werden kann. Bei derartigen Formulierungen dürfte sich selbst durch Auslegung selten ermitteln lassen, was konkret vom Vermieter geschuldet ist.

> Empfehlung für die Mietvertragsgestaltung
> - Keine „offenen", unklaren Klauseln zu Energiestandards und Nachhaltigkeitsaspekten! Immer klar regeln, was *genau* vom Vermieter geschuldet ist.

Andererseits kann ein Mangel durchaus auch dann vorliegen, wenn der vertragliche Nutzungszweck keinen ausdrücklichen Hinweis auf eine bestimmte Qualität der Mietsache enthält. So dürfte unstreitig sein, dass ein

---

101 Beispiele für typische Formulierungen bei Hübner/Griesbach/Fürst, in: Linder-Figura/Oprée/Stellmann, Geschäftsraummiete, Kapitel 14 Rn. 24 ff.

zu Wohnzwecken vermietetes Gebäude mangelhaft ist, wenn der dauerhafte Aufenthalt darin wegen zu hoher Schadstoffbelastungen Gesundheitsbeeinträchtigungen auslöst.[102] Dafür muss der Nutzungszweck nicht als „zum Gebrauch als Wohnung ohne Gesundheitsschäden" beschrieben werden. Es liegt in der Natur der Sache, dass eine Wohnung nur dann als solche nutzbar ist, wenn der Aufenthalt darin nicht zu Gesundheitsschäden führt. Bei gesundheitsrelevanten Grenzwertüberschreitungen impliziert das Mietrecht also einen Mangel, ohne dass dies ausdrücklich im Mietvertrag vereinbart sein müsste. Aber auch im Übrigen kann der Mieter bestimmte „nach der Verkehrsanschauung" zu erwartende Mindeststandards einfordern, die nicht ausdrücklich vereinbart sein müssen, bei deren Fehlen aber Mängelansprüche begründet sein können.[103]

Daran schließt sich die Frage an, was das im Hinblick auf die noch relativ jungen gesetzlichen Anforderungen an die energetische Beschaffenheit von Gebäuden bedeutet. Für Neubauten stellen die §§ 3 bis 8 EnEV sehr konkrete Vorgaben zum zulässigen Energiebedarf auf, während sich aus §§ 9 bis 12 EnEV Anforderungen für Bestandsgebäude ergeben. Impliziert das Mietrecht quasi einen Mangel, wenn das Gebäude diese Anforderungen nicht einhält, auch wenn der Mietvertrag dazu keine ausdrücklichen Regelungen trifft? Oder umgekehrt: Kann der Mieter vom Vermieter aus § 535 Abs. 1 BGB verlangen, dass der Vermieter das Gebäude so herrichtet, dass es die Anforderungen der EnEV einhält?

Nur wenige Autoren vertreten (bisher) die Ansicht, dass bei Nichteinhaltung der Anforderungen der EnEV per se ein Mangel vorliege, der Vermieter also letztlich (auch) mietrechtlich zur Modernisierung verpflichtet sei.[104] Diese Auffassung verkennt jedoch den gesetzlichen Mangelbegriff. Wie oben dargestellt liegt ein Sachmangel dann vor, wenn die *Gebrauchstauglichkeit* der Mietsache beeinträchtigt ist. Mit ganz wenigen vermeintlichen Ausnahmen (dazu sogleich) haben die Bestimmungen der EnEV keinen Einfluss auf die Tauglichkeit der Mietsache als solche. Anders als etwa bei der Nichteinhaltung von Normen zum Schutz der Gesundheit oder anderer baulicher Anforderungen (z.B. Schallschutz) ergeben sich für die Nutzung der Mietsache keine nachteiligen Folgen, wenn der Energiestandard nicht den

---

102 Vgl. etwa BayObLG, NJW 1999, 1533; Palandt/Weidenkaff, BGB, § 536 Rn. 16; Blank, MDR 2009, 181.
103 Vgl. etwa BGH, NJW 2004, 3174 ff. (renovierte Altbauwohnung mit dürftiger Elektroausstattung).
104 Etwa Arzt, WuM 2008, 259, 262; Börstinghaus, NZW 2005, 561, 565; ähnlich auch Eisenschmid, in: Schmidt-Futterer, Mietrecht, § 535 Rn. 114, der eine Modernisierungspflicht allerdings aus dem betriebskostenrechtlichen Wirtschaftlichkeitsgebot ableiten will.

Anforderungen der EnEV genügt. Vielleicht sind die Nebenkosten höher als bei energieeffizienten Gebäuden. Das beeinträchtigt aber nicht die Gebrauchstauglichkeit. Es kommt hinzu, dass die EnEV nach richtiger Ansicht ausschließlich öffentlich-rechtliche Pflichten statuiert und nicht auf das Zivilrecht einwirkt. Die EnEV beabsichtigt nicht, den Mieter zu schützen, sondern den Gebäudeeigentümer zu nachhaltigem Handeln anzuhalten.[105] Ein gesetzesimmanenter Anspruch des Mieters gegen den Vermieter, für die Einhaltung der EnEV-Anforderungen Sorge zu tragen, besteht also nach wohl herrschender und richtiger Meinung im Mietrecht nicht.

Eine Ausnahme davon sollen §§ 10 und 10a EnEV bilden, die dem Eigentümer bestimmte Nachrüstungspflichten bei alten Heizkesseln und Nachtspeicheröfen auferlegen. Diese Modernisierungspflichten sollen letztlich auch vom Mieter gegenüber dem Vermieter durchsetzbar sein.[106] Das überzeugt allerdings nur im Ergebnis und nur im Extremfall. Der Anspruch eines Mieters auf Modernisierung solcher Anlagen ergibt sich nämlich nicht aus der EnEV, sondern ist ein Reflex des allgemeinen Grundsatzes, dass ein Aufenthaltsraum auch zum Aufenthalt geeignet sein muss. Erreicht eine alte Heizungsanlage einen Zustand, der sich gesundheitsgefährdend auswirkt oder auswirken kann, kann der Mieter Abhilfe verlangen. Mit einer Wandlung öffentlich-rechtlicher Pflichten der EnEV in mietvertragliche Ansprüche des Mieters hat das nichts zu tun.[107]

Empfehlung für die Mietvertragsgestaltung
- Klarstellung, dass der Vermieter nicht *generell* für die Einhaltung aller denkbaren energetischen Standards, die sich aus Gesetz oder Verordnung heute oder in Zukunft ergeben, haftet.
- Deutliche Regelung, ob und für welche Standards *konkret* der Vermieter eine Haftung übernimmt.

E. Energie- und Heizkosten versus Wirtschaftlichkeitsgebot

Ein weiterer wesentlicher Themenkomplex, über den sich die Parteien bei der Gestaltung eines Mietvertrags üblicherweise Gedanken machen, sind die vom Mieter zu tragenden Nebenkosten. Der Vermieter hat in der Regel

---

105 Wie hier Stangel, ZMR 2008, 14, 21; Reimer, ZfIR 2010, 163, 170; Horst, NZM 2008, 145, 146 und NZM 2010, 177, 183; Flatow, NZM 2008, 2886, 2889; Friers, WuM 2008, 255, 257.
106 Blank, MDR 2009, 181; Arzt, WuM 2008, 259, 263.
107 Wie hier Horst, NZM 2010, 177, 183.

das Interesse, möglichst alle beim ihm anfallenden Kosten auf den Mieter umzulegen; der Mieter hat das entgegengesetzte Interesse. Zumeist werden also Regelungen über die Art der umzulegenden Kosten getroffen, nur in Ausnahmefällen aber auch Regelungen zu deren Höhe.[108] Vereinbarungen zur Höhe von Energie- und Heizkosten sind aber gerade im Rahmen eines „grünen Mietvertrags" von besonderer Bedeutung. In der Praxis begegnen uns verstärkt Forderungen der Mieter nach einer Kappung der energiebezogenen Nebenkosten.

An verschiedenen Stellen erwähnt das gesetzliche Mietrecht in diesem Zusammenhang den sog. „Grundsatz der Wirtschaftlichkeit" (vgl. §§ 556 Abs. 3 Satz 1 und 560 Abs. 5 BGB), der allgemein im Recht der Betriebskosten Anwendung findet.[109] Daraus ergeben sich auch ohne ausdrückliche Vereinbarung im Mietvertrag bestimmte Grenzen:

„Der Grundsatz der Wirtschaftlichkeit bezeichnet die vertragliche Nebenpflicht des Vermieters, bei Maßnahmen und Entscheidungen, die Einfluss auf die Höhe der (...) vom Mieter zu tragenden Betriebskosten haben, auf ein angemessenes Kosten-Nutzen-Verhältnis Rücksicht zu nehmen."

Führen Entscheidungen des Vermieters zu höheren Betriebskosten, ohne dass dieses Verhältnis ausgewogen ist, hat der Mieter die Mehrkosten nicht zu tragen.[110] Dieser Grundsatz spielt etwa auch beim Wärme-Contracting eine Rolle (dazu sogleich ausführlicher unter F.).

Das Wirtschaftlichkeitsgebot „beißt" sich auf den ersten Blick etwa dann mit den Nachhaltigkeitsbemühungen des Vermieters, wenn dieser Strom aus erneuerbaren Quellen bezieht, der in der Regel teurer ist, als „normaler" Strom. Wird gar keine Regelung im Mietvertrag getroffen, bedeutet das aber nicht, dass der Vermieter stets die billigste Lösung wählen müsste. Das Wirtschaftlichkeitsgebot ist nicht mit einem „Billigheimer-Gebot" zu verwechseln.[111] Im Rahmen sachlicher Erwägungen verbleibt dem Vermieter ein gewisses Ermessen.[112] Will der Vermieter Auseinandersetzungen über Kos-

---

[108] Ausdrückliche Kostenbeschränkungen der Höhe nach finden sich meist nur dann und dort, wo sich die Rechtsprechung zur Unwirksamkeit einer unbeschränkten Umlage bestimmter Positionen in allgemeinen Geschäftsbedingungen bereits geäußert hat. Dies ist etwa der Fall bei der Umlage von Instandhaltungskosten für gemeinschaftlich genutzte Räume (dazu etwa BGH, NZM 2205, 863 f. m. w. N.), Kosten des Centermanagements eines Einkaufszentrums (dazu BGH, NJW 2012, 54) oder Verwaltungskosten (dazu etwa OLG Frankfurt a. M., BeckRS 2011, 16061; anders jetzt BGH, NJW 2012, 54).
[109] Dazu etwa v. Seldeneck, NZM 2002, 545, 546; Beyerle, in: Linder-Figura/Oprée/Stellmann, Geschäftsraummiete, Kapitel 11 Rn. 9.
[110] BGH, NJW 2011, 3028.
[111] Fritz, NJW 2012, 980, 983.
[112] Beyerle, in: Linder-Figura/Oprée/Stellmann, Geschäftsraummiete, Kapitel 11 Rn. 10 m. w. N.

E. Energie- und Heizkosten versus Wirtschaftlichkeitsgebot

ten für „grüne" Versorgungsmedien vermeiden, wenn er dem Mieter die Nebenkostenabrechnung vorlegt, sollte er aber vorher auf eine ausdrückliche Regelung solcher Fragen im Mietvertrag bestehen. Der Vermieter ist jedenfalls mit einer Regelung, wonach „grüne Quellen" eine sachliche Erwägung sind, die er bei der Ausübung seines Ermessen berücksichtigen darf, auf der sicheren Seite. Zumindest mittelfristig wird es einer solchen ausdrücklichen Regelung aber wohl nicht mehr bedürfen, da Rechtsprechung und Literatur Überlegungen zum Umweltschutz zunehmend auch ohne entsprechenden Hinweis im Mietvertrag als sachliche Erwägungen im Rahmen des Wirtschaftlichkeitsgebots anerkennen. Umweltschutz muss sich für den Mieter nicht unbedingt wirtschaftlich rechnen.[113]

Empfehlung für die Mietvertragsgestaltung
- Regelung dazu, ob der Vermieter Versorgungsmedien zukünftig auf nachhaltig produzierende Quellen umstellen kann, auch wenn dies mehr kostet (bzw. bis zu welcher Kostengrenze).

Bleibt die Frage: Gilt das auch umgekehrt? Kann der Vermieter aus dem Wirtschaftlichkeitsgebot zu wirtschaftlichen Aufwendungen verpflichtet sein? Teilweise wird das – unserer Auffassung nach zu Unrecht – bejaht. So wird etwa vertreten, dass den Vermieter eine verstärkte Wartungspflicht treffen kann, wenn der Wirkungsgrad einer veralteten Heizungsanlage drastisch nachlässt und sie damit im Verhältnis zu den von ihr produzierten Energiekosten zu wenig Heizleistung bringt.[114] Konsequent zu Ende gedacht würde dies letztlich bedeuten, dass der Vermieter aus dem Wirtschaftlichkeitsgebot unter Umständen sogar verpflichtet wäre, Modernisierungsmaßnahmen – etwa die Erneuerung eines Heizkessels oder eine Gebäudedämmung – umzusetzen, um die Nebenkosten im Interesse des Mieters zu reduzieren.[115] Das kann nicht richtig sein. Das Wirtschaftlichkeitsgebot ist Bestandteil der Pflicht zur Betriebskosten*abrechnung* gemäß § 556 Abs. 3 BGB und der Pflicht zur Mäßigung bei Veränderung von bestehenden Betriebskosten oder Auslösung neuer Betriebskosten gemäß § 560 Abs. 5 BGB.[116] Die Rechtsfolge des Verstoßes gegen das Wirtschaftlichkeitsgebot ist der Ausfall des Zah-

---

113 Dazu etwa BGH, NJW 2004, 1738 ff.; Eisenschmid, in: Schmidt-Futterer, Mietrecht, § 535, Rn. 112 f. m. w. N.; Schwintowski, WuM 2006, 115, 118.
114 So Eisenschmid, in: Schmidt-Futterer, Mietrecht, § 535, Rn. 112a.
115 So konsequent und in sich stringent dann auch Eisenschmid, in: Schmidt-Futterer, Mietrecht, § 535, Rn. 113 f.
116 Vgl. die anschauliche Darstellung bei Seldeneck, NZM 2002, 545 ff., zu den Inhalten des Wirtschaftlichkeitsgebots.

lungsanspruchs des Vermieters für bestimmte Kosten.[117] Der Vermieter ist daraus deswegen grundsätzlich nicht verpflichtet, die Mietsache zu verändern, also zu modernisieren oder sonstwie aufzuwerten.[118] Die Gegenmeinung verkennt überdies, dass ansonsten der gesetzliche Mangelbegriff ausgehebelt würde: Könnte der Mieter verlangen, dass Einrichtungen und Anlagen vom Vermieter verändert werden, nur weil sie kostenintensiver sind als denkbare modernere Lösungen, würde das Merkmal der Gebrauchsbeeinträchtigung beim gesetzlichen Mangelbegriff (dazu oben unter D. 4.) über das Betriebskostenrecht völlig konterkariert.

Nichtsdestotrotz: Jedenfalls im Gewerberaummietvertrag, in dem das Wirtschaftlichkeitsgebot abbedungen werden kann, empfiehlt es sich klarzustellen, ob und in welchem Umfang der Mieter vom Vermieter im Interesse einer Kostenreduzierung eine Modernisierung oder sonstige Maßnahmen verlangen kann.

> Empfehlung für die Mietvertragsgestaltung
> - Klarstellung, ob (wenn ja, in welchem Umfang) der Mieter vom Vermieter zum Zweck der Reduzierung von Energiekosten eine Gebäudemodernisierung oder sonstige Maßnahmen verlangen kann oder nicht.

F. Wärme-Contracting

Im engen Zusammenhang mit den eben behandelten Heizkosten steht das sog. Wärme-Contracting. Das Wärme-Contracting hat sich in seinen verschiedenen Ausgestaltungen im Markt etabliert. Beim Wärme-Contracting erbringt der Vermieter die gegenüber dem Mieter geschuldete Lieferung von Wärme nicht mehr selbst (durch zentrale Heizanlagen im Gebäude), sondern er überträgt diese einem spezialisierten Dienstleister, dem sog. Contractor. Je nach Umfang der dabei vom Vermieter auf den Contractor übertragenen Leistungen lassen sich verschiedene Formen des Contracting unterscheiden. Neben der reinen Lieferung der Wärme durch den Contractor sind der Betrieb und die Wartung der Anlagen, die Verbesserung der Energieeffizienz der Anlagen bis hin zur Errichtung neuer Anlagen Gegenstand des zwischen Vermieter und Contractor abgeschlossenen Contracting-Vertrags. In einer

---

117 Rechtsdogmatisch genauer handelt es sich um einen Schadensersatzanspruch auf Freihaltung von zu hohen Kosten; vgl. BGH, NZM 2008, 78; BGH, NJW 2011, 3028.
118 Wie hier Friers, WuM 2008, 255, 257 m. w. N.; Beyerle, in: Linder-Figura/Oprée/Stellmann, Geschäftsraummiete, Kapitel 11 Rn. 11 a.E.

weiteren Variante kann der Contracting-Vertrag auch direkt zwischen Mieter und Contractor abgeschlossen werden.

Das Ziel des Wärme-Contracting liegt auf der Hand: Aus Sicht des Vermieters werden die Kosten für Betrieb und Wartung sowie insbesondere bei älteren Heizungsanlagen die Investitionskosten für eine neue Anlage auf den Contractor ausgelagert („Investitionskostenauslagerung") und der dem Vermieter vom Contractor dafür in Rechnung gestellte Betrag – die sog. Contractor-Fee – wird im Rahmen der Betriebskosten auf den Mieter umgelegt.

Für den Mieter kann die Umstellung auf ein Contracting-Modell aufgrund einer Effizienzsteigerung der Wärmeerzeugung durch Modernisierung der bestehenden oder Einbau einer neuen Heizungsanlage zu geringeren Wärmekosten führen. Die Frage der Umlagefähigkeit der Contractor-Fee war und ist Gegenstand von Diskussionen, häufiger Rechtsprechung und ist – für die Wohnraummiete – Teil des neuen Mietrechtsänderungsgesetzes 2012.[119] Ausgangspunkt der Diskussion ist der Umstand, dass die Contractor-Fee neben den reinen Betriebskosten der Wärmeerzeugung auch Reparaturkosten für die Instandhaltung und Instandsetzung der Heizungsanlage sowie weitere Kalkulationsposten des Contractors, wie z. B. Investitions-, Finanzierungs- sowie Verwaltungskosten und den Gewinnanteil des Contractors beinhaltet. Eine Umlegung einzelner dieser Komponenten wäre ohne Contracting-Modell im Rahmen der Betriebskostenverordnung nicht möglich gewesen bzw. hätte weitergehende Regelungen im Mietvertrag erforderlich gemacht, die z. B. im Rahmen der Reparaturkosten den von der Rechtsprechung im Fall allgemeiner Geschäftsbedingungen entwickelten Einschränkungen der Umlegbarkeit von Kosten auf den Mieter unterliegen. Um aber die Modernisierung von Heizungsanlagen durch die Einführung von Contracting-Modellen zu flankieren, sieht die Betriebskostenverordnung in der derzeit geltenden Fassung vor, dass die Contractor-Fee auf den Mieter umlegbar ist (im Wortlaut der Betriebskostenverordnung „Kosten der eigenständig gewerblichen Lieferung von Wärme und Warmwasser").[120] Dies gilt nach der Rechtsprechung des BGH[121] auch dann, wenn der Vermieter die Wärmelieferung bei Abschluss des Mietvertrags noch selbst erbrachte und erst während der Laufzeit des Mietvertrags auf ein Contracting-Modell umgestiegen ist – jedenfalls dann, wenn im Mietvertrag (was typischerweise

---

119 Siehe hierzu ausführlich Kapitel II. A. 2.
120 Vgl. § 2 Nr. 4c) Betriebskostenverordnung. Milger, NZM 2008, 1, 2, bezeichnet das als „Systembruch", weil der Vermieter danach Kosten umlegen darf, die er nach dem System des Mietrechts sonst allein zu tragen hätte.
121 Vgl. etwa BGH, WuM 2005, 387; WuM 2005, 456; WuM 2006, 256; WuM 2006, 322; WuM 2007, 571.

der Fall ist) im Rahmen der Regelung über die vom Mieter zu tragenden Nebenkosten „auf die Betriebskostenverordnung in ihrer jeweils geltenden Fassung" Bezug genommen wird.

Aus Sicht des Vermieters, der bei oder nach Abschluss des Mietvertrags ein Contracting-Modell einsetzen möchte, erscheint es dennoch ratsam, nicht ausschließlich auf den Inhalt der Betriebskostenverordnung zu vertrauen, die turnusmäßig Änderungen unterliegt. Vielmehr sollte im Mietvertrag explizit das Recht des Vermieters festgeschrieben werden, die Wärmelieferung bei Beginn oder während des laufenden Mietverhältnisses auf ein Contracting-Modell umstellen und die dabei anfallende Contractor-Fee auf den Mieter umlegen zu können. Spiegelbildlich gilt für den Mieter, der sich vor der Umlegung der Contractor-Fee im Rahmen der Betriebskosten schützen will, dass eine explizite Regelung im Mietvertrag erforderlich ist, die insoweit abweichend von der derzeit geltenden Fassung der Betriebskostenverordnung die Umlegbarkeit der Contractor-Fee auf den Mieter ausschließt.

Die Gründe, die aus Sicht des Mieters gegen ein Contracting-Modell sprechen, können je nach Einzelfall gewichtig sein.[122] So ist vonseiten der Mieter vielfach kritisiert worden, dass das – vermeintliche – Ziel des Wärme-Contracting in Form der Effizienzsteigerung der Wärmelieferung und damit einhergehenden niedrigeren Kosten derzeit keine Voraussetzung für eine Umlegbarkeit der Contractor-Fee auf den Mieter ist. Zwar kann im Fall des Ersatzes einer alten unwirtschaftlich arbeitenden Heizungsanlage, die an sich keinen Mietmangel begründet hätte, die Contractor-Fee für den Mieter günstiger sein, als die zuvor zu zahlenden hohen Betriebskosten für die Wärmeerzeugung. Steht für den Vermieter jedoch die Auslagerung von Investitions- und Reparaturkosten im Vordergrund, kann eine Effizienzsteigerung aus Sicht des Mieters durch die umfassende Contractor-Fee schnell aufgezehrt werden.

Für das Wohnraummietrecht hat sich der Gesetzgeber dieser Kritik angenommen und im Entwurf des Mietrechtsänderungsgesetzes 2012 eine gesetzliche Normierung der Umlegbarkeit der Contractor-Fee vorgesehen. Danach hat der Wohnungsmieter die Contractor-Fee im Rahmen der Betriebskosten nur dann zu tragen, wenn die Wärme aus einer vom Contractor errichteten neuen Anlage oder aus einem Wärmenetz geliefert wird und die Kosten der Wärmelieferung die Betriebskosten für die bisherige Eigenversorgung mit Wärme nicht übersteigen. Beträgt der Jahresnutzungsgrad der bestehenden Anlage vor der Umstellung mindestens 80%, kann sich der Contractor anstelle der Errichtung einer neuen Anlage auf die Ver-

---

122 Vgl. etwa die Ausführungen bei Milger, NZM 2008, 1, 2 f.

besserung der Betriebsführung der bestehenden Anlage beschränken. Aus Sicht des Mieters hat der Gesetzgeber damit für den Fall der Umstellung auf ein Contracting-Modell während eines laufenden Mietverhältnisses die geforderte Kostenneutralität festgeschrieben. Aus Sicht des Vermieters wird insbesondere die nunmehr als Voraussetzung für eine Umlegbarkeit der Contractor-Fee postulierte Kostenneutralität die Einführung von Contracting-Modellen erschweren, da eine umfangreiche Berechnung zum Nachweis der Kostenneutralität erforderlich sein wird, deren Einzelheiten in der Mietwohnraum-Wärmelieferungsverordnung geregelt werden. Die Vertragsfreiheit, bereits zu Beginn eines Wohnraummietverhältnisses im Mietvertrag den Eigenbetrieb oder ein Contracting-Modell mit entsprechender Umlage der Contractor-Fee festzuschreiben, wird durch die Änderung jedoch nicht angetastet.

Bei gewerblichen Mietverträgen ist wegen des Risikos, dass sich die Betriebskostenverordnung im Laufe des Mietverhältnisses ändern könnte, zu empfehlen, ausdrücklich entweder ein Contracting-Verbot (in der Regel mieterfreundlich) oder eine Contracting-Erlaubnis (vermieterfreundlich) zu vereinbaren.

Empfehlung für die Mietvertragsgestaltung
- Klare Regelung, ob und unter welchen Voraussetzungen der Vemieter im laufenden Mietverhältnis von Eigenversorgung auf Wärme-Contracting (und umgekehrt) umstellen darf und welche Folgen das für die Kostentragung des Mieters hat.

G. Energetische Modernisierung – Duldung und Umlegung der Kosten

Neben dem Wärme-Contracting kann es zahlreiche andere Maßnahmen geben, die der Vermieter während des Mietverhältnisses zum Zweck der energetischen Modernisierung seines Gebäudes umsetzen möchte (oder aufgrund gesetzlicher Vorgaben) umsetzen muss. Auch hier stellt sich die Frage, unter welchen Voraussetzungen der Vermieter vom Mieter verlangen darf, dass letzterer derartige Maßnahmen duldet und gegebenenfalls sogar Kosten dafür übernimmt.

Kapitel IV   Grüne Mietverträge

1. Fehlen angemessener gesetzlicher Regelungen im Gewerbemietrecht

Im Wohnraummietrecht finden sich zu diesem Problemkreis Regelungen in den §§ 554 (Duldung von Modernisierungsmaßnahmen) und 559 ff. BGB (Mieterhöhung bei Modernisierung), die derzeit Gegenstand der Überarbeitung durch den Gesetzgeber sind. Dazu finden sich im Kapitel II. A. 2 detaillierte Ausführungen, die hier nicht wiederholt werden müssen. Das Bedeutsame an diesen Regelungen ist, dass der Vermieter aus eigenem Antrieb Modernisierungen durchführen und die Kosten dafür zumindest teilweise durch Mieterhöhung auf den Mieter abwälzen, im Ergebnis also den Mietvertrag einseitig ändern kann. Gerade bei den in Deutschland typischen langen Mietvertragslaufzeiten ist das wohl das wichtigste gesetzgeberische Instrument, um energetische Modernisierungen auch tatsächlich zeitnah in die Realität umzusetzen.

Im gewerblichen Mietrecht ist die Rechtslage indes ganz anders. Zwar findet § 554 BGB grundsätzlich Anwendung, die §§ 559 ff. BGB dagegen nicht (vgl. § 578 Abs. 2 BGB). Damit hätte der Vermieter die Kosten einer ökologischen Modernisierung allein zu tragen und sähe sich im schlimmsten Fall auch noch einem Kündigungsrecht (§ 554 Abs. 3 BGB), jedenfalls aber Aufwendungsersatzansprüchen des Mieters (§ 554 Abs. 4 BGB) ausgesetzt. Das dürfte die Motivation des Vermieters zur Durchführung derartiger Modernisierungen nicht erhöhen. Es kommt hinzu, dass die in Deutschland auch bei gewerblichen Mietverträgen typischen langen Laufzeiten es dem Vermieter nicht erlauben, in kurzen Abständen in den Zeiten „zwischen zwei Mietverträgen" Modernisierungen durchzuführen und danach höhere Mieten zu fordern. Wenn sich dann schließlich auch noch der Staat mit Fördermaßnahmen für Vermieter zurückhält oder diese gar noch zurückfährt, wird die Energiewende am Gewerbeimmobilienmarkt schon an der ersten Kurve vom ökologischen Sanierungsstau gestoppt.

2. Regelungsempfehlungen

Die Parteien eines wirklich „grünen" Gewerberaummietvertrags müssen das Thema also ohne den Gesetzgeber einer Lösung zuführen.[123] Dabei halten wir die folgenden Aspekte für regelungsbedürftig:

---

[123] Es ist auch nicht absehbar, dass der Gesetzgeber sich zeitnah um angemessene Regelungen für das Gewerberaummietrecht kümmern wird. Trotz intensiver Bemühungen aus der Immobilienbranche betreffen die derzeit diskutierten Änderungen der mietrechtlichen Bestim-

- Zunächst sollte klargestellt werden, dass die Mietvertragsparteien das modernisierungsfeindliche Programm der §§ 554, 578 BGB vollständig abbedingen (§ 559 ff. BGB gelten ohnehin nicht). Alles was aus § 554 BGB vernünftigerweise brauchbar ist, kann auch in kurzen Sätzen direkt in den Mietvertrag übernommen werden.
- Sodann ist eine Regelung aufzunehmen, wonach der Vermieter berechtigt ist, gesetzliche, etwa von der EnEV oder sonstigen Regelungen geforderte oder motivierte Maßnahmen und auch sonstige durch Nachhaltigkeitserwägungen gerechtfertigte Veränderungen auszuführen. Die Definition des § 554 Abs. BGB (Maßnahmen zur Einsparung von Energie und Wasser) sollte dabei nicht verwendet werden, da sie erstens zu eng ist und zweitens zumindest beim Begriff „Energie" Auslegungsschwierigkeiten bestehen, die durch eine saubere Definition (Primär- oder Endenergie) vermieden werden sollten.[124]
- Es müsste sich dann ein Regelungskomplex dazu anschließen, wie der Vermieter solche Maßnahmen auszuführen hat (z. B. unter möglichst geringen Beeinträchtigungen des Betriebs des Mieters) und welche Pflichten den Mieter während solcher Maßnahmen treffen (z. B. Gewähren von Zugang, vorübergehende Umsetzung innerhalb des Gebäudes usw.). Derartige Regelungen finden sich heute schon standardmäßig in professionell gestalteten Mietverträgen, wo es allgemein um Veränderungen des Vermieters an der Mietsache geht. Sie sind weitgehend übertragbar.
- Ein vierter Regelungskomplex sollte sich mit den Rechten des Mieters beschäftigen: Wann darf der Mieter sich mit welchen Folgen gegen ökologisch motivierte Maßnahmen wenden und welche Rechte hat er sonst? Klar ist, dass ein Kündigungsrecht wie in § 554 Abs. 3 BGB nicht vereinbart werden sollte, weil sonst – wie beschrieben – ein wesentlicher Anreiz für den Vermieter fehlt (oder besser gesagt: das Kündigungsrisiko erst gar keinen Anreiz schafft). Auch die Regelung in § 554 Abs. 2 BGB kann nicht ohne Weiteres als Vorbild für einen „grünen" Mietvertrag dienen. Danach müsste der Mieter Maßnahmen nicht dulden, wenn sie für ihn eine besondere Härte bedeuten würden. So weit, so gut. Allerdings steht im Gesetz gerade nicht, dass Nachhaltigkeitsbelange mit besonderem Gewicht in die dabei anzustellende Interessenabwägung einzustellen wären, was in einem „grünen" Mietvertrag aber wohl selbstverständlich

---

mungen über ökologische Modernisierungen weiterhin nur Wohnraum, vgl. oben Kapitel II. A. 2. (dort auch bestimmte Regelungsempfehlungen für den gewerblichen Mietvertrag).
124 Vgl. Schultz-Süchtig/Tegtmeyer, ZfIR 2010, 396, 400.

sein sollte. Mit anderen Worten: Gewisse Härten muss der Mieter schon in Kauf nehmen, wenn er sich beim Abschluss des Mietvertrags auf Nachhaltigkeitsaspekte verpflichtet. Das bedeutet aber auch, dass der Mieter – anders als in § 554 Abs. 4 BGB vorgesehen – bestimmte Mehrkosten, die sich z. B. aus vorübergehenden Umzügen ergeben, selbst zu tragen hat. An diesem Punkt werden die Parteien in der Praxis sicher in längere Diskussionen um die dem Mieter zumutbare „ökologische Opfergrenze" verfallen, deren Ergebnis vom Einzelfall abhängig ist. Allgemeine Vorgaben verbieten sich, da diese Opfergrenze von Mieter zu Mieter und Gebäude zu Gebäude unterschiedlich sein wird.[125]

- Und schließlich sind in einem letzten Regelungsblock Vereinbarungen darüber zu treffen, wie die Kosten der Modernisierungsmaßnahmen zwischen den Parteien verteilt werden. Wenn der Vermieter diese allein zu tragen hätte, würde es ihm ohne ein außerordentliches Maß an Altruismus kaum in den Sinn kommen, Modernisierungsmaßnahmen während der Laufzeit des Mietvertrags durchzuführen. In diesem Regelungskomplex geht es nicht nur darum, den „richtigen" Anknüpfungspunkt (Höhe der Investitionskosten des Vermieters oder durch reduzierten Verbrauch bedingte Einsparungen aufseiten des Mieters?) und einen angemessenen Verteilungsschlüssel (Mieterhöhung um 11 % der Investitionskosten pro Jahr wie in § 559 BGB oder weniger bei mehr als zehn Jahren Restlaufzeit?) zu finden. Wichtig ist auch, dass sich die Parteien über den Mechanismus der Ermittlung der Höhe der Kostenumlage verständigen. Teilweise wird dafür eine „mechanische" Lösung vorgeschlagen, wonach die Mieterhöhung durch Vereinbarung der Parteien festzulegen ist, auf die der Vermieter aber einen Anspruch haben soll. Das solle sich schon aus Schriftformüberlegungen rechtfertigen.[126] Nicht nur der juristische Laie zweifelt: Eine freiwillige Vereinbarung, auf die ein Anspruch besteht? Wo liegt da der Mehrwert gegenüber einer im Mietvertrag sauber definierten Formel, die der Vermieter durch einseitige, aber gerichtlich überprüfbare Mitteilung an den Mieter ausfüllt? Dem Schriftformerfordernis kann auch bei der zweiten Variante Genüge getan werden (sofern es überhaupt

---

[125] So wird es dem Betreiber eines mit sensibler IT ausgestatteten Datenverarbeitungsknotenpunkts deutlich schwerer fallen, die Mietflächen zwecks energetischer Sanierung vorübergehend zu räumen, als einer kleinen Rechtsanwaltskanzlei, der innerhalb desselben Gebäudes zeitweise Ersatzräume angeboten werden können.
[126] Vgl. Schultz-Süchtig/Tegtmeyer, ZfIR 2010, 396, 401.

berührt ist), indem ein Anspruch auf Feststellung der tatsächlichen Mieterhöhung in Form eines Nachtrags normiert wird.[127]

> Empfehlung für die Mietvertragsgestaltung
> - Detaillierte Regelungen, ob, unter welchen Voraussetzungen und wie der Vermieter im laufenden Mietverhältnis energetische Modernisierungen durchführen darf.
> - Regelungen zur Duldungspflicht des Mieters und gegebenenfalls zur Kostenbeteiligung bei der energetischen Moderinisierung.

H. Sonstige Regelungen

Neben den vorstehend unter B. bis G. genannten Themenkomplexen werden sich die Parteien eines Mietvertrags zukünftig auch mit anderen Aspekten auseinandersetzen müssen, die vermehrt Einzug in die mietvertragliche Diskussion halten. Die derzeit am häufigsten angesprochenen Regelungen lassen sich sehr grob in die folgenden, sich teilweise überschneidenden Kategorien einteilen:[128]

- Verpflichtungen betreffend die Nutzung und Bewirtschaftung des Mietobjekts, etwa im Hinblick auf die Art und Weise des Betriebs des Mieters (z. B. Nichtgebrauch bestimmter Materialen), die Reinigung (z. B. Verwendung umweltfreundlicher Reinigungsmittel), die Durchführung von Schönheitsreparaturen oder die Abfallvermeidung und -entsorgung;
- Vereinbarungen betreffend die bauliche Substanz und Ausstattung des Mietobjekts, z. B. Verpflichtungen des Mieters, bei Ausbauten bestimmte Lacke nicht zu verwenden, oder Verpflichtung des Vermieters, Oberflächenversiegelungen auf Außenflächen möglichst zurückzubauen;
- Regelungen betreffend die Versorgung und Emissionen des Mietobjekts, etwa Bezug von Strom aus erneuerbaren Quellen, maximale Verbrauchswerte pro Mitarbeiter des Mieters oder Einsatz bestimmter Leuchtmittel.

Daneben wird gelegentlich die Vereinbarung eines Nachhaltigkeitshandbuchs („Code of Conduct") als Anlage zum Mietvertrag befürwortet, aus dem sich weitere Konkretisierungen zur Nutzung und Bewirtschaftung ergeben.

---

127 Derartige Regelungen haben sich in der Praxis durchaus eingebürgert und sind auch handhabbar: Etwa zur Feststellung der Höhe von Investitionsmieten (nichts anderes liegt auch hier eigentlich vor), von Flächengrößen nach Fertigstellung eines Gebäudes usw.
128 Zu einigen der folgenden Themenkomplexe finden sich Vorschläge für bestimmte Regelungstexte etwa bei Freshfields Bruckhaus Deringer LLP (Hrsg.), Green Lease, ab S. 25.

Letztlich handelt es sich dabei wohl um nicht viel mehr als eine erweiterte Hausordnung mit „grünem Hintergrund".

Zuletzt liest man immer wieder auch in Deutschland von der wohl vom anglo-sächsischen Kommunitarismus geleiteten Idee, ein Gremium aus Vertretern von Vermietern, Mietern und gegebenenfalls Verwaltungsunternehmen und anderen Gebäudedienstleistern einzurichten, durch das die Nachhaltigkeitsanforderungen aus den Mietverträgen überwacht und fortentwickelt werden sollen. Derartige Einrichtungen leben von der Motivation und dem Maß der Beteiligung ihrer „Nutzer" (ähnlich etwa Werbegemeinschaften in Shopping-Centern). Langfristige Erfahrungswerte zum Erfolg solcher „Nachhaltigkeitsausschüsse" gibt es wohl noch nicht. Das ist aber kein Grund, sie nicht einmal auszuprobieren, wenn der Aufwand sich in Grenzen hält.

Viele dieser Punkte mögen im wirtschaftlichen Ergebnis und mit Blick auf Nachhaltigkeitsaspekte interessant, manche sogar zwingend sein. Rechtsdogmatisch sind sie indes eher weniger spannend. Aufgrund ihres innovativen Charakters und neuartigen Regelungsgegenstandes können sie im derzeitig gültigen Mietrecht zumeist wohl nur als isolierte Nebenpflichten eingeordnet werden. Sofern im Mietvertrag nicht ausdrücklich eine andere Regelung getroffen wird, wäre die Rechtsfolge eines Verstoßes gegen solche Bestimmungen also ein Schadensersatzanspruch gemäß § 280 Abs. 1 BGB. Der Schaden dürfte aber bei einem Verstoß etwa gegen einen Code of Conduct nicht immer leicht zu ermitteln sein, falls überhaupt ein materieller Schaden eintritt. Damit eine wohlgemeinte Regelung also nicht zum harmlosen Programmsatz verkommt, sollten die Parteien sich in jedem Fall über Methoden der Kontrolle, Anreize zur Befolgung und/oder Sanktionen bei Verstößen Gedanken machen und diese Punkte im Mietvertrag ausdrücklich regeln. Der Kreativität sind dabei kaum Grenzen gesetzt.

> Empfehlung für die Mietvertragsgestaltung
> - Ein „grüner" Mietvertrag erlaubt und fordert Kreativität in vielen Einzelheiten. Er wird aber nur dann zu einem wirklich sinnvollen Instrument nachhaltiger Immobilienwirtschaft, wenn es nicht bei schlaffen Absichtserklärungen der Parteien bleibt.
> - Überlegen Sie also immer und im Hinblick auf jede Ihrer kreativen Regelungen, was genau von wem und wann zu leisten ist und was passieren soll, wenn die Regelung nicht eingehalten wird.

Kapitel V
Der Zertifizierungsvertrag

A. Die besondere Bedeutung des Zertifizierungsvertrages 90
B. Regelungsinhalte im Überblick. 90
C. Nutzungsprofile 91
D. Auszeichnungsstufen 92
E. Übereinstimmung der Bauausführung mit den eingereichten Unterlagen 92
F. Bewertungskriterien 94
G. Ablauf des Zertifizierungsverfahrens bis zur Verleihung des Green Building-Zertifikats 95
H. Gültigkeit und Übertragbarkeit des Zertifikats 96
I. Widerruf des Green Building-Zertifikats 96
J. Gerichtliche Hilfe 97
K. Vergütung der Zertifizierungstätigkeit 97
L. Das Green Building-Zertifikat als Momentaufnahme ohne dauerhafte Zukunftswirkung 98
M. Besonderheiten des LEED-Zertifizierungsvertrags 98
N. Besonderheiten des BREEAM-Zertifizierungsvertrags 100

A. Die besondere Bedeutung des Zertifizierungsvertrages

Was ein Green Building-Zertifikat leistet und aussagt, bestimmt sich in erster Linie nach dem Zertifizierungsvertrag, den der Bauherr bzw. Immobilieneigentümer mit der Zertifizierungsstelle abschließt. Deshalb sollte derjenige, der auf die Richtigkeit und Vollständigkeit eines Green Building-Zertifikats vertrauen möchte, den zugrunde liegenden Zertifizierungsvertrag eingesehen haben. Zumindest sollte er mit den Muster-Zertifizierungsverträgen vertraut sein, die im Markt meist ohne große Änderungen im Einzelfall verwendet werden.

B. Regelungsinhalte im Überblick

Ein Zertifizierungsvertrag sollte neben der Beschreibung des Bauprojekts und der voraussichtlichen Bauzeit mindestens folgende wesentlichen Eckpunkte regeln:
- Welches Nutzungsprofil soll Grundlage der Zertifizierung sein? (z. B. DGNB-Zertifizierung für das Nutzungsprofil „Neubau Bürogebäude")
- Welche Auszeichnungsstufe wird vom Antragsteller angestrebt? (z. B. LEED „Platinum")
- Klarstellung, dass die Zertifizierungsstelle den Bau nicht selbst überwacht und unterstellt, dass die Eigenerklärung des Antragstellers, das Bauprojekt sei in Übereinstimmung mit den eingereichten Unterlagen errichtet worden, zutreffend ist
- Notwendigkeit der Einschaltung eines von der Zertifizierungsstelle zugelassenen Auditors
- Hinweise auf die Kriterien und Bewertungsgrundlagen des Systems, die der Konformitätsprüfung zugrunde liegen, sowie – soweit vorhanden – Hinweise auf die Auslegung bestimmter Systemanforderungen und Hinweise auf die Möglichkeit der Fortschreibung bzw. Aktualisierung von Systemanforderungen im Laufe des Verfahrens
- Beschreibung des Ablaufs des Zertifizierungsverfahrens bis zur Verleihung des Zertifikats
- Generelle Mitwirkungspflichten des Antragstellers und der Zertifizierungsstelle
- Beschreibung der Ereignisse, die der Zertifizierungsstelle ein Recht zum Widerruf des verliehenen Zertifikats verschaffen
- Aufzählung des/der Begünstigten des Zertifikats

- Bestimmungen über die Rechtsnachfolge sowie die Übertragbarkeit des Zertifikats
- Bestimmungen über Nachbesserungsversuche bei negativem Prüfungsergebnis
- Vergütung der Zertifizierungsleistungen
- Haftungsausschlüsse zugunsten der Zertifizierungsstelle
- Sonstige Hinweise, wonach das Zertifikat behördliche Genehmigungen nicht ersetzt und auch nicht Genehmigungsfähigkeit dokumentiert.

Die wichtigsten Regelungspunkte sollen nachfolgend näher dargestellt werden. Die Darstellung greift dabei jeweils gegebenes Streitpotenzial und die Erwartungshaltungen der Bauherren bzw. Immobilieneigentümer auf. Exemplarisch wird dabei zunächst auf den DGNB-Musterzertifizierungsvertrag zurückgegriffen, der im Anhang mit Erlaubnis der DGNB abgedruckt ist und auch auf der Webseite der DGNB eingesehen werden kann. Danach werden die wesentlichen Unterschiede zum LEED- und BREEAM-Zertifizierungsvertrag kurz beschrieben.

C. Nutzungsprofile

Die Zertifizierungssysteme unterscheiden sich nach Nutzungsprofilen. Zwar mag man – als Daumenregel – sagen können, dass allen Anforderungen einzelner Nutzungsprofile ein gemeinsames Kernsystem zugrunde liegt, d. h. dass es einige Basis-Kriterien bzw. Anforderungen gibt, die für alle Gebäudetypen gleichermaßen gelten. Im Übrigen ist die Vielfalt der Nutzungsprofil-Systeme jedoch groß. So unterscheidet z. B. die DGNB nach Neubau Büro und Verwaltung, Handelsbauten, Neubau Hotel sowie Neubau Stadtquartiere.

Der Antragsteller muss sich bei Abschluss des Zertifizierungsvertrags auf ein Nutzungsprofil (und die für das Nutzungsprofil gültigen Systemkriterien und Anforderungen) festlegen, für das er das Zertifikat anstrebt. Eine spätere einseitige Änderung des Nutzungsprofils ist für den Antragsteller nicht möglich. Stimmt die Zertifizierungstelle einer Änderung des Nutzungsprofils zu, fallen für den Antragsteller eventuell Mehrkosten an.

D. Auszeichnungsstufen

Pragmatisch wird das Erreichen bzw. Nichterreichen der angestrebten Auszeichnungsstufe (bei BREEAM: des Exzellenzgrades) gehandhabt: Hat der Antragsteller (Bauherr bzw. Immobilieneigentümer) z. B. ein DGNB-Zertifikat „Gold" angestrebt, und ist dies auch so im Zertifizierungsvertrag vereinbart, ergibt die Konformitätsprüfung der eingereichten Unterlagen jedoch eine Wertung, die nur „Silber" rechtfertigt, wird dem Antragsteller das DGNB-Zertifikat „Silber" verliehen, wenn er dies möchte. Ein „Gold"-Zertifikat erhält er hingegen nicht, weil die hierfür vereinbarten vertraglichen Voraussetzungen nicht erfüllt sind.

In dem zugegebenermaßen wohl realitätsfernen Fall, dass durch die Bauplanung und Ausführung tatsächlich eine höhere Auszeichnungsstufe erreicht wird, als im Zertifizierungsvertrag vereinbart wurde, dürfte ebenfalls Pragmatismus an erster Stelle stehen: Der Antragsteller erhält – den Vertrag nachträglich ändernd – das Zertifikat nach der höheren Auszeichnungsstufe und muss dafür eventuell eine höhere Vergütung an die Zertifizierungsstelle leisten.

Im Rahmen der Due Diligence in einer Immobilientransaktion sollten Zertifikate, die knapp an der Schwelle zwischen zwei Auszeichnungsstufen erteilt worden sind, kritisch beäugt werden. Hat eine Immobilie z. B. gerade einmal die Mindestanzahl für die DGNB „Gold" erreicht, können schon kleinere Unrichtigkeiten bei den vom Antragsteller zur Konformitätsprüfung eingereichten Unterlagen und Informationen eine Reduzierung der erreichten Punktzahl und damit den Verlust (z. B. den Widerruf) des höherwertigen Zertifikats nach sich ziehen. Ein Beispiel hierfür mögen die Angaben über den Anteil der erneuerbaren Energie sein, der vom örtlichen Versorger bezogen, aber tatsächlich nicht mit dem versprochenem Energiemix geliefert wird.

E. Übereinstimmung der Bauausführung mit den eingereichten Unterlagen

Das, was die Marktteilnehmer idealerweise von dem Green Building-Zertifikat erwarten, vermag es definitiv nicht zu leisten: Das Zertifikat bietet keine Garantie dafür, dass das Gebäude tatsächlich nach den zur Konformitätsprüfung eingereichten Unterlagen und Informationen errichtet worden ist. Die Zertifizierungsstelle, die z. B. mit ihren Konformitätsprüfern agiert, überwacht weder die Bauabläufe noch führt sie eine Green Building-Bauabnahme vor Ort durch. Deshalb kann sie nicht feststellen (und haftet auch nicht dafür), ob die behauptete Wärmedämmung tatsächlich mit der angegebenen Dicke und Qualität eingebaut wurde oder das Gebäude z. B. mit genau dem Mix aus Primärenergie und erneuerbarer Energie versorgt wird, der in den eingereichten Unterlagen genannt wurde.

Das Zertifikat enthält also keine Bestätigung, dass das Bauprojekt tatsächlich im Einklang mit den vom Antragsteller zur Zertifizierung eingereichten Unterlagen errichtet worden ist und genutzt wird. Das Zertifikat ersetzt schließlich keine behördlichen Genehmigungen bzw. Abnahmen und sagt auch nichts über die Genehmigungsfähigkeit aus. Es beruht vielmehr auf der Eigenerklärung des Antragstellers, dass das Bauprojekt in Übereinstimmung mit den eingereichten Unterlagen errichtet worden sei und genutzt werde.

Mit anderen Worten: Ein DGNB-Zertifikat „Gold" gibt z. B. keine Garantie dafür, dass das Gebäude tatsächlich mit der Auszeichnungsstufe „Gold" errichtet worden ist und genutzt wird. Sind die Eigenerklärungen und/oder die eingereichten Unterlagen falsch oder unvollständig gewesen, kann es also zu wesentlichen Abweichungen zwischen dem Zertifikat und der tatsächlichen Bauausführung gekommen sein. Die Marktteilnehmer (z. B. Käufer und Banken) können deshalb nur bedingt in die Richtigkeit und Vollständigkeit eines vorgelegten Zertifikats vertrauen. Es gilt vielmehr, die beschriebenen Vertrauensdefizite durch die Haftung derjenigen, die im Zertifizierungsprozess beteiligt waren und die Fehler, die zur Abweichung der tatsächlichen Bauausführung vom Zertifikat geführt haben, abzudecken. Das sind in erster Linie die bauüberwachenden Architekten und Ingenieure. Aber auch die von der Zertifizierungstelle zugelassenen Auditoren, deren Aufgabe im Zertifizierungsverfahren eigentlich nur das Zusammenstellen und Vorprüfen der zur Konformitätsprüfung einzureichenden Unterlagen ist, die aber von den Bauherren bzw. Antragstellern oft zusätzlich fachplanerisch unterstützend eingeschaltet werden, rücken in den Haftungsfokus.

Danach ergibt sich eine Green Building-Garantie allenfalls aus dem Paket:
- Green Building-Zertifikat,
- Haftung der Auditoren, soweit diese fachplanerisch beratend oder bauüberwachend tätig geworden sind,
- Haftung des relevanten Bauunternehmers,
- Haftung der Planer und Bauüberwacher.

Wenn also der Käufer eines neu errichteten Green Building eine Green Building-Garantie anstrebt, diese aber mit Übergabe des Green Building-Zertifikats allgemein nicht vom Verkäufer erhält, sollte er sich zusätzlich alle Ansprüche gegen die relevanten Auditoren, Planer, Bauunternehmer und Bauüberwacher abtreten lassen.

F. Bewertungskriterien

Die Zertifizierungsstelle evaluiert eine Vielzahl von unterschiedlichen Kriterien, die eine umfassende Bewertung des Nachhaltigkeitsprojekts ermöglichen. Diese – eventuell aktualisierten und fortgeschriebenen – Kriterien können in der Regel jederzeit auf der Webseite der Zertifizierungsstelle eingesehen werden. Zwischen der DGNB, LEED und BREEAM gibt es bei den Bewertungskriterien insoweit Unterschiede, als DGNB als einzige die ökonomische und technische Qualität eines Gebäudes mit abprüft, BREEAM seinen Schwerpunkt bei „Health and Wellbeing" setzt, was bei LEED und DGNB teilweise in den Kriterien „Indoor Environmental Quality" bzw. „soziokulturelle/funktionale Qualität" abgebildet ist.

Über die Bewertungskriterien wird auch von Dritten publiziert. Die Zertifizierungsstelle übernimmt keine Haftung dafür, dass diese Publikationen aktuell, vollständig und im Übrigen akkurat sind.

Gesetze sind oft auslegungsfähig, Systemanforderungen nicht minder. Deshalb kann es passieren, dass bestimmte Systemanforderungen von der Zertifizierungsstelle (bzw. dem Konformitätsprüfer) und dem Antragsteller unterschiedlich interpretiert werden. Dies kann problematisch werden, wenn der Antragsteller bereits seiner Interpretation entsprechend gebaut hat, die Zertifizierungsstelle aber auf ihrer Interpretation der Systemanforderung besteht und deshalb eventuell das angestrebte Zertifikat verweigert. Dem Antragsteller ist deshalb anzuraten, seine Interpretation von Systemanforderungen im Zweifel vor Baubeginn mit der Zertifizierungsstelle abzustimmen und sich ständig sowie frühzeitig über Fortschreibungen von Systemvorgaben informiert zu halten. Am besten ist, er prüft die Systemvorgaben unverzüglich nach Unterzeichnung des Zertifizierungsvertrags daraufhin, ob sie für sein Bauprojekt Unstimmigkeiten und/oder Unklarheiten enthalten, wegen derer Klärungs- und/oder Abstimmungsbedarf besteht.

G. Ablauf des Zertifizierungsverfahrens bis zur Verleihung des Green Building-Zertifikats

Bei den führenden Zertifizierungssystemen (DGNB, LEED, BREEAM) wird das Zertifizierungsverfahren ähnlich, etwa in folgenden Schritten abgehandelt: Zunächst wird das Bauprojekt verbindlich zur Zertifizierung angemeldet (meist über die Webseite und die dafür vorgesehene Eingabemaske der Zertifizierungsstelle). Der Antragsteller ist gehalten, einen zugelassenen Auditor einzuschalten (zu beauftragen), der in der Verantwortung des Antragstellers ein eigenständiges Bauprojekt-Audit anfertigt und die vollständigen, für die Konformitätsprüfung erforderlichen Informationen und Unterlagen bei der Zertifizierungsstelle einreicht. Die Zertifizierungsstelle prüft dann, meistens mithilfe eines beauftragten Konformitätsprüfers, ob die eingereichten Unterlagen bzw. Informationen im Einklang mit den Systemvorgaben stehen und eine Bewertung (nach bestimmten Punktzahlen und Gewichtungen) ermöglichen, die die angestrebte Auszeichnungsstufe des Green Building-Zertifikats rechtfertigt.

Werden die Systemvorgaben nicht im ausreichenden Umfang erfüllt, darf der Antragsteller – falls überhaupt technisch möglich – nachbessern. Bleibt die Nachbesserung erfolglos, wird die Verleihung des angestrebten Green Building-Zertifikats von der Zertifizierungsstelle abgelehnt.

Ergibt die Konformitätsprüfung, dass die Systemvorgaben in ausreichendem Umfang eingehalten worden sind, erfolgt die Zertifizierung durch Aushändigung („Verleihung") einer Zertifikatsurkunde durch die Zertifizierungsstelle. Einige Muster von Zertifikatsurkunden sind als Anhang beigefügt.

Die DGNB händigt zusätzlich eine entsprechende Plakette aus, die an dem Gebäude (wie eine Hausnummer) befestigt werden kann. Diese Plakette hat aber für die Verleihung des Zertifikats keine rechtliche Bedeutung.

Zertifizierungsverfahren und die Aushändigung der Zertifizierungsurkunde laufen vertraulich ab. Die Parteien des Zertifizierungsvertrags können jedoch abstimmen, dass das Zertifikat im Rahmen einer öffentlichen Veranstaltung, z.B. bei der jährlich stattfindenden EXPO Real oder einer Green Building-Messe (z.B. der Consense) verliehen wird.

H. Gültigkeit und Übertragbarkeit des Zertifikats

Ähnlich wie eine Baugenehmigung ist das Green Building-Zertifikat zwar projektbezogen, dennoch gibt es – anders als bei einer Baugenehmigung – keine gesetzlichen Vorgaben in den Landesbauordnungen, wonach der Rechtsnachfolger im Eigentum automatisch auch Inhaber bzw. Begünstigter des seinem Vorgänger erteilten Zertifikats wird.[129]

In der Regel wird das Green Building-Zertifikat ausschließlich zugunsten des Antragstellers bzw. des Bauherrn ausgestellt. Insbesondere Rechtsnachfolger im Eigentum, Nutzer und Finanzierungsinstitute sind nicht in den Schutzbereich des zwischen der Zertifizierungsstelle und des Antragstellers bestehenden Zertifizierungsverhältnisses einbezogen. Die Zertifizierungsstelle wird auch kaum bereit sein, Käufern und finanzierenden Banken sog. Reliance einzuräumen, d. h. diesen Dritten gegenüber für die Richtigkeit und Vollständigkeit des erteilten Green Building-Zertifikats einzustehen. In der Transaktion werden sich deshalb die technischen und rechtlichen Berater im Rahmen ihrer Due Diligence des Themas Green Building-Zertifikat annehmen, um Käufern bzw. Finanzierungsinstituten gegenüber in einem angemessenen Umfang für den Inhalt des Green Building-Zertifikats zu haften.

Wechselt der Antragsteller/Bauherr/Immobilieneigentümer im Laufe des Zertifizierungsverfahrens, ist bei der DGNB eine Übertragung von Rechten und Pflichten aus dem Zertifizierungsvertrag mit schriftlicher Zustimmung der DGNB, die nur aus wichtigem Grund verweigert werden kann, möglich.

I. Widerruf des Green Building-Zertifikats

In der Regel behält sich die Zertifizierungsstelle (so z. B. auch die DGNB) vor, die Verleihung eines Green Building-Zertifikats zu widerrufen, wenn und soweit Umstände bekannt werden, wonach das Zertifikat nicht oder nicht in der konkreten Weise hätte erteilt werden dürfen. Dies gilt insbesondere, falls sich nachträglich herausstellen sollte, dass das Bauprojekt nicht im Einklang mit den zur Konformitätsprüfung eingereichten Unterlagen bzw. Informationen erstellt worden ist bzw. genutzt wird. Dieses Widerrufsrecht ist konsequent, weil die Zertifizierungsstelle auf die Richtigkeit und Vollständigkeit der vom Antragsteller bzw. Bauherren eingereichten Eigenerklä-

---

129 Z.B. § 75 Abs. BauO NRW.

rungen vertraut und insbesondere keine bauüberwachenden Tätigkeiten und Bauabnahmen durchführt.

Damit ist aber auch die Schwachstelle des Green Building-Zertifikats klar herausgearbeitet: Hat der Bauherr anders gebaut, als er es der Zertifizierungsstelle gegenüber erklärt hat, ist das Green Building-Zertifikat schlichtweg falsch und es droht der Widerruf der Verleihung. Diese Risiken sollte der Bauherr durch Inhaftungnahme anderer am Bau Beteiligter, z. B. der bauüberwachenden Architekten und/oder der Auditoren, abdecken.

J. Gerichtliche Hilfe

Die Zertifizierungsstelle ist keine staatliche Stelle mit der Folge, dass die Ablehnung des Zertifikats keinen behördlichen Bescheid darstellt, für den die Rechtsbehelfe der Verwaltungsgerichtsordnung (Widerspruch und/oder Verpflichtungsklage) Anwendung finden. Die Ablehnung basiert vielmehr allein auf den Vereinbarungen im Zertifizierungsvertrag. Möchte der Antragsteller also die Erteilung des Zertifikats gerichtlich erzwingen, muss er eine entsprechende Leistungsklage vor dem zuständigen Zivilgericht erheben.

K. Vergütung der Zertifizierungstätigkeit

Für ihre Tätigkeit erhält die Zertifizierungsstelle eine Vergütung, die sich in der Regel nach einer Preisformel berechnet. In der Preisformel dominieren wiederum die Größe des Bauvorhabens (z. B. gemessen in Bruttogeschossfläche) und das Nutzungsprofil.

Bei erhöhtem Prüfungsaufwand aufgrund von Nachbesserungen des Antragstellers fällt eine (moderate) zusätzliche Aufwandsvergütung an. Bei Abbruch des Zertifizierungsverfahrens in einem frühen Stadium reduziert sich der Vergütungsbetrag (bei der DGNB beispielsweise auf 40 %, wenn die Konformitätsprüfung bereits nach der ersten Prüfung abgebrochen wird).

Die Vergütung wird, zumindest zum größten Teil, vor Beginn der Konformitätsprüfung, also bereits vor der Verleihung des Green Building-Zertifikats, fällig und zahlbar.

Die DGNB gewährt ihren Vereinsmitgliedern einen Mitgliederrabatt (zurzeit in Höhe von 20 %).

L. Das Green Building-Zertifikat als Momentaufnahme ohne dauerhafte Zukunftswirkung

Ein einmal erteiltes Green Building-Zertifikat bescheinigt lediglich – mit den unter E. beschriebenen Einschränkungen –, dass das Gebäude den im Zeitpunkt des Zertifizierungsverfahrens geltenden Systemvorgaben entspricht. Sollten sich Systemvorgaben zukünftig ändern, z. B. weil die Energieeinsparverordnung 2013 verschärfte Anforderungen bringt,[130] verliert das erteilte Zertifikat nachträglich an Werthaltigkeit. So ist etwa ein im Jahr 2010 erteiltes (den Systemvorgaben 2009 entsprechendes) DGNB „Gold"-Zertifikat im Jahr 2013 weniger wert als ein im Jahr 2013 (auf der Grundlage der Energiesparverordnung 2013) erteiltes DGNB „Gold"-Zertifikat; möglicherweise rechtfertigt das Gebäude nämlich im Jahr 2013 – gemessen an den neuen Standards – nur noch die Auszeichnungsstufe „Silber".

Damit das Gebäude in Sachen Nachhaltigkeit nicht an Erstklassigkeit verliert, kann es deshalb notwendig werden, das Zertifikat im Jahr 2013 zu erneuern. BREEAM sieht sogar eine jährliche Neubewertung vor mit der Folge, dass der Verlust einer höheren Auszeichnungsstufe innerhalb kurzer Zeiträume droht.

Dies im Auge zu behalten, d. h. anstehende Aktualisierungen bzw. Erneuerungen von Green Building-Zertifikaten zu planen und zu budgetieren, kann als Zertifizierungspflege bezeichnet werden, die nach der im Immobilienmarkt vorherrschenden Aufgabenzuweisung den Asset Managern und Facility Managern obliegt.[131]

M. Besonderheiten des LEED-Zertifizierungsvertrags

Der von LEED verwendete Zertifizierungsvertrag (Hinweis auf Webseite, Version 3, Stand November 2010, „LEED Certification Agreement") unterliegt den Gesetzen des District of Columbia (Vereinigte Staaten von Amerika). Dementsprechend unterwirft sich der Antragsteller bzw. Bauherr auch einer Gerichtsstandvereinbarung, wonach im Streitfall die Gerichte im District of Columbia (Vereinigte Staaten von Amerika) zuständig sind. Dem vorgeschaltet ist jedoch, falls die LEED-Zertifizierungsstelle dies wünscht, ein unverbindliches Mediationsverfahren, das bis zu 90 Kalendertage dauern

---

130 Vgl. dazu Kapitel II. A. 1.
131 Vgl. dazu ausführlich Kapitel VIII.

darf. Für deutsche Antragssteller bzw. Bauherrn stellt es natürlich ein Erschwernis dar, mit der LEED-Zertifizierungsstelle vor einem amerikanischen Gericht streiten zu müssen.

Als LEED-Zertifizierungsstelle agiert das Green Building Certification Institute (GBCI), das seinen Sitz in Washington hat.

Der LEED-Zertifizierungsvertrag sieht vor, dass das Zertifizierungsverfahren von dem Eigentümer des Projekts abzuwickeln, d. h. eventuell von dem neuen Eigentümer zu übernehmen und fortzuführen ist. Falls dieser dazu nicht bereit ist, bleibt dem vormaligen Projekteigentümer nur die Chance, den Zertifizierungsvertrag aufzukündigen. In diesem Fall hat er keinen Anspruch auf Rückerstattung der vorgeleisteten Vergütung.

Wie im DGNB-Zertifizierungsvertrag, muss der Antragsteller dem GBCI gewährleisten, dass die eingereichten Antragsunterlagen komplett und akkurat sind. Sollte dies nicht der Fall sein, übernimmt die LEED-Zertifizierungsstelle von vorneherein keine Haftung für ihre Zertifzierungsleistungen.

Auch LEED sieht Zertifizierungssystemprofile für verschiedene Gebäudetypen mit entsprechenden Rating-Systemen vor.[132] Der Antragsteller bzw. Bauherr legt sich bei Beginn des Zertifizierungsverfahrens auf eines dieser Systemprofile fest.

Ähnlich wie die DGNB beginnt die GBCI ihre Prüfungstätigkeit erst nachdem der Antragsteller die vereinbarte Vergütung gezahlt hat. Die Vergütung reduziert sich nicht, falls die GBCI es nicht schaffen sollte, die Prüfung innerhalb der vereinbarten Termine abzuschließen.

Die LEED-Zertifizierungsstelle behält sich vor, ein Zertifizierungsverfahren für ein angemeldetes Projekt abzubrechen – und zwar ohne Rückerstattung etwa vorausgeleisteter Vergütung –, wenn der Antragsteller das Verfahren innerhalb einer bestimmten Frist nicht vorangebracht, z. B. die erforderlichen Unterlagen nicht eingereicht hat. Nach dem LEED-Zertifizierungsvertrag ist es auch verboten, ein Projekt, für das ein LEED-Zertifikat erteilt oder abgelehnt oder widerrufen worden ist, noch einmal zur Prüfung zu registrieren.

Das GBCI behält sich ausdrücklich vor, das erteilte Zertifikat in bestimmten Fällen zu widerrufen, z. B. wenn der Antragsteller eine Ortsbesichtigung verweigert oder zurückbehaltene Informationen oder Unterlagen nicht zugänglich macht.

---

[132] Z.B. LEED 2009 for New Construction and Major Renovations; LEED 2009 for Existing Buildings: Operations and Maintenance; LEED 2009 for Retail: New Construction and Major Renovations; LEED 2009 for Healthcare.

Hervorzuheben ist die Besonderheit, dass das LEED-Zertifikat für die Dauer von fünf Jahren erteilt wird. Wird das Zertifikat nicht nach Ablauf dieser fünf Jahre erneuert, läuft es aus und alle Privilegien im Zusammenhang mit dem LEED-Zertifikatsstatus, einschließlich dem Recht, LEED-Lizenzen bzw. Urheberrechte zu nutzen, verfallen.

Der Antragsteller kann wählen, ob sein Projekt vertraulich behandelt werden soll, und zwar jederzeit. So kann er z. B. bei der Anmeldung des Projekts zur Zertifizierung eine vertrauliche Behandlung verlangen und später anzeigen, dass das Projekt im Umfang der erteilten Zertifizierung doch nicht mehr vertraulich sein soll und der Öffentlichkeit bekannt gegeben werden darf.

Wie in amerikanischen Verträgen üblich, ist die Haftung der LEED-Zertifizierungstelle sehr eingeschränkt. So ist z. B. die Haftung für Folgeschäden (einschließlich entgangenem Gewinn) von vorneherein ausgeschlossen. Im Übrigen sind Ansprüche auf Fälle von Vorsatz und grober Fahrlässigkeit beschränkt und in der Höhe auf die vom Antragsteller entrichtete Vergütung limitiert. Auch insoweit gilt, dass sich der Antragsteller bzw. Bauherr in der Regel an den anderen am Bau Beteiligten (Planer, Auditoren, Bauüberwacher) schadlos halten muss, falls sich z. B. herausstellen sollte, dass das Bauwerk nicht im Einklang mit dem Zertifikat errichtet worden ist.

Wie auch die DGNB legt LEED Wert auf die ausdrückliche vertragliche Feststellung, dass im Rahmen des Zertifizierungsverfahrens nicht überprüft wird, ob das Projekt mit den gesetzlichen und behördlichen Vorgaben übereinstimmt oder genehmigungsfähig ist. Nach amerikanischer Manier muss der Antragsteller das GBCI sogar von projektbezogenen Inanspruchnahmen durch Dritte freistellen, soweit das GBCI diese Inanspruchnahmen nicht vorsätzlich oder grob fahrlässig verschuldet hat.

Schließlich gleicht der LEED-Zertifizierungsvertrag dem DGNB-Pendant insoweit, als er über die Vertragsparteien als solche hinaus – abgesehen von dem U. S. Green Building-Council – keine dritte Partei begünstigt oder schützt.

N. Besonderheiten des BREEAM-Zertifizierungsvertrags

Obwohl BREEAM die älteste und am weitesten verbreitete Zertifizierungsmethode für Gebäude ist, wurde erst in diesem Jahr damit begonnen, die BREEAM-Zertifizierungssysteme den deutschen Bauvorschriften anzupassen. Der Lizenzträger, der sich dieser Aufgabe angenommen hat, ist das

DIFNI (Deutsches Privates Institut für Nachhaltige Immobilienwirtschaft).[133]

Bei Redaktionsschluss stand der Muster-Zertifizierungsvertrag, den das DIFNI im deutschen Markt verwenden wird, noch nicht zur Verfügung. Es ist anzunehmen, dass er in seiner wesentlichen Ausgestaltung den DGNB- und LEED- Zertifizierungsverträgen zumindest ähneln wird.

Das deutsche BREEAM beginnt mit drei Nutzungsprofilen für Bestandsimmobilien:
- Büro,
- Handel und
- Industriehallen/Logistik (vgl. Immobilienmanager, Ausgabe 4/2012, S. 6 ff.).

Danach sind auch Versionen für Neubauten angedacht. Das BREEAM-Deutschland wird dann deutschen Normen, beispielsweise der Einsparverordnung, deutschen Standards für Brandschutz oder marktspezifischen Charakteristika wie Barrierefreiheit angepasst. Anders als LEED plant BREEAM-Deutschland den Wegfall sämtlicher Sprachbarrieren, d. h. der Zertifizierungsvertrag wird in deutscher Sprache nach deutschem Recht abgeschlossen und auch die gesamte Abwicklung des Zertifizierungsverfahrens erfolgt in deutscher Sprache. Es scheint so, dass der von BREEAM zugelassene Auditor auch vor Ort anhand von Begehungen des Objekts im Rahmen einer Art technischer Due Diligence prüfen soll, ob der Antragsteller richtige Angaben bei der Zertifizierungsstelle macht. Insofern agiert der Auditor hier sozusagen als „Vorprüfer".

Angekündigt und besonders hervorzuheben ist, dass ein Gebäude nicht zwingend insgesamt zertifiziert werden muss. Möglich ist auch der Erwerb von drei Einzelzertifikaten je Projekt: Für das Gebäude, das Gebäudemanagement und den Nutzer. Das hat z. B. bei Shoppingcentern dann Vorteile, wenn einzelne Mieter nicht im erforderlichen Maße bei der Einhaltung von Green Building-Anforderungen mitwirken und die Energiebilanz des Gebäudes dadurch verschlechtern. In diesem Fall zertifiziert BREEAM auf Wunsch nur das Gebäude – also die bauliche Seite.

Zwei wesentliche Unterschiede, die sich auch im BREEAM-Zertifizierungsvertrag wiederfinden werden, sind besonders hervorzuheben. Sie betreffen die Vergütung („Gebühren") sowie die zeitliche Geltung des Zertifikats:

---

[133] Näheres auf: info@breeaminuse.de.

Kapitel V Der Zertifizierungsvertrag

Es steht zu erwarten, dass sich die Zertifizierungs-Gebühren an der Situation in Großbritannien orientieren werden. Dort kostet der Zugang zum Online-Tool zurzeit ca. 190 Pfund pro Objekt. Für die Anmeldung zur Zertifizierung sind weitere 1.000 Pfund zu zahlen, und zwar pro Objekt, was insbesondere bei der Zertifizierung von Portfolien günstiger erscheint. Anders als bei LEED und DGNB hängt die Höhe der Zertifizierungsvergütung nicht von der Größe des Objekts ab.

Andererseits muss das BREEAM-Zertifikat jedes Jahr erneuert werden, was jährlich wiederkehrend weitere „Gebühren" verursacht. Im günstigsten Fall, d. h. wenn sich innerhalb des Jahres nichts an dem Gebäude, dem Management etc. verändert hat, wird das Vorjahresergebnis (ohne viel Aufwand) bestätigt. In dem aus Sicht des Gebäudeeigentümers ungünstigsten Fall hat es im Laufe des Jahres Performance-Verschlechterungen gegeben, die zum Wegfall eines Exzellenz-Sterns führen. Umgekehrt können natürlich auch Verbesserungen den Zugewinn eines Exzellenz-Sterns bewirken.

Besonderheiten der Zertifizierungsverträge im Überblick:
- Die Eigenerklärung des Antragstellers, das Bauprojekt sei in Übereinstimmung mit den eingereichten Unterlagen und Information errichtet worden, nimmt eine zentrale Bedeutung ein.
- Die unrichtige bzw. unvollständige Eigenerklärung kann den Widerruf des Green Building-Zertifikats oder sonstige Sanktionen nach sich ziehen. Deshalb ist die Haftung für die Richtigkeit bzw. Vollständigkeit der Eigenerklärung auch bei einer Immobilientransaktion (Gestaltung des Kaufvertrags und rechtliche Due Diligence) zu beachten.
- Bei den meisten Zertifizierungssystemen nimmt der (zugelassene) Auditor eine tragende Rolle ein. Je nach Gestaltung des Auditorenvertrags ist er der Garant dafür, dass das Gebäude tatsächlich im Einklang mit der Eigenerklärung des Antragstellers errichtet worden ist.
- Anders als bei der Baugenehmigung gehen weder der Zertifizierungsvertrag noch das Green Building-Zertifikat automatisch auf den Rechtsnachfolger im Eigentum über. Hierzu bedarf es vertraglicher Abreden und eventuell der Zustimmung der Zertifizierungsstelle.
- Die Zertifizierungsstelle ist keine staatliche Stelle. Streitigkeiten, die aus dem Zertifizierungsvertrag resultieren, insbesondere über die Nichterteilung des angestrebten Green Building-Zertifikats, sind deshalb vor den Zivilgerichten auszutragen, soweit nicht Schiedsgutachter, Schlichter oder Schiedsrichter vorgesehen sind.
- Ein Green Building-Zertifikat kann entweder befristet sein (LEED), auf Dauer an Wert verlieren (DGNB) oder aber jährlichen Nachprüfungen unterliegen (BREEAM).

Kapitel VI
Verträge mit Auditoren und Fachplanern

A. Vertragssystem Auditor/Fachplaner/Zertifizierungsstelle 104
B. Leistungspflichten Zertifizierungsberater 105
   1. Leistungsbild DGNB-Auditor gewöhnlich............................ 106
      a) Vor-Zertifikat 106
      b) Zertifikat.. 106
      c) Sonstige Beratungsleistungen 107
   2. Leistungsbild LEED-BREEAM-Berater............................... 108
   3. Rechtsnatur des Vertrags mit dem Zertifizierungsberater 109
   4. Der Zertifizierungsvertrag als Schnittstelle 111
C. Haftungsfragen 112

A. Vertragssystem Auditor/Fachplaner/Zertifizierungsstelle

Zur Realisierung eines Bauvorhabens (Neubau, Umbau oder Modernisierung von Bestandsgebäuden) benötigt der Bauherr bzw. Auftraggeber fachliche Unterstützung im Bereich der Objektplanung (Architektur) sowie im Bereich der Fachplanung (Ingenieurleistungen, z. B. für die Tragwerksplanung – „Statik" – und die technische Ausrüstung).

Beabsichtigt er darüber hinaus die Erlangung eines Green Building-Zertifikats, kann er unter verschiedenen Anbietern wählen, wobei die Zertifizierungsverfahren nach DGNB, LEED oder BREEAM am weitesten verbreitet sind.[134]

Die Zertifizierungsanforderungen und Themenschwerpunkte der genannten Zertifizierungsverfahren sind unterschiedlich und die Entscheidung des Bauherrn für eines der Verfahren wird von dem jeweiligen Projekttyp abhängen: Die Zertifizierung nach DGNB ist auch attraktiv für Wohnbauprojekte, während LEED-Zertifizierungen bislang häufig bei gewerblichen Bauprojekten nachgefragt werden. BREEAM-Zertifizierungen wiederum sind im Bereich von Shoppingcentern beliebt.

Alle Verfahren regeln die Einbindung eines Beraters. Soweit die DGNB-Zertifizierung in Rede steht, wird von „Auditoren" gesprochen, die durch die DGNB zugelassen wurden. Die Einschaltung eines Auditors ist zwingend. Der U. S. Green Building Council (USGBC) verlangt keinen Auditor, vielmehr kann auch der Bauherr selbst sein Projekt zur Zertifizierung anmelden. Allerdings wird im LEED-Verfahren ein sog. credit gewährt, wenn zur Begleitung des Verfahrens ein Accredited Professional (AP) eingeschaltet wird. Dieser AP muss seinerseits eine durch den USGBC organisierte Prüfung bestanden haben. Vergleichbares gilt für das BREEAM-Verfahren. Dort heißen die Berater „Licensed Assessor" (LA).

Abgesehen davon, dass die Einschaltung eines entsprechend qualifizierten Beraters dem Auftraggeber nur angeraten werden kann, führen die vorstehend genannten Voraussetzungen dazu, dass der zertifizierungswillige Auftraggeber in aller Regel durch einen entsprechend qualifizierten Berater begleitet wird.

---

[134] Künftig wird darüber hinaus voraussichtlich der CO2-Fußabdruck (Carbon Footprint – „CF") vermehrt an Bedeutung gewinnen, siehe Immobilien Zeitung Nr. 17/2012, S. 2.

Insoweit ergibt sich bei der Green Building-Zertifizierung vereinfacht folgende Vertragssituation:

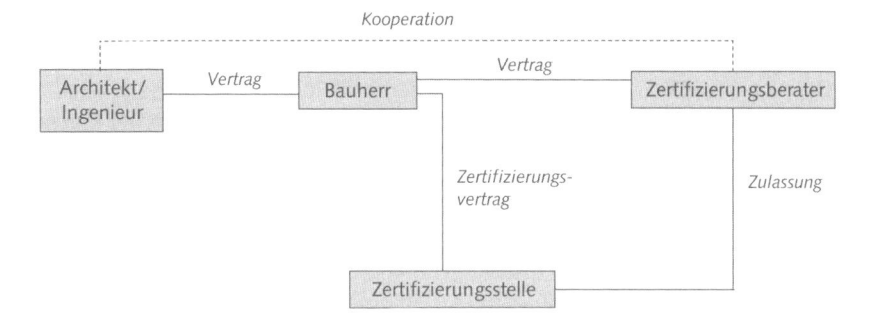

```
                        Kooperation
    ┌─────────────┐                  ┌─────────────────────┐
    │ Architekt/  │─── Vertrag ───┐  │                     │
    │ Ingenieur   │       ┌───────┴──┤ Bauherr │── Vertrag ──│ Zertifizierungsberater │
    └─────────────┘                  └─────────────────────┘
                                │                          │
                        Zertifizierungs-              Zulassung
                            vertrag
                                │                          │
                           ┌────────────────────────┐
                           │   Zertifizierungsstelle │
                           └────────────────────────┘
```

Aus rechtlicher Sicht stellt sich, wie aus dem Schaubild ersichtlich, die Frage, welche Leistungspflichten den Auditor/AP/LA treffen und welche Verantwortlichkeiten (Haftung) er gegenüber dem Bauherrn hat.

B. Leistungspflichten Zertifizierungsberater

Eine Zertifizierungsberatung stellt regelmäßig eine entgeltliche Geschäftsbesorgung im Sinne des § 675 BGB dar. Mit dieser Feststellung ist jedoch für die endgültige Einordnung noch nichts gewonnen, da eine entgeltliche Geschäftsbesorgung sowohl im Rahmen eines Dienstvertrags (§§ 611 ff. BGB) als auch im Rahmen eines Werkvertrags (§§ 631 ff. BGB) erfolgen kann. Die sich aus der jeweiligen Einordnung ergebenden Rechtsfolgen in Bezug auf Leistungspflichten bzw. Haftung des Zertifizierungsberaters sind unterschiedlich.[135] Daher bedarf es zunächst einer Darstellung der verschiedenen Leistungen der Zertifizierungsberater, um sodann eine Qualifikation für einen der beiden Vertragstypen vornehmen zu können.

---

135 Die Unterscheidungskriterien betreffen insbesondere die Leistung (Tätigkeit vs. Erfolg), die Mängelhaftung (Schadensersatz beim Dienstvertrag, Nacherfüllung, Selbstvornahme, Minderung, Rücktritt und Schadensersatz beim Werkvertrag), die Verjährung der Mängelansprüche, die Kündigungsmöglichkeiten und -voraussetzungen.

Kapitel VI   Verträge mit Auditoren und Fachplanern

1. Leistungsbild DGNB-Auditor gewöhnlich[136]

Die DGNB bietet sowohl ein „Vor-Zertifikat" als auch ein „Zertifikat" an.

a) Vor-Zertifikat

Das Vor-Zertifikat wird dem Bauherrn bereits in der Planungsphase erteilt. Basis sind die vom Auditor eingereichten Unterlagen. Somit wird der Investor in die Lage versetzt, das geplante Projekt bereits vor der Errichtung als „Green Building" zu bewerben und im Markt zu präsentieren. Hierzu muss der DGNB-Auditor ein Pre-Assessment durchführen, das anhand der DGNB-Kriterien nach dem geltenden Zertifizierungssystem erfolgt und sechs Kategorien umfasst.[137]

Der DGNB-Auditor muss in diesem Zusammenhang folgende Leistungen erbringen:

- Anmeldung des Projekts bei der Zertifizierungsstelle der DGNB,
- Berücksichtigung der Ergebnisse aus dem von ihm erstellten Pre-Assessment,
- Vorbereitung von Besprechungen bzw. Workshops mit dem Bauherren- und Planungsteam,
- Erstellen der Antragsunterlagen für das Vor-Zertifikat,
- Freigabe der Absichtserklärungen durch den Auditor und Einreichung bei der DGNB.

b) Zertifikat

Im Gegensatz zum Vor-Zertifikat wird das DGNB-Zertifikat am Ende der Bauausführung für das errichtete Gebäude erteilt. Der DGNB-Auditor wird in diesem Zusammenhang sowohl in den Planungsprozess als auch in den Prozess der Bauausführung eingebunden. Während der Planungsphase hat er den Zertifizierungsprozess und das Zertifizierungssystem für das Planungsteam und die ausführenden Firmen des Bauherrn darzustellen und gemeinsam mit diesen die im Rahmen der Nachweisführung zu erbringenden Aufgaben festzulegen. Darüber hinaus hat der Auditor zum Ende der Entwurfs- sowie der Ausführungsplanung einen Statusbericht für den Bauherrn zu

---

[136] Vgl. „Leistungsbild DGNB Auditor, www.dgnb.de/_de/ausbildung/leistungsbild-auditor/index.php.
[137] Kategorie 1: Ökologische Qualität; Kategorie 2: Ökonomische Qualität; Kategorie 3: Soziokulturelle und funktionale Qualität; Kategorie 4: Technische Qualität; Kategorie 5: Prozessqualität; Kategorie 6: Standortqualität.

erstellen und den weiteren Planungsprozess hinsichtlich der Erfüllung bzw. Einhaltung der DGNB-Kriterien mit Darstellung der Zertifizierungskonsequenzen zu begleiten.

Während der Bauausführung umfasst die Tätigkeit des DGNB-Auditors optional die stichprobenartige Kontrolle der Ausführung auf der Baustelle im Hinblick auf die Einhaltung der DGNB-Anforderungen, die Teilnahme an wesentlichen Bausitzungen zum Thema DGNB-Zertifizierung, die stichprobenartige Kontrolle und Plausibilitätsprüfung der Dokumentationen sowie der Deklarationen der verwendeten Bauprodukte, ferner die Begleitung des gesamten Bauprozesses im Hinblick auf die Einhaltung bzw. Erfüllung der DGNB-Kriterien, wiederum mit Darstellung der Zertifizierungskonsequenzen wichtiger Einzelentscheidungen.

Am Ende der Bauausführung erfolgt schließlich das finale Projektaudit durch den Auditor. Auf Basis dieses Audits werden die vom Auditor ausgefüllten und unterschriebenen Dokumentationsanforderungen gemeinsam mit den entsprechenden Unterlagen bei der Zertifizierungsstelle der DGNB eingereicht.

c) **Sonstige Beratungsleistungen**

Neben den vorgenannten Tätigkeiten zur Erlangung eines Vor-Zertifikats bzw. eines Zertifikats der DGBN kommen für den Auditor weitere Beratungsleistungen in Betracht, durch die der Zertifizierungsprozess und das Zertifizierungsziel unterstützt werden. Diese Beratungsleistungen sind für den Zertifizierungsprozess allerdings nicht zwingend. Im Einzelnen kommen in Betracht:

- **Grundlagenermittlung, Vor- und Entwurfsplanung**: Mitwirkung an Entwurfskonzepten zur Verbesserung des Zertifizierungsergebnisses sowie Erstellung eines Pflichtenheftes für die Ausführungsplanung, z. B. im Hinblick auf die Verbesserung der Reparatur- und Instandhaltungseigenschaften, der Werthaltigkeit oder der Recyclingtauglichkeit der Bauteile
- **Ausführungsplanung**: Prüfung und Qualitätssicherung der Ausführungsplanung im Hinblick auf Übereinstimmung mit dem Pflichtenheft bzw. mit den Anforderungen der Zertifizierung, Auswahl und Dokumentation der für die messtechnischen Nachweise notwendigen Referenzräume im Gebäude sowie Nachweis der Repräsentativität und Vorbereitung der Maßnahmen für den nachhaltigen Betrieb wie beispielsweise Erstellung eines Netzstellen- oder Bewertungskonzepts
- **Vorbereitung und Mitwirkung bei der Vergabe**: Erstellung von Vorbemerkungen für die Integration der Zertifizierungsanforderungen in die Aus-

schreibung, Prüfung der Leistungsverzeichnisse und/oder der Leistungsbeschreibung auf Übereinstimmung mit den Zertifizierungsanforderungen sowie Prüfung und Vergleich von Angeboten im Hinblick auf die DGNB-Zielerreichung
- **Objektüberwachung/Dokumentation:** Entgegennahme und Prüfung der Produkt- und Materialdeklarationen auf Übereinstimmung mit den Anforderungen der Ausschreibung bzw. mit den Zertifizierungsanforderungen im Hinblick auf Umweltschutz, Raumlufthygiene etc., Mitwirkung bei der Gebäudedokumentation auf Grundlage der Zertifizierungsdokumentation, Mitwirkung bei der Zusammenstellung der Material- und Produktkataloge sowie Zusammenstellung der produktbezogenen Reinigungs- und Wartungsleistungen.

Schließlich kommen weitere Beratungsleistungen außerhalb der Objekt- bzw. Fachplanung in Betracht, wie Durchführung einer Ökobilanzierung, Erstellung von Lebenszykluskostenberechnungen, Erstellung von thermischen Gebäudesimulationen, Durchführung von Raumluftmessungen, Durchführung von Blauer-Door-Messungen (soweit diese Messungen nicht bereits als Teil der Fachplanung durch die beauftragten Ingenieure geschuldet werden), Durchführung von Luftwechselmessungen, Erstellung eines Bewirtschaftungskonzepts und Ähnliches.[138]

2. Leistungsbild LEED/BREEAM-Berater

Sowohl im Rahmen der LEED- als auch im Rahmen der BREEAM-Zertifizierung kann der Bauherr eine kurzfristige Projektbewertung auf Basis der durch LEED bzw. BREEAM festgelegten Kriterien durchführen und in diesem Zusammenhang das geeignete Ratingsystem wählen sowie eine Kosten-Nutzenanalyse erstellen lassen. Dieser sog. Quick Check hat das Ziel, dem Bauherrn Sicherheit zu geben, dass bei Einhaltung der geprüften Kriterien die Zertifizierung einschließlich Einhaltung der vom AP/LA prognostizierten Kosten erreicht werden kann, und zwar in der angestrebten Zertifizierungsstufe (Platinum, Gold, Silver).

Entscheidet sich der Bauherr, eine Zertifizierung nach LEED oder BREEAM durchzuführen, muss das entsprechende Managementsystem aufgebaut werden – empfehlenswerterweise durch einen AP/LA. Hierdurch soll sichergestellt werden, dass die Zertifizierungskriterien in den Bauprozess integriert und die entsprechenden Schnittstellen sowie Verantwortlich-

---

138 Siehe hierzu im Einzelnen „Leistungsbild DGNB-Auditor", a. a. O.

keiten, Termine und Abläufe fixiert werden. Sodann hat der AP/LA während der Bauphase projektbegleitend eine Qualitätssicherung vorzunehmen, insbesondere durch Ausarbeitung und Umsetzung eines „Commissioning Plans", der sich vornehmlich auf die technischen Gewerke bezieht. Auf Grundlage der vom AP/LA geschuldeten Nachweisführung erfolgt die Einreichung der entsprechenden Unterlagen und Dokumente bei der Zertifizierungsstelle, die nach Abschluss der Baumaßnahmen auf Basis der eingereichten Unterlagen über die Erteilung des beantragten Zertifikats entscheidet.

3. Rechtsnatur des Vertrags mit dem Zertifizierungsberater

Ebenso wenig wie für den Architekten- oder Ingenieurvertrag oder auch den Vertrag mit einem Projektmanager oder einem Baubetreuer enthält das BGB spezielle Regelungen für die Einordnung des Vertrags mit dem Zertifizierungsberater. Für die rechtliche Einordnung kommen, wie vorstehend bereits angedeutet, das Dienstvertragsrecht (§§ 611 ff. BGB) und das Werkvertragsrecht (§§ 631 ff. BGB) infrage, weil ein Zertifizierungs-Beratervertrag sowohl werkvertragliche als auch dienstvertragliche Momente enthält: Die Zusammenstellung und Einreichung von Unterlagen ist ergebnisorientiert, andere Teile dagegen, zumindest auf erstes Ansehen, tätigkeitsorientiert, z. B. die Begleitung der Bauausführung.

Vergleichbar mit den Verträgen der Architekten, Ingenieure, Projektmanager oder Baubetreuer kommt es für die Abgrenzung darauf an, ob eine Dienstleistung geschuldet wird oder ein Arbeitsergebnis. Dies mag im Einzelfall schwierig zu ermitteln sein, weil die Leistungen des Auditors/AP/LA nicht „eindimensional" sind, mithin weder nur „Tätigkeit" oder nur „Erfolg" (Herbeiführung des jeweiligen Zertifikats) beinhalten, sondern einen Mix von Managementleistungen, Planungsleistungen und Beratungsleistungen darstellen. Entscheidend ist, wo unter Beachtung des von den Parteien Gewollten der Schwerpunkt der Leistungen zu sehen ist. Zur Beantwortung dieser Frage kann auf die einschlägige Rechtsprechung und Literatur zur Qualifikation von Architekten-, Projektmanagement- oder Baubetreuungsverträgen zurückgegriffen werden. Auch diese Verträge sind nicht „eindimensional" und Rechtsprechung und Literatur hatten in der Vergangenheit ähnliche Fragestellungen zu klären, wie sie sich nun für den Zertifizierungsberater stellen.

Man könnte dazu neigen, den Dienstleistungscharakter des Zertifizierungsberaters hervorzuheben, weil dieser das Projekt (lediglich) beurteilt, den Planungsprozess begleitet, an Konzeptionen mitwirkt, Bewertungen abgibt, etc. Wie schon bei den vorgenannten Vertragstypen wäre diese Sichtweise in der Regel jedoch zu eng. Sicherlich schuldet der Zertifizierungsberater nicht die Erteilung des jeweiligen Zertifikats, schon weil dies nicht Teil seiner vertraglichen Pflichten ist. Wenn er jedoch zum Beispiel ein Pre-Assessment durchführt (DGNB) oder einen LEED Quick Check und zu dem Ergebnis gelangt, eine Zertifizierung sei unter den von ihm ermittelten Umständen und zu den von ihm angegebenen Kosten möglich, geht die erkennbare Erwartungshaltung des Bauherrn (und damit meist auch der objektiv erkennbare Wille der Parteien) dahin, dass sich diese „Prognose" bei im Übrigen ordnungsgemäßem Verlauf der Dinge auch erfüllt.

Ebenso wie beispielsweise der Architekt eine „dauerhaft genehmigungsfähige Planung"[139] schuldet (unabhängig davon, ob die Baubehörde die Baugenehmigung rechtswidrig erteilt oder versagt hat), erwartet der Auftraggeber des Zertifizierungsberaters von diesem, dass seine Aussagen entsprechend belastbar sind. In der Literatur wurde in solchen Zusammenhängen zutreffend die „funktionale Verantwortlichkeit aller Baubeteiligten", anders ausgedrückt, die Übernahme der „Gefahr für das Gelingen" bezüglich des Beitrags des jeweiligen Baubeteiligten als ausreichend angesehen, um einen Vertrag als Werkvertrag einzustufen.[140]

Dies gilt für die Beurteilung des Auditors im Rahmen des Vor-Zertifikats nach DGNB genauso wie im Rahmen des Zertifikats oder der Beratungsleistungen nach LEED oder BREEAM: In der Regel wird der Auftraggeber des Beraters erwarten, dass die von ihm getroffenen Aussagen über die zu erreichende Zertifizierung unter den beschriebenen Prämissen, einschließlich der hierfür prognostizierten Kosten, auch realistisch sind. Damit steht für die meisten Leistungsinhalte des Zertifizierungsberaters der werkvertragliche Erfolg im Vordergrund, und er hat dafür einzustehen, dass seine Leistungen zu dem gewünschten Ergebnis führen, sofern die übrigen Beteiligten (einschließlich der Zertifizierungsstelle) die ihnen obliegenden Leistungen ebenfalls ordnungsgemäß erbringen.

---

139 Vgl. nur Locher/Koeble/Frik, Kommentar zur HOAI, 10. Aufl., Köln 2010, § 33, Rn. 107 ff.
140 Martin Heinrich, Der Baucontrollingvertrag, 2. Aufl., Düsseldorf 1998, S. 138 ff.; Eschenbruch, Projektmanagement und Projektsteuerung, 3. Aufl., Düsseldorf 2009, S. 363 ff., jeweils m.w.N.

4. Der Zertifizierungsvertrag als Schnittstelle

Der Vertrag zwischen der Zertifizierungsstelle und dem „Antragsteller" (in der Regel der Bauherr) regelt in erster Linie die Voraussetzungen für die Teilnahme an der Prüfung, die wechselseitigen Leistungen der Vertragsparteien und die Kosten bzw. Gebühren der Zertifizierung.[141]

Während bei den Zertifizierungen nach LEED und BREEAM ein onlinegestütztes Verfahren zum Einsatz kommt, werden bei dem Verfahren der DGNB die Antragsunterlagen und Dokumente in Papierform eingereicht.

Als Eigenheit aller Verfahren kann festgestellt werden, dass die Zertifizierungsbehörde keinerlei Tätigkeit „vor Ort" durchführt, sondern alle diesbezüglichen Aufgaben dem zugelassenen Auditor bzw. dem AP/LA/Antragsteller selbst überlässt. Dementsprechend steht die Zertifizierungsstelle auch nicht dafür ein, ob die eingereichten Unterlagen inhaltlich zutreffend sind. Die Antragsprüfung erfolgt vielmehr allein auf Basis der zur Verfügung gestellten Unterlagen.

Dabei ergibt sich folgender Ablauf:
- Anmeldung des Projekts,
- Eigenständiges Audit des Projekts durch einen vom DGNB zugelassenen Auditor, Erbringung der für die LEED- bzw. BREEAM-Zertifizierung erforderlichen Maßnahmen und Analysen sowie Zusammenstellung der hierfür erforderlichen Unterlagen durch den AP bzw. LA,
- Einreichung der vollständigen Unterlagen in der jeweils vorgesehenen Form,
- Konformitätsprüfung durch die jeweilige Zertifizierungsstelle und schließlich
- Zertifizierung, wenn die Konformitätsprüfung ergibt, dass die entsprechenden Planungs- und Umsetzungsziele für das jeweilige Zertifikat erreicht wurden.[142]

Weitere Leistungen erbringt die Zertifizierungsstelle nicht. Der Antragsteller trägt die alleinige Verantwortung für die Umsetzung der für das Zertifikat zugesicherten Planung und Ziele sowie für die inhaltliche Richtigkeit der eingereichten Unterlagen.

Auch der Vertrag mit der Zertifizierungsstelle ist gesetzlich nicht geregelt. Nach einer Entscheidung des OLG München aus dem Jahr 2009[143] kann ein Zertifizierungsvertrag als Werkvertrag eingestuft werden, wenn der Tätig-

---
141 Dazu ausführlich Kapitel V.
142 Ausführlicher zu den Antragstellerpflichten: Kapitel V.
143 OLG München, Urteil vom 30.07.2009 – 23 U 2005/08.

keitsschwerpunkt darin liegt, die Einhaltung bestimmter gesetzlicher Anforderungen zu überprüfen und das Vorliegen dieser Voraussetzungen in einem Zertifikat zu bestätigen.[144]

Bei der Green Building-Zertifizierung geht es indessen nicht darum, die Einhaltung gesetzlicher Vorschriften zu testieren, soweit diese Voraussetzung für das Inverkehrbringen eines Produkts sind, sondern darum, zu bestätigen, dass die von den Zertifizierungsstellen selbst aufgestellten Kriterien erfüllt werden. Insoweit beschränkt sich die Überprüfung, wie ausgeführt, darauf, ob die eingereichten Unterlagen, für die der Antragsteller selbst die Verantwortung trägt, mit den aufgestellten Kriterien konform sind. Wenn man auch die Green Building-Zertifizierungsverträge gleichwohl dem Werkvertragsrecht unterwirft, beschränkt sich der „Erfolg" darauf, dass bei Erfüllung der gesetzten Kriterien das Zertifikat auch erteilt wird. Zu dem gleichen Ergebnis gelangte man jedoch auch, wenn man den Zertifizierungsvertrag als Vertrag eigener Art (Vertrag sui generis) qualifiziert, weil die Zertifizierungsstelle nach den geschilderten vertraglichen Leistungspflichten bei Feststellung der Konformität (und Begleichung der Gebühren und Kosten) verpflichtet ist, das Zertifikat zu erteilen. Insoweit kommt der Einstufung des Zertifizierungsvertrags ein nicht ganz so hohes Gewicht zu, wie der des Vertrags mit dem Zertifizierungsberater.

C. Haftungsfragen

Als „Haftungssubjekt" kommt vornehmlich der Auditor bzw. der AP/LA in Betracht, wenn die vom Bauherrn angestrebten Ziele nicht erreicht werden. Probleme können sich z. B. dadurch ergeben, dass das angestrebte Zertifikat nicht erteilt wird, die prognostizierten Kosten für die Erreichung des Zertifikats überschritten werden oder die Betriebskosten für das Projekt höher ausfallen als angenommen.

Geht man von einer grundsätzlich werkvertraglichen Haftung des Auditors aus, umfasst die Mängelhaftung nach §§ 633 f. BGB in erster Linie die Nacherfüllung, an deren Stelle bei Scheitern bzw. Verweigerung der Nacherfüllung die Selbstvornahme, die Minderung, der Rücktritt und die Geltendmachung von Schadensersatzansprüchen tritt.

---

144 Hier: Die Einhaltung der Anforderungen des Deutschen Geräte- und Produktsicherheitsgesetzes durch ein bestimmtes Gerät.

C. Haftungsfragen

Steht die Nichterreichung des Zertifikats in Rede, ist als erstes zu prüfen, ob die Leistung des Auditors/AP/LA mangelhaft ist. Da die jeweilige Prüfung unterlagengestützt erfolgt und keine Überprüfung vor Ort vorgenommen wird, kann ein Mangel darin liegen, dass der Berater die Zertifizierungsvoraussetzungen nicht zutreffend erfasst und daher die Antragsunterlagen unvollständig oder unzutreffend erstellt hat. Ein solches Versäumnis stellt einen Mangel im Sinne des § 633 BGB dar, der sowohl eine Nachbesserungspflicht als auch ein Nachbesserungsrecht des Beraters auslöst.

Schlägt die Nachbesserung fehl, z. B. weil die Plausibilitätsprüfung und/oder die Zusammenstellung der Unterlagen weiterhin nicht den Anforderungen der Zertifizierungsstelle entsprechen, kann der Auftraggeber die weiteren werkvertraglichen Rechte geltend machen. In Betracht kommt zunächst eine Ersatzvornahme durch Beauftragung eines anderen zugelassenen Auditors/AP/LA, weithin der Rücktritt vom Vertrag und/oder die Geltendmachung eines Schadensersatzanspruchs für alle aus der fehlenden Zertifizierung kausal resultierenden Schäden bzw. finanziellen Nachteile. Eine Minderung wird selten in Betracht kommen, weil dem Auftraggeber des Zertifizierungsberaters nicht damit gedient ist, die dem Berater versprochene Vergütung herabzusetzen, sondern nur damit, das erstrebte Zertifikat zu erhalten oder den ihm entstandenen Schaden zu liquidieren.

Scheitert die Zertifizierung daran, dass die vom Zertifizierungsberater vorgesehenen und für die Zertifizierung benötigten Baumaßnahmen nicht entsprechend umgesetzt werden, und der Zertifizierungsberater daher die Antragsunterlagen nicht zertifizierungskonform erstellen kann, wird ein Mangel der Leistung nur dann angenommen werden können, wenn die diesbezüglichen Vorgaben des Beraters unzutreffend waren und die Bauleistungen aus diesem Grund nicht zertifizierungskonform erbracht wurden. Dagegen wird man eine Mangelhaftigkeit und daher eine Haftung des Zertifizierungsberaters nicht annehmen können, wenn die fehlende Zertifizierungsmöglichkeit darauf beruht, dass der Bauherr seine Planung oder die Ausführung ohne Rücksprache mit dem Zertifizierungsberater ändert, z. B. weil er an bestimmten Stellen des Projekts Kosteneinsparungen vornehmen möchte oder muss, oder weil die Bauleistung vertragswidrig und damit mangelhaft erbracht wurde.

Überschreiten die tatsächlich für die Zertifizierung erforderlichen Kosten die vom Zertifizierungsberater prognostizierten, kann ebenfalls ein Mangel der Leistung gegeben sein. Ob dies der Fall ist, hängt von den konkreten vertraglichen Vereinbarungen ab, insbesondere davon, ob und in welchem Umfang sich der Zertifizierungsberater bereit erklärt hat, für die von ihm prognostizierten Kosten „einzustehen". Hat er (selten) eine echte Kostengarantie abgegeben, stellt die Überschreitung der Kosten ohne Weiteres einen Mangel dar. Soweit keine Garantie feststellbar ist, kann sich aus den vertraglichen Vereinbarungen ein Kostenlimit ergeben, das als Beschaffenheitsvereinbarung anzusehen ist. Eine solche Beschaffenheitsvereinbarung setzt voraus, dass der Bauherr deutlich erkennbar entscheidenden Wert auf die Einhaltung der genauen, inhaltlich eindeutigen Kostenvorgabe legt und vom Zertifizierungsberater eine eindeutige Stellungnahme erhält, dass dieser Rahmen auch eingehalten wird.[145] Liegt ein Kostenlimit vor, fragt sich, ob auch bei Nichteinhaltung des Limits eine Toleranz zu gewähren ist. Nach der einschlägigen Rechtsprechung zum Architektenvertrag kann man davon nur dann ausgehen, wenn im Vertrag Anhaltspunkte dafür zu finden sind, dass die Verbindlichkeit der Zahlen nicht strikt vereinbart wurde.[146] Die Literatur ist insoweit großzügiger und gewährt in der Regel einen Toleranzrahmen von 10 %.[147] Dies wird auch für den Zertifizierungsberater zu gelten haben, zumal dieser in der Regel keinen Einfluss darauf hat, wie und an wen der Auftraggeber die Bauleistungen vergibt.

Auch bei Überschreitung eines vereinbarten Kostenlimits, mithin der Verletzung einer Beschaffenheitsvereinbarung, muss der Bauherr den konkreten Schaden darlegen und beweisen und kann sich nicht schlicht auf die Aussage beschränken, die Differenz zwischen tatsächlichen Kosten und dem Kostenrahmen stelle den ersatzfähigen Schaden dar. Beispielsweise ist zu fragen, ob nicht sog. „Sowieso-Kosten" zugunsten des Zertifizierungsberaters zu berücksichtigen sind, also solche Kosten, die ohnehin entstanden wären, wenn der Zertifizierungsberater die Kosten zutreffend ermittelt hätte. Eine Darstellung der diesbezüglichen Einzelheiten würde an dieser Stelle zu weit führen. Insoweit kann jedoch auf die im Zusammenhang mit der Haftung der Architekten und Ingenieure entwickelte Literatur und Rechtsprechung Bezug genommen werden.[148]

Schließlich kann sich in haftungsrechtlicher Hinsicht die Frage stellen, ob der Zertifizierungsberater neben den weiteren Planern gesamtschuldnerisch haftet. Dies wird entscheidend davon abhängen, wie der Zertifizierungsberater in den gesamten Planungs- und Bauprozess eingebunden wurde. Beschränkt sich die Beauftragung „lediglich" auf die Herbeiführung der Zertifizierung, mithin insbesondere auf die Durchführung des finalen Projektaudits (Durchsicht und Prüfung der von Dritten zusammengestellten

---

145 Vgl. für den Architekten BGH, BauR 1997, S. 494; Locher/Koeble/Frik, a.a.O., Einleitung Rn. 185 m.w.N.
146 BGH, BauR 1997, S. 494.
147 Locher/Koeble/Frik, a.a.O., Einleitung Rn. 18.
148 Vgl. Locher/Koeble/Frik, a.a.O., Einleitung Rn. 184 ff.

Unterlagen und Nachweise im Hinblick auf die Zertifizierungsanforderungen, Zusammenstellung und Einreichung der Dokumentation bei der Zertifizierungsstelle), wird eine gesamtschuldnerische Haftung in der Regel nicht in Betracht kommen, weil der Zertifizierungsberater einen von den übrigen Beteiligten abgegrenzten Auftrag mit eigenständigen Leistungsinhalten übernommen hat. Anders kann dies sein, wenn der Zertifizierungsberater stärker in den Planungsprozess eingebunden ist, beispielsweise optionale begleitende Beratungsleistungen in den einzelnen HOAI-Phasen erbringt. In diesem Fall wirkt er unmittelbar mit den weiteren am Projekt beteiligten Planern zusammen, und sein Beitrag fließt in eine einheitliche Entwurfs-, Ausführungs- und Kostenplanung ein. Soweit eine gesamtschuldnerische Haftung in Betracht kommt, kann auch insoweit auf die zum Architektenvertrag entwickelten Grundsätze Bezug genommen werden.[149]

---

149 Locher/Koeble/Frik, a.a.O., Einleitung Rn. 195 ff.

Kapitel VII
Green Building und Bauverträge

A. Geschuldete Bauleistung 118
B. Die Leistungsbeschreibung... 118
   1. Detaillierte Leistungsbeschreibung................................ 119
   2. Globale Leistungsbeschreibung 119
   3. Mischformen... 120
C. Green Building-Bauverträge.. 121

Im Zusammenhang mit dem Thema der Zertifizierung eines Bauvorhabens taucht oftmals die Frage auf, ob und welche Möglichkeiten es gibt, das Risiko von Kostensteigerungen auf den Auftragnehmer abzuwälzen, etwa in dem Sinn, dass dieser für einen Pauschalfestpreis die Herbeiführung eines bestimmten Zertifikats schuldet.

In diesem Zusammenhang ist festzustellen:
Auch ein „grüner" Bauvertrag ist ein Bauvertrag.

Es gelten somit die allgemeinen gesetzlichen Regelungen sowie die für Bauverträge in Rechtsprechung und Lehre entwickelten Grundsätze.

A. Geschuldete Bauleistung

„Die auszuführende Leistung wird nach Art und Umfang durch den Vertrag bestimmt". Dies regelt § 1 Abs. 1 Nr. 1 VOB/B, und die Aussage hat für jeden Bauvertrag Gültigkeit. Auch die Rechtsprechung prüft im Fall von Streitigkeiten stets sehr genau, welche vertraglichen Regelungen die Parteien in Bezug auf die vom Auftragnehmer zu erbringenden, d. h. nach dem Vertrag geschuldeten, Leistungen – das sog. „Bausoll" – einerseits und den hierfür zu zahlenden Preis andererseits getroffen haben. Insoweit wird man mit Schlagworten wie „Schlüsselfertigkeit", „Übernahme des Vollständigkeitsrisikos der Leistungsbeschreibung", „Massenrisiko" oder „Pauschalfestpreis", „funktionale Leistungsbeschreibung" etc. konfrontiert, die gelegentlich für Verwirrung sorgen.

Daher sollen im Nachstehenden kurz die wesentlichen Grundsätze bezüglich „Leistung" und „Preis" beim Bauvertrag dargestellt werden. Hierauf aufbauend kann die eingangs gestellte Frage beantwortet werden.

B. Die Leistungsbeschreibung

Kernstück des Bauvertrags ist die Leistungsbeschreibung. Die Leistungsbeschreibung ist die Gesamtheit der vertraglich verbindlichen Unterlagen, in denen die vom Auftragnehmer zu erbringenden Leistungen (textlich und zeichnerisch) dargestellt sind.[150] Sie umfasst in der Regel die Baubeschrei-

---

150 Kleine-Möller, in: Kleine-Möller/Merl, Handbuch des privaten Baurechts, 4. Aufl. 2009, § 2 Rn. 146 ff.

B. Die Leistungsbeschreibung

bung und das Leistungsverzeichnis, darüber hinaus aber auch Pläne, sonstige Zeichnungen, Verweise auf andere Unterlagen und Dokumente, Hinweise auf einschlägige Normen etc.

Aus der Art der Beschreibung ergibt sich, welche Leistungen der Auftragnehmer zu dem vereinbarten Preis schuldet einschließlich Beantwortung der Frage, welche Risiken er insoweit übernommen hat, insbesondere ob er im Fall eines Pauschalpreisvertrags Leistungen, die nicht oder nicht vollständig beschrieben sind, erbringen muss, ohne hierfür eine gesonderte Vergütung verlangen zu können.

Diese Frage stellt sich insbesondere, wenn die Parteien auf der „Preis-Seite" als Vergütung einen Pauschalfestpreis vereinbart haben, sodass auf der „Leistungs-Seite" fraglich ist, welche Leistungen mit der vereinbarten Vergütung abgegolten sind.

1. Detaillierte Leistungsbeschreibung

Die vom Auftragnehmer geschuldete Bauaufgabe kann durch detaillierte Angaben in einem Leistungsverzeichnis, in die die Einzelheiten aufzeigenden Pläne etc. dargestellt sein.[151] Im Fall der detaillierten Leistungsbeschreibung entscheidet sich der Auftraggeber somit dafür, dem Auftragnehmer die zu erbringenden Leistungen entsprechend der gewählten Detaillierung vorzugeben. Dies hat den Vorteil, dass der Auftraggeber präzise festlegen kann, welche Leistungen (Art der Ausführung, Qualität) er zu dem vereinbarten Preis erhalten möchte. Der Nachteil dieser Vorgehensweise liegt darin, dass nicht beschriebene Leistungen grundsätzlich auch nicht zum Bausoll gehören, das Risiko von Lücken der Leistungsbeschreibung mithin den Auftraggeber trifft. Später geforderte oder notwendig werdende Zusatzarbeiten werden somit nicht vom Pauschalpreis erfasst.

2. Globale Leistungsbeschreibung

Statt eine detaillierte Beschreibung der Leistung zu wählen, kann sich der Auftraggeber entschließen, lediglich das gewünschte „Ergebnis" zu beschreiben („ein Stück Wasserhaltung" oder „Raumtemperatur bei −15 Grad Celsius Außentemperatur mindestens 22 Grad Celsius"). Diese Form der Leistungsbeschreibung zeichnet sich dadurch aus, dass die zu erbringende Leistung bzw. der werkvertragliche „Erfolg" durch globale Elemente,

---

151 Werner/Pastor, Der Bauprozess, 11. Aufl. 2005, Rn. 1189 ff.

meist in der Form einer funktionalen Leistungsbeschreibung und nicht
– jedenfalls überwiegend nicht – detailliert beschrieben ist.[152] In der Literatur wird in diesem Zusammenhang von einer „zieldefinierten Baudurchführung" gesprochen.[153]

Die globale bzw. funktionale Beschreibung der Leistungen hat für den Auftraggeber den Vorteil, dass der Auftragnehmer (zum vereinbarten Preis) alle Leistungen schuldet, die erforderlich sind, um die genannte Funktion herbeizuführen. Er trägt mithin das Risiko der Unrichtigkeit oder Unvollständigkeit der Leistungsbeschreibung und damit das Risiko, dass von ihm nicht kalkulierte Leistungen oder anders kalkulierte Mengen, die jedoch zur Herstellung einer vertragsgemäßen Leistung, d. h. zur Herstellung der vereinbarten Funktion erforderlich sind, erbracht werden müssen, ohne dass er einen Anspruch auf Anpassung der vereinbarten Vergütung hat. Umgekehrt erhält der Auftragnehmer im Fall der globalen bzw. funktionalen Beschreibung der Leistung einen großen Spielraum, auf welchem Weg und mit welchen Mitteln er dieses Ziel erreicht. Man spricht in diesen Fällen davon, dass das Leistungsbestimmungsrecht auf ihn übergeht, weil er mangels detaillierter Beschreibung auf der Leistungsseite notwendigerweise eigene Planungsleistungen erbringen muss[154] mit der Folge, dass der Auftraggeber nicht einwenden kann, er habe sich die Ausführung der Leistung anders vorgestellt, als sie vom Auftragnehmer erbracht wurde.

Hieraus folgt, dass ein Auftraggeber die Form der globalen bzw. funktionalen Beschreibung der vom Auftragnehmer zu erbringenden Leistung (nur) dort wählen wird, wo er wenig Wert darauf legt, wie das von ihm gewünschte Ziel erreicht wird. Klassischerweise sind dies Hilfsarbeiten wie die vorstehend erwähnte „Wasserhaltung" im Bereich der Baugrube oder die Stellung von Gerüsten. In anderen Bereichen wird es für den Auftraggeber dagegen von großer Wichtigkeit sein, seine Vorstellungen umzusetzen. So wird es in der Praxis – abgesehen von reinen Zweckbauten – z. B. nicht vorkommen, dass eine Fassade rein funktional beschrieben wird.

3. Mischformen

Regelmäßig enthält die Leistungsbeschreibung Mischformen der vorgenannten Arten, je nachdem, um welche Leistungsteile es sich handelt. So kann

---

152 Werner/Pastor, a. a. O.
153 Lange/Schiffers, in: Festschrift für Walter Jagenburg, 2002, S. 435 ff.
154 Vgl. hierzu im Einzelnen Kapellmann/Schiffers, Vergütung Nachträge und Behinderungsfolgen beim Bauvertrag, Band 2: Pauschalvertrag, Werner Verlag, 4. Auflage 2006, S. 132 ff..

man ein globales Element („schlüsselfertige Errichtung" oder „funktionstüchtige Herstellung") mit einer detaillierten Beschreibung bestimmter Leistungsteile kombinieren. Bei einem solchen Vertrag gehen die Detailregelungen der globalen (zieldefinierten) Regelung vor.[155] Insoweit kann gesagt werden, dass Leistungsbestimmungsklauseln wie „schlüsselfertige Leistungen" oder „fix und fertige Leistungen" allein nicht geeignet sind, bei detaillierter Leistungsbeschreibung den Abgeltungsumfang des vereinbarten Pauschalfestpreises zu erweitern. Soweit daher in detailliert beschriebenen Leistungsteilen Lücken vorhanden sind, kann der Auftragnehmer trotz Vereinbarung eines Pauschalfestpreises eine Anpassung der Vergütung verlangen, soweit die Leistungen erforderlich sind, um die vereinbarte Schlüsselfertigkeit herzustellen.

C. Green Building-Bauverträge

Übertragen auf einen Green Building-Bauvertrag ergibt sich aus dem vorstehend Gesagten Folgendes:

Grundsätzlich wäre es denkbar, dass der Auftraggeber eine global bzw. funktional gefasste Leistungsbeschreibung vorgibt, etwa des Inhalts, dass der Auftragnehmer alle Leistungen schuldet, die zur Erlangung eines bestimmten, definierten Zertifikats erforderlich sind. Indessen wurde vorstehend aufgezeigt, dass der Auftragnehmer in einem solchen Fall weitgehend selbst bestimmen kann, auf welche Weise er dieses Ziel erreicht. Macht der Auftraggeber insoweit Vorgaben, führt er eine Detaillierung in die Leistungsbeschreibung ein und übernimmt dadurch, je nach Grad der von ihm vorgenommenen Detaillierung, das Risiko, dass nicht beschriebene Leistungen auch nicht von dem Pauschalfestpreis umfasst sind.

Legt man weiterhin zugrunde, dass die Erlangung eines bestimmten Zertifikats, z. B. die DGNB-Zertifizierung, lediglich davon abhängt, dass über die Realisierung bestimmter Qualitäten (z. B. die technische Qualität) eine bestimmte Punktzahl erreicht wird, hätte der Auftragnehmer im Fall einer klassisch funktionalen Leistungsbeschreibung die Möglichkeit, selbst festzulegen, in welchen Bereichen er „punkten" möchte. Es leuchtet ohne Weiteres ein, dass ein solches Ergebnis schlichtweg undenkbar ist, weil dem Auftragnehmer dadurch jede Möglichkeit der Einflussnahme auf wesentli-

---

155 BGH Baurecht 1984, S. 395

che Faktoren seines Projekts genommen wird, und er es nicht mehr in der Hand hätte, die konkrete Bauausführung zu steuern und zu determinieren. Stattdessen wird bei einem Green Building das Planerteam in Verbindung mit dem Auditor sehr genau und detailliert festlegen, auf welche Weise, in welchen Bereichen und mit welchen Mitteln das Bauwerk so optimiert wird, dass die gewünschte Zertifizierung gelingt. Dementsprechend wird gerade bei einem Green Building das Bausoll regelmäßig mit einem hohen Detaillierungsgrad festgelegt werden und die Leistungsbeschreibung entsprechend gestaltet sein. Selbstverständlich ist es auch im Zusammenhang mit einem Green Building möglich, bestimmte Leistungsteile globaler oder pauschaler zu beschreiben, aber im Ergebnis wird es sich um eine Mischform mit zahlreichen detailliert beschriebenen Leistungsmerkmalen handeln. Dies mag für den Auftraggeber im Sinne der Kostensicherheit möglicherweise nicht gern gesehen werden, im Sinne der nötigen Einflussnahmemöglichkeit ist diese Form der Leistungsbeschreibung jedoch erforderlich.

Künftig könnte sich eine gewisse Änderung ergeben, wenn der in Kapitel VI genannte „Carbon Footprint", also die von einem Bauwerk ausgehende CO_2-Emission, an Bedeutung gewinnt. Auch hier wird man nicht zu einer rein funktionalen Leistungsbeschreibung kommen können, weil auch der CO_2-Ausstoß durch mehrere Faktoren bestimmt wird, und der Bauherr darauf Einfluss nehmen will und muss, wo die Schwergewichte gesetzt werden sollen. Jedoch handelt es sich bei dem Carbon Footprint um eine einzelne Messgröße, die insgesamt einfacher zu handhaben ist als die diversen Qualitätskriterien der verschiedenen Zertifizierungsstellen. Insoweit kann sich auch der Spielraum für global beschriebene Leistungsteile erhöhen.

Auch im Fall des Carbon Footprint bleibt jedoch selbstverständlich der jeweilige Einzelfall (das jeweilige Bauvorhaben) maßgeblich, insbesondere also der Wunsch des Auftraggebers bzw. die Notwendigkeit für den Auftraggeber, die Einzelheiten der Bauausführung im Detail vorzugeben und zu steuern.

Kapitel VIII
Zertifizierungswesen – Erweiterung der Leistungsbilder von Asset und Facility Manager

A. Die klassischen Leistungsbilder 124
B. Erweiterung der Leistungsbilder um Green Building-Themen 126
   1. Bestandsgebäude 126
   2. Zertifizierte (Neubau-)Gebäude 127
      a) Überwachung der Green Building-Anforderungen 127
      b) Erneuerung von Zertifikaten 128
      c) Betreuung des Zertifizierungswesens 128
      d) Vorausschauende Planung von Maßnahmen 128
      e) Green Building CAPEX 129
   3. Gestaltung der Vergütung 129
C. Zusammenfassende Übersicht 130

A. Die klassischen Leistungsbilder

Immobilieninvestoren aller Kategorien, insbesondere institutionelle Investoren, verfügen in der Regel nicht über die personellen Ressourcen zur Verwaltung der ihnen gehörenden Immobilien. Sie bedienen sich daher häufig der Unterstützung von spezialisierten externen Dienstleistern. Die von diesen für die Verwaltung von Immobilien (auch Immobilienmanagement genannt) angebotenen vielfältigen Dienstleistungen umfassen die Bereiche Asset Management, Property Management und Facility Management.[156]

Die Begriffe Asset Management, Property Management und Facility Management sind nicht gesetzlich normiert und werden daher in der Fachwelt nicht immer einheitlich verwendet. Sie lassen sich häufig auch nicht eindeutig voneinander abgrenzen, da es zwischen den unterschiedlichen Dienstleistungen zu Überschneidungen kommt oder Schnittstellen gibt. Allgemein lässt sich jedoch Folgendes festhalten:

- Das Asset Management von Immobilien umfasst vor allem die strategische Planung, Steuerung und Kontrolle sämtlicher rendite- und risikobeeinflussender Maßnahmen in der Nutzungsphase eines Immobilieninvestments.[157] Zu den klassischen Aufgaben eines Asset Managers gehören die Entwicklung einer Portfolio-Strategie, das Mietmanagement, die Kostenoptimierung, die Modernisierung und Sanierung der Immobilie sowie die Veranlassung und Kontrolle über Revitalisierungsmaßnahmen. Regelmäßig ist ein Asset Manager auch dafür verantwortlich, die strategischen Ziele des Investors auf der operativen Ebene umzusetzen. Ihm obliegen auch die Vergabe und Kontrolle der Management-Leistungen auf der operativen Ebene.
- Die Begriffe „Property Management" und „Facility Management" werden jeweils auch unterschiedlich verwendet. Es haben sich jedoch in der Praxis Leistungskataloge entwickelt, bei deren Vorliegen dann von dem einen oder anderen Vertragstyp gesprochen wird, wobei es auch hier im Einzelfall Überschneidungen gibt. Die Aufgaben eines Property Managers ähneln sehr den Aufgaben des „klassischen" Hausverwalters. Er ist für die kaufmännische und technische Hausverwaltung verantwortlich. Dazu gehören das Objektmanagement (einschließlich des Mietermanagements), das Berichtswesen, das Rechnungswesen und die Buchhaltung.

---

156 Die genannten Dienstleistungen werden natürlich auch für Investoren erbracht, die ihre Immobilen mit eigenem Personal verwalten (Eigenverwaltung), wie es z. B. bei Offenen Immobilienfonds üblich ist. Hier bedarf es dann aber eben keines Vertragsverhältnisses mit einem Dienstleister.

157 Wobei die Betonung – in Abgrenzung zum Property Manager – bei „strategisch" liegt!

A. Die klassischen Leistungsbilder

Zum Facility Management dürften im Wesentlichen das Betreiben und Instandhalten der technischen Anlagen einer Immobilie gehören.[158] In der Regel setzt sich das Facility Management aus dem technischen und dem infrastrukturellen Gebäudemanagement zusammen. Zu den typischen Einzelleistungen des technischen Gebäudemanagements gehören insbesondere die Wartung, Instandsetzung und Instandhaltung der technischen Anlagen eines Gebäudes, die Bewirtschaftung der Versorgungseinrichtungen (wie Heizung, Klima, Wasser und Strom) sowie die Aufnahme und Beseitigung von Gebäudemängeln. Das infrastrukturelle Gebäudemanagement umfasst typischerweise Hausmeister-, Gärtner-, Reinigungs- und Sicherheitsdienste sowie EDV- und Telekommunikationsdienste.

Grundlage für das Auftragsverhältnis zwischen den Investoren und den Dienstleistern ist jeweils ein Asset Management-, Property Management- oder Facility Management-Vertrag. Die vom Dienstleister geschuldeten vertragstypischen Leistungen sind in einem Leistungskatalog abgebildet. Diese Leistungskataloge der einzelnen Bereiche sind jedoch nicht statisch, sie unterliegen vielmehr einer Anpassung entsprechend den sich ändernden technischen und sonstigen Anforderungen an ein Gebäude, wie z. B. eben für eine Zertifizierung als Green Building. Zu den Vertragstypen, deren Inhalt von den Green Building-Anforderungen ebenfalls nicht unberührt bleibt, gehören daher auch die verschiedenen Formen der Management-Verträge. Eigentümer werden zur Werterhaltung ihrer Investition sicherstellen müssen, dass ihr Gebäude die Anforderungen für eine künftige Zertifizierung erfüllt oder – soweit bereits eine Zertifizierung erteilt wurde – deren Voraussetzungen erhalten bleiben. Die sog. Zertifizierungspflege ist daher dann eine weitere Aufgabe des Immobilienmanagers, die zusätzlich im vertraglichen Leistungskatalog beschrieben werden muss. Dies dient schließlich auch der Erfüllung weiterer Verpflichtungen des Grundstückseigentümers, die er gegenüber den Nutzern des Gebäudes (vor allem Mietern) als auch gegenüber der Zertifizierungsstelle übernommen hat. Dadurch wird auch dem Immobilienmanager die Möglichkeit eröffnet, auf neuen Geschäftsfeldern zusätzliche Verdienstmöglichkeiten zu schaffen.

---

158 Nach jüngst geäußerten Thesen wird der „Property Manager" zukünftig entbehrlich, weil sich die Aufgaben der Asset- und Facility Manager ständig erweitern.

B. Erweiterung der Leistungsbilder um Green Building-Themen

Die Leistungsbeschreibung ist das Herzstück eines jeden Management-Vertrags. Der vollständigen und präzisen Leistungsbeschreibung als Vertragsbestandteil kommt daher in jedem Asset Management-Vertrag eine überragende Bedeutung zu. Ist eine geschuldete Leistung entweder gar nicht oder nur teilweise enthalten, wird sich der Dienstleister in aller Regel darauf berufen können, sie nicht zu schulden. Er wird sie dann voraussichtlich nur gegen Zusage des Auftraggebers, eine zusätzliche Vergütung zu leisten, erbringen. Die konkrete Ausgestaltung der Leistungsverzeichnisse muss von Einzelfall zu Einzelfall geprüft und auf das spezifische Gebäude und seine Nutzung (und ggf. auch auf seine konkrete Zertifizierung) zugeschnitten werden. Maßnahmen der Zertifizierungspflege, mit denen ein Grundstückseigentümer also einen Dienstleister beauftragen will, müssen daher so konkret wie möglich beschrieben werden. Nachstehend wird nicht mehr zwischen den einzelnen Bereichen des Immobilienmanagements unterschieden, da die Grenzen, wie ausgeführt, ohnehin fließend sind und es auch denkbar ist, dass ein Asset Manager Leistungen ausführt, die typischerweise ein Facility Manager übernimmt.

Die Einbeziehung von Maßnahmen der Zertifizierungspflege, die ein Gebäudeeigentümer seinen Immobilienmanagern übertragen will, richtet sich zunächst danach, ob es sich um noch nicht zertifizierte Bestandsgebäude handelt, oder um bereits zertifizierte (Neubau-)Gebäude. Im Einzelnen:

1. Bestandsgebäude

Beabsichtigt ein Investor, sein noch unzertifiziertes Immobilienportfolio oder ein einzelnes Gebäude als Green Building, z.B. durch die DGNB zertifizieren zu lassen, muss die Leistungsbeschreibung des Asset Managers folgende Beratungsleistung enthalten:
- Erarbeiten einer Zieldefinition
  Die Zieldefinition muss klären, welche Ziele erreicht werden sollen (z.B. Senkung der Nebenkosten bzw. des Energieverbrauchs). Welche Zertifizierungsstelle (also BREEAM, LEED oder DGNB) soll angesprochen werden? Weiterhin muss geklärt werden, welcher Exzellenzgrad (also z.B. Gold, Silber, Bronze nach DGNB oder Platinum, Gold, Silver certified nach LEED) angestrebt werden soll. Hierbei müssen auch die relevanten Kriterien identifiziert werden.

B. Erweiterung der Leistungsbilder um Green Building-Themen

- Erstellung oder Begleitung der Planung auf Basis der Zieldefinition
- Beratung bei der Vergabe von etwaigen (Nachrüstungs-)Maßnahmen zur Vorbereitung der Zertifizierung
- Laufende Prüfung der von Dritten auf Grundlage der Planung gemäß Zieldefinition erbrachten Leistungen und Dokumente
- Koordination und Überwachung der für die Umsetzung der Leistung beauftragten Projektbeteiligten
- Identifizierung und Bewertung von Optimierungspotenzialen während der Umsetzung von Maßnahmen zur Herbeiführung der Zertifizierungsfähigkeit

Weiterhin kann der Immobilienmanager in Bezug auf die Auditierung beim Zertifizierungssystem selbst mit folgenden Leistungen zur Unterstützung des vom Investor ausgewählten Auditors beauftragt werden:

- Projektregistrierung beim ausgewählten Zertifizierungssystem
- Zusammenstellung, Bewertung und Einreichung der erforderlichen Dokumente beim ausgewählten Zertifizierungssystem
- Beratung und Begleitung während der Konformitätsprüfung durch das Zertifizierungssystem

2. Zertifizierte (Neubau-)Gebäude

a) Überwachung der Green Building-Anforderungen

Nach Erteilung eines Zertifikats für ein neu errichtetes Gebäude (gegebenenfalls auch für ein erstmals zertifiziertes Bestandsgebäude) ist die Tätigkeit des Immobilienmanagers noch nicht abgeschlossen, da die von den einzelnen Zertifizierungsstellen erteilten Zertifikate in der Regel widerruflich sind, wenn Umstände bekannt werden, wonach das Zertifikat nicht hätte erteilt werden dürfen. Deshalb muss der Gebäudeeigentümer den Immobilienmanager zu folgenden Leistungen verpflichten:

- laufende Kontrolle und Überwachung aller für die Erteilung des jeweiligen Zertifikats maßgeblichen Kriterien (Einhaltung der hierfür jeweils geltenden Green Building-Anforderungen der Zertifizierungsstelle), einschließlich Nutzerverhalten
- laufende Dokumentation der Kontroll- und Überwachungsleistungen
- Aufnahme von festgestellten Mängeln bzw. Abweichungen zu den relevanten Zertifizierungskriterien

- Planung und Veranlassung von Maßnahmen zur Beseitigung von festgestellten Mängeln und Abweichungen in Abstimmung mit dem Auftraggeber
- Überwachung und Dokumentation von Beseitigungsmaßnahmen.

b) Erneuerung von Zertifikaten

Soweit Zertifizierungsstellen wie BREEAM, LEED oder DGNB neue Zertifikate ausstellen bzw. die Kriterien für ein bereits bestehendes Zertifikat erhöhen, wird der Gebäudeeigentümer in aller Regel daran interessiert sein, das Zertifikat für seine Immobilie anhand dieser Anforderungen zu erneuern, um den Wert der Immobilie aufrechtzuerhalten. Der Immobilienmanager ist für diese Fälle im Management-Vertrag zur Durchführung der entsprechenden Leistungen zu verpflichten. Die Leistungen für eine Erneuerung von Zertifikaten entsprechen im Wesentlichen den Maßnahmen, die für eine komplette Neuzertifizierung erforderlich sind (vgl. Ziffer 1).

c) Betreuung des Zertifizierungswesens

Der Immobilienmanager wird zweckmäßigerweise das für das Gebäude oder gar das Portfolio anstehende Zertifizierungswesen als Bevollmächtigter des Eigentümers ganzheitlich betreuen und z. B. den Auftrag an Auditoren erteilen und den Zertifizierungsvertrag mit der Zertifizierungsstelle verhandeln.

d) Vorausschauende Planung von Maßnahmen

Im Rahmen des Immobilien-Managements hat der Manager sich über die weitere Entwicklung des Zertifizierungswesens laufend zu informieren. Darüber ist der Auftraggeber im Rahmen des Reportings auch zu informieren. Dabei sind weitere Zertifizierungsmaßnahmen zur Optimierung des Portfolios ebenfalls vorausschauend in die künftige Liquiditätsplanung des Gebäudeeigentümers einzubeziehen. Dazu muss der Immobilienmanager das Gebäude bzw. den Immobilienbestand des Auftraggebers regelmäßig untersuchen, um abzuschätzen, bei welchen Gebäuden es in absehbarer Zeit erforderlich wird, eine Zertifizierung zu erneuern bzw. einen höheren Exzellenzgrad zu beantragen. Sodann muss er planen, welche Maßnahmen hierfür konkret erforderlich sind. Das Gleiche gilt für noch anstehende Modernisierungs- und Sanierungsmaßnahmen. Diese müssen stets im Blickwinkel einer möglichen Zertifizierung bzw. ihrer Erneuerung geplant werden.

Die in der Planung als erforderlich identifizierten Maßnahmen müssen im Rahmen des Berichtswesens dem Auftraggeber vorgestellt werden. Die Planung ist damit auch Basis für die Bildung eines sog. Green Building CAPEX (vgl. unten).

e) Green Building CAPEX

„CAPEX" ist ein Begriff aus der Betriebswirtschaftslehre und die Abkürzung für die englische Bezeichnung „CAPital EXpenditure". Gemeint sind hiermit die Investitionsausgaben eines Unternehmens für längerfristige Anlagegüter, wie eben auch Immobilien. Derartige Ausgaben können in der Regel – anders als Operating Expenditures (laufende Kosten des Betriebs eines Anlagegutes) – nicht auf die Nutzer der Immobilie umgelegt werden. Daher empfiehlt sich als eine Reserve die Bildung eines Budgets zur Deckung künftig anfallender Kosten. Zu den Pflichten eines Asset Managers muss es daher auch gehören, dem Eigentümer anhand der von ihm geplanten Maßnahmen (vgl. oben unter d), unter Einbeziehung einer Position für Unvorhergesehenes, in regelmäßigen Abständen (z. B. im Rahmen des ohnehin geschuldeten Reportings) Vorschläge zur Höhe eines solchen Budgets zu machen. Dieses wird dann aus den monatlichen Einnahmen einer Immobilie, die nach Begleichung der operativen Kosten und Bedienung einer etwaigen Fremdfinanzierung verbleiben, auf Basis der Vorgaben des Immobilienmanagers gebildet. Obliegt dem Manager auch die kaufmännische Verwaltung, liegt auch die Bildung des Budgets in seinem Aufgabenbereich. Aus diesem Budget werden dann die Kosten für Maßnahmen im Zusammenhang mit Zertifizierungsmaßnahmen, die vom Gebäudeeigentümer zu einem späteren Zeitpunkt beschlossen werden, bestritten. Die Vorbereitung der Freigabe von Mitteln aus dem Budget ist ebenfalls Aufgabe des Managers.

3. Gestaltung der Vergütung

Die Vergütung eines Immobilienmanagers besteht häufig aus einem festen Einheits- oder Pauschalpreis. Die Leistungsverzeichnisse eines Management-Vertrags verpflichten den Manager jedoch häufig zur Erbringung von Leistungen, die keine ergebnisunabhängige Dienstleistung im Sinne von §§ 611 ff. BGB mehr darstellen, sondern eine werkvertragliche Leistung im Sinne von §§ 631 ff., bei der ein bestimmter Erfolg der Tätigkeit geschuldet wird. Ähnlich verhält es sich auch bei einigen Leistungen im Zusammenhang mit der Zertifizierungspflege. Bei der Vorbereitung der Zertifizierung kann der Immobilienmanager seinem Auftraggeber Entwicklungspotenziale, insbesondere im Hinblick auf die Optimierung von Nebenkosten eines Gebäudes oder in Bezug auf den Energieverbrauch aufzeigen. Wenn gewünscht, kann die Honorierung zwischen dem Auftraggeber und dem Manager leistungsbezogen gestaltet werden, d. h. es wird ein Honorar vereinbart, dessen Höhe sich nach dem Umfang der tatsächlich realisierten Kostenoptimierungspotenziale richtet. Hier müssen dann in der Klausel über die Vergütung konkrete Ausgangs- und Zielwerte festgelegt werden, damit es nach Abschluss der Maßnahme, gegebenenfalls sogar unabhängig von einer erfolgten Zertifizierung nicht zum Streit darüber kommt, ob das Honorar verdient worden ist. Es kann auch daran gedacht werden, die Vergütung bei Leistungen in Bezug auf Optimierungspotenziale in einen erfolgsunabhängigen Teil und einen erfolgsabhängigen, also variablen Teil, aufzuspalten.

C. Zusammenfassende Übersicht

Manager-Leistungen im Bereich der sog. Zertifizierungspflege
- Auswahl des Zertifizierungssystems und der Auszeichnungsstufe (einschließlich Benchmarking), eventuell Doppelzertifizierung (z. B. LEED wegen internationaler Vermarktung sowie DGNB wegen nationaler Martkführerschaft)
- Vertragsabschlüsse (Zertifizierungsvertrag, Auditorenvertrag)
- Projektregistrierung bei der Zertifizierungsstelle
- Überwachung der Einhaltung von Systemkriterien
- Erneuerung von „veralteten" bzw. abgelaufenen Zertifikaten
- Planung und Betreuung der zur Zertifikatserteilung bzw. Zertifikatserhaltung erforderlichen (Umbau-)Maßnahmen
- Planung bzw. Rückstellung von Finanzmitteln für die Durchführung erforderlicher Maßnahmen (sog. Green Building-CAPEX)

Kapitel IX
Versicherbarkeit der Auditoren- und Fachplanertätigkeiten

A. Haftungsrisiken bei der Tätigkeit von Auditoren und Fachplanern............ 132
   1. Versicherungen als Schutz der Planer, Auditoren und Bauherrn........... 132
   2. Rechtlicher Rahmen der Versicherung von Architekten und Ingenieuren.... 133
B. Versicherbarkeit der Auditoren und Fachplaner.......................... 134
   1. Auditoren 134
   2. Fachplaner... 135
C. Handlungsempfehlungen... 135
D. Ausblick 136

A. Haftungsrisiken bei der Tätigkeit von Auditoren und Fachplanern

1. Versicherungen als Schutz der Planer, Auditoren[159] und Bauherrn

Der Erfolg einer Zertifizierung hängt maßgeblich von der Leistung der vom Bauherrn involvierten Fachplaner und Auditoren ab. Deren Tätigkeit im Rahmen der Planung und Erstellung eines Bauvorhabens und deren zertifizierungsspezifische Vorgaben sind dabei teils typische Leistungen eines Architekten bzw. Ingenieurs, die dieser im Rahmen der Planung und Ausführung eines Bauvorhabens zu erbringen hat; sie gehen aber auch über das typische Leistungsbild eines Planers oder Architekten hinaus. So stellt die Zertifizierung als objektiver Nachweis für die Nachhaltigkeit des Bauwerks in ökologischer, ökonomischer, sozialer und kultureller Dimension hohe Anforderrungen an das fachspezifische Wissen der Beteiligten. Die unterschiedlichen Bewertungssysteme sowie die spezifischen Kriterien an die Green Buildings machen den Bereich des nachhaltigen Bauens hoch komplex. Damit steigen die Anforderungen an das Wissen und die Fähigkeiten der Auditoren und Fachplaner und damit in ebensolchem Maße das Risiko von Schadensersatzforderungen des Bauherrn, z. B. wenn das angestrebte Zertifikat nicht erreicht wird oder wenn zu dessen Erreichen über die ursprünglich von den Planern vorgesehenen baulichen Maßnahmen hinaus weitere kostenintensive Maßnahmen erforderlich sind, die in der ursprünglichen Kalkulation nicht vorgesehen waren.

Vor diesem Hintergrund ist das Interesse des Fachplaners oder des Auditors an einer lückenlosen Abdeckung der möglicherweise entstehenden Schäden bei den von den Planern und Auditoren im Rahmen der Erstellung eines Green Buildings und dessen Zertifizierung geschuldeten Tätigkeiten durch eine entsprechende Haftpflichtversicherung hoch, um vor möglicherweise existenzbedrohenden Ansprüchen geschützt zu sein.

Gleichermaßen besteht auch ein Interesse des Bauherrn an dem Bestand dieser Versicherung, denn Ansprüche gegen die beteiligten Planer und Auditoren sind letztendlich nur so viel wert, wie die finanziellen Möglichkeiten der in Anspruch genommenen Handelnden reichen. Insofern kann nur ein ausreichender Versicherungsschutz der Höhe und der Sache nach die möglichen Schäden des Bauherrn abdecken, damit dieser bei Mängeln

---

159 Sofern im Folgenden von einem „Auditor" die Rede ist, sind damit nicht nur der DGNB-Auditor, sondern auch der LEED-Accredited Professional, der BREEAM Licensed Assessor oder vergleichbare zugelassene Prüfer gemeint.

der Zertifizierung des Bauvorhabens nicht mit weigehend ungedeckten Ansprüchen ausfällt.

2. Rechtlicher Rahmen der Versicherung von Architekten und Ingenieuren

Grundlagen für die Haftpflichtversicherung von Architekten und Ingenieuren sind neben den Allgemeinen Versicherungsbedingungen für die Haftpflichtversicherung (AHB), die das rechtliche Grundgerüst aller Haftpflichtversicherungen darstellen und auch von den meisten Versicherungen angewendet werden, die Besonderen Bedingungen und Risikobeschreibungen für die Berufshaftpflichtversicherung von Architekten, Bauingenieuren und Beratenden Ingenieuren. Daneben, bzw. darüber stehen die gesetzlichen Regelungen des Versicherungsvertragsgesetzes (VVG). Durch die klaren Regelungen der AHB greifen die Regelungen des VVG jedoch letztlich nur, wenn es für einen relevanten Tatbestand keine Regelung in den AHB gibt. [160]

Insgesamt sind die Bestimmungen der Versicherungen alle unterschiedlich, es lässt sich jedoch als allgemeine Aussage zum Versicherungsschutz sagen, dass in jedem Fall solche Tätigkeiten von der Versicherung umfasst sind, die im Versicherungsvertrag ausdrücklich genannt sind. Dies ist jedoch bei den Tätigkeiten, die die Zertifizierung und Planung von Green Buildings betreffen, mitunter nicht der Fall. Insbesondere Policen, die schon lange Zeit bestehen, werden die Besonderheiten der noch neuen Tätigkeit nicht abbilden; viele Policen versichern zudem nur global „die Tätigkeit als Architekt" bzw. „als Ingenieur".[161] Daher besteht in den Fällen, in denen Tätigkeiten nicht ausdrücklich im Versicherungsschein genannt werden, nur dann ein Versicherungsschutz, wenn es sich um Tätigkeiten handelt, die **zum Berufsbild des Architekten bzw. Ingenieurs** gehören.[162]

Dazu gehören alle Leistungen und Tätigkeiten, die mit der Planung, Ausführung, Vergabe und Überwachung eines Objekts verbunden sind, welche im Regelfall durch die Grundleistungen des jeweiligen Leistungsbildes aus der HOAI beschrieben sind.[163] Hat der Architekt bzw. Ingenieur Leistungen

---

160 Vgl. die ausführlichen Darstellungen der rechtlichen Rahmenbedingungen z. B. in Kniffka/Koeble, Kompendium des Baurechts, 3. Aufl. 2008, Rn. 524 ff. oder Münchener Anwaltshandbuch Versicherungsrecht, 2. Aufl. 2008, § 20 Rn. 96 ff.
161 Vgl. Beckmann/Matusche-Beckmann, Versicherungsrechts-Handbuch, 2. Aufl. 2009, Rn. 203.
162 Beckmann/Matusche-Beckmann, a. a. O.
163 Kniffka/Koeble, a. a. O., Rn 549.

zu erbringen, die außerhalb der HOAI stehen, bedarf es im Regelfall des Abschlusses einer gesonderten Haftpflichtversicherung. Dieses Erfordernis gilt unabhängig davon, ob die Leistungen des Architekten oder Ingenieurs neben oder zusätzlich zu Grundleistungen aus einem der Leistungsbilder erbracht werden oder ob sie einzeln beauftragt wurden, wie z. B. die Tätigkeit als Sicherheits- und Gesundheitsschutzkoordinator (SiGeKo), die regelmäßig als untypisch nicht unter den Versicherungsschutz fällt.[164]

B. Versicherbarkeit der Auditoren und Fachplaner

Ist daher keine ausdrückliche Nennung in der Versicherungspolice gegeben, kommt es für die Frage, ob die Tätigkeiten des Auditors oder des Fachplaners im Rahmen der Planung und Zertifizierung eines Green Buildings versichert sind, mithin darauf an, ob diese Tätigkeiten als zum typischen Berufsbild gehörend eingeordnet werden können.

1. Auditoren

Der Auditor stellt die Verbindung zum jeweiligen Zertifizierer her. Seine Aufgabe ist es, den Bauherrn bzw. Antragsteller auf dem Weg zur Zertifizierung beratend zu begleiten und im Rahmen der Planung die Anregungen zu geben, deren Umsetzung eine Zertifizierung erlauben soll. Der Auditor ist zwar als Architekt oder Ingenieur tätig, bedarf für seine Tätigkeit als Auditor aber dennoch einer Zulassung durch den jeweiligen Zertifizierer, welche daran geknüpft ist, dass der Architekt bzw. Ingenieur eine Schulung von erheblichem Umfang durchläuft.[165]

Dass ein Auditor einer gesonderten Bestellung und Zulassung bedarf, zeigt, dass ein über die typischen Fähigkeiten eines Architekten oder Ingenieurs hinausgehendes umfassendes Fachwissen erforderlich ist. Ein Auditor benötigt z. B. ein tiefgehendes Know-how über die Berechnung von Lebenszykluskosten und der Ökobilanz von Gebäuden, aber auch über Aspekte wie Bauökologie und Facility Management. Ferner spricht die geringe Anzahl der zugelassenen Auditoren (beim DGBN sind es per Mai 2012 gerade einmal 421[166]) im Verhältnis zu der großen Anzahl der Archi-

---

164 Kniffka/Koeble, a. a. O., Rn 549.
165 Siehe z. B. zur Zulassung durch den DGNB: www.dgnb.de/_de/ausbildung.
166 Quelle: http://www.dgnb.de/_de/zertifizierung/weg/auditoren/index.php.

tekten dafür, dass die Tätigkeit in keiner Weise der Regelfall sein kann, sondern vielmehr eine Besonderheit. Es kann mithin nicht ohne Weiteres davon ausgegangen werden, dass eine Auditorentätigkeit „typisch" für das Berufsbild des Architekten bzw. Ingenieurs ist und daher automatisch in der Berufshaftpflichtversicherung als Bestandteil des Berufsbildes beinhaltet ist.

Da insbesondere noch keine veröffentlichten Urteile verfügbar sind, die die Frage zum Gegenstand haben, ob die Tätigkeit als Auditor dem typischen Berufsbild zuzurechnen ist, muss – allein aus Gründen der Vorsicht – in der Regel davon ausgegangen werden, dass eine Tätigkeit als Auditor zurzeit (noch) nicht vom Umfang einer Berufshaftpflichtversicherung umfasst ist und dass Schäden, die aus dieser Tätigkeit resultieren, nicht versichert sind.

2. Fachplaner

Im Gegensatz zur Tätigkeit als Auditor ist die Tätigkeit eines Fachplaners eher typisch für das Berufsbild des Architekten oder Ingenieurs. Der Fachplaner setzt in erster Linie die Vorgaben des Bauherrn und/oder des Auditors planerisch um und geht damit seiner eigentlichen Tätigkeit nach. Es spricht daher zunächst viel dafür, dass dessen Tätigkeit als zum typischen Berufsbild gehörend einzustufen ist. Zu bedenken ist jedoch, dass auch der Fachplaner spezielles Wissen benötigt, welches für die Planung von nicht zu zertifizierenden Gebäuden nicht erforderlich ist. So dürfte es zum Pflichtenkreis eines Fachplaners gehören, die jeweils geltenden Anforderungen für eine Zertifizierung zu kennen und auch Änderungen dieser Standards nachzuvollziehen und umzusetzen. Da also auch hier Leistungen und Kenntnisse gefragt sind, die abseits der üblichen Tätigkeiten einzuordnen sind, sind auch bei der Tätigkeit eines Fachplaners zumindest Zweifel angebracht, ob diese dem typischen Berufsbild entspricht und damit von der Berufshaftpflichtversicherung umfasst ist.

C. Handlungsempfehlungen

Vor dem Hintergrund der geschilderten Unsicherheiten empfiehlt es sich für Auditoren und Fachplaner bis auf Weiteres, sich zu vergewissern, ob und in welchem Umfang ihre Tätigkeit von ihrer jeweiligen Versicherung abgedeckt ist. Dabei empfiehlt es sich ferner, der Versicherung ein umfangreiches

Leistungsbild mitzuteilen und eine Bestätigung zu verlangen, dass diese Tätigkeit als zum Berufsbild gehörend in den Versicherungsschutz einbezogen ist. Kann eine solche Bestätigung nicht erlangt werden, sollte die Tätigkeitsbeschreibung durch Nachtrag zum Versicherungsschein (gegebenenfalls gegen Anpassung der Prämie) in den Versicherungsvertrag mit einbezogen werden. Ist dies nicht möglich, empfiehlt sich der Wechsel der Versicherung oder der Abschluss einer gesonderten zusätzlichen Versicherung bei einer anderen Gesellschaft,[167] denn die Ablehnung der Bestätigung oder der Ergänzung der Police zeigt, dass die Versicherung die Tätigkeit als nicht gedeckt ansehen dürfte.

Gleichermaßen ist es Bauherrn zu empfehlen, sich von den an der Erstellung und Zertifizierung eines Green Buildings beteiligten Fachplanern und Auditoren einen Nachweis vorlegen zu lassen, dass diese spezielle Tätigkeit versichert ist. Bestehen hieran Zweifel, sollte der Auditor bzw. Planer verpflichtet werden, eine Zusatzversicherung für das konkrete Vorhaben abzuschließen. Die hierfür zu erwartenden zusätzlichen Kosten dürften im Hinblick auf die ansonsten drohenden Nachteile zu vernachlässigen sein.

D. Ausblick

Mit zunehmender Verbreitung von Green Building-Zertifikaten im Markt wird auch der Anteil der Architekten und Ingenieure zunehmen, die sich die erforderlichen zusätzlichen Kenntnisse angeeignet haben und im Bereich der Zertifizierung von Green Buildings tätig werden. Insofern wird diese Tätigkeit zunehmend „typisch" werden. Ob und wann dies der Fall ist und ein Versicherungsschutz damit bejaht werden kann, wird allerdings auch von den Gerichten abhängen, die im Rahmen von Regressprozessen beurteilen müssen, ob eine typische – und damit versicherte – Tätigkeit vorliegt.

Zudem beginnt der Versicherungsmarkt, sich der Thematik anzunehmen und spezielle Produkte für Architekten und Ingenieure, die im Bereich der

---

167 Eine Umfrage der Architektenkammer Baden Württemberg aus dem Jahr 2011 hat ergeben, dass bereits einige Versicherungsgesellschaften die Auditorentätigkeit zum Berufsbild der Architekten bzw. Ingenieure zählen.

Planung und Zertifizierung von Green Buildings als Planer oder Auditor tätig sind, zu entwickeln.[168]

Insgesamt ist daher davon auszugehen, dass sich der Versicherungsmarkt des neuen Versicherungsbedarfs annehmen und bald Rechtssicherheit einkehren wird.

---

168 Z.B. die Versicherung VHV Allgemeine Versicherung AG, die einen speziellen Haftpflichtversicherungsschutz für Auditorentätigkeiten als Bestandteil der Architektenversicherung anbietet.

Kapitel X
Grüne Betreiberimmobilien im Verdrängungswettbewerb

A. „Grüne" Hotels 140
B. „Grüne" Gesundheitsimmobilien................................... 141
   1. „Grüne" Krankenhäuser („Green Hospitals") 141
   2. Vorteile im Verdrängungswettbewerb?............................. 142

A. „Grüne" Hotels

Ist eine nicht zertifizierte Immobilie erst einmal langfristig vermietet, spielt das Fehlen des Green Building-Zertifikats jedenfalls für die Dauer des Mietverhältnisses keine große Rolle. Erst bei der Nachvermietung muss sich die Immobilie wieder an den Marktstandards messen lassen. In der Hotelbranche ist das ganz anders. Der Hotelgast ist nicht durch langfristige Mietverträge gebunden und kann deshalb Tag für Tag entscheiden, ob er in einem „grünen" oder nicht zertifizierten Hotel übernachten möchte. Die umstrittene Frage ist also, ob ein Green Building-Zertifikat einem Hotel vor diesem Hintergrund Vorteile im Verdrängungswettbewerb bringt.

Eine Prognose, wonach zukünftig immer mehr Hotelgäste „grüne" Hotels bevorzugen, wenn diese mit nicht zertifizierten Hotels in gleicher Lage, gleicher Ausstattung und gleichem Preis konkurrieren, erscheint nicht unrealistisch. Jedenfalls hat ein Teil der Hotelbranche das Green Building-Zertifikat bereits als Marketinginstrument entdeckt. Dies gilt insbesondere bei neuen Hotelgebäuden, die bei rechtzeitiger Einbeziehung der Green Building-Anforderungen in die Bauplanung ohne wesentliche Mehrkosten mit einem Green Building-Zertifikat ausgestattet werden können.[169]

Als prominente Beispiele lassen sich anführen:
- Das neue Scandic Hotel Hamburg (Emporio Hochhaus) hat ein Vor-Zertifikat von der DGNB erhalten.
- Das Scandic Hotel am Potsdamer Platz in Berlin ist mit DGNB-Silber zertifiziert.
- Im Markt bekannt ist auch, dass das Hyatt Regency „Hafenspitze Düsseldorf" ein DGNB-Vor-Zertifikat anstrebt.
- Green Building-Zertifikate kommen aber nicht nur für gehobene Hotels und Luxushotels in Betracht. So ist das Etap Hotel Köln Messe im Rahmen eines Masterplan-Zertifikats, das die DGNB für standardisierte Gebäudetypen anbietet, zertifiziert.

Ein für Deutschland adaptiertes BREEAM-System „Hotels" wird fühestens Ende 2012 verfügbar sein. BREEAM hat natürlich grundsätzliche Bereitschaft signalisiert, schon jetzt Hotel-Pilotprojekte zu starten, bevor ein solches Systemprofil abschließend entwickelt ist.

Nach eigenen Angaben hat LEED weltweit 122 Hotels zertifiziert, davon allerdings nur 22 außerhalb der Vereinigten Staaten.

---

169 So die Aussagen von spezialisierten Planungsgesellschaften bei diversen Votragsveranstaltungen.

Wichtigste Schaltstelle für die Regelung von Green Building-Anforderungen (z. B. Ausstattungsvorgaben, Zertifizierungspflege etc.) sind die Hotel-Betreiberverträge. Dabei macht es keinen Unterschied, ob die Vorgaben in einem Hotel-Pachtvertrag oder in einem Hotel-Managementvertrag verankert werden. In beiden Fällen sollte gemeinsames Ziel der Vertragsparteien (Gebäudeeigentümer/Hotelbetreiber) sein, ein vermarktungsförderndes Green Building-Zertifikat zu erlangen und dauerhaft zu erhalten. Diese Erkenntnis erstreckt sich schließlich auch auf Mischformen von Betreiberverträgen, die sich zurzeit im Markt immer weiter verbreiten, also auch auf den Selbstbetrieb des Gebäudeeigentümers auf Franchise-Basis sowie auf Pachtverträge mit fixem und variablem Anteil („Hybrid-Verträge").

Anregungen für Green Building-Klauseln in Betreiberverträgen können den Kapiteln IV und VIII entnommen werden.

B. „Grüne" Gesundheitsimmobilien

In Fachzeitschriften ist neuerdings immer wieder von „grünen" Krankenhäusern und „grünen" Seniorenpflegeheimen die Rede. Insoweit handelt es sich um eine mit Green Building-Zertifikat ausgezeichnete Spezial-Betreiberimmobilie.[170] Abgesehen davon, dass die einzelnen Zertifizierungssysteme – soweit überhaupt bereits verfügbar – für Krankenhäuser und Seniorenpflegeheime spezielle Anforderungen enthalten (z. B. Barierrefreiheit etc.), sind hier keine rechtlichen Besonderheiten zu beachten.

Im Markt konnte beobachtet werden, dass Seniorenpflegeheime des Öfteren unter Zuhilfenahme von sog. KfW70-Mitteln finanziert werden. Hierzu sei auf das Kapitel III. C. („Green Building" in der Immobilienfinanzierung) verwiesen.

1. „Grüne" Krankenhäuser („Green Hospitals")

Krankenhäuser sind besonders energieintensive Betriebe.[171] Der Energieverbrauch liegt etwa doppelt bis drei Mal so hoch wie bei einem normalen Büro-

---

[170] Die DGNB hat für die Entwicklung eines Systemprofils ein Pilot-Krankenhausprojekt gestartet.
[171] "Grüne Klinik der Zukunft", www.medizin-edv.de/modules/AMS/article.php?storyid=2734, S. 2 .

gebäude.[172] Somit tragen Kliniken maßgeblich zum Gesamtenergieverbrauch in Deutschland bei. Die beabsichtigte Energiewende lässt sich also nur bewältigen, wenn nicht nur die neu errichteten Krankenhäuser, sondern vor allem auch die zahlreichen Bestands-Kliniken energetisch saniert werden. Der Nachholbedarf ist insoweit groß. Dieser Einsicht folgend hat sich schon vor Jahren eine „Green Hospital"-Initiative, die von führenden Marktteilnehmern gefördert wird, formiert. Sie verfolgt ein integratives Konzept, das Innovation, technologischen Fortschritt und den verantwortlichen Umgang mit natürlichen Ressourcen verbindet.[173]

„Green Hosipital" steht nicht nur für Bäume und Wiesen in Krankenhäusern, sondern für eine Management-Philosophie zur Sicherung des langfristigen medizinischen und wirtschaftlichen Erfolgs ohne weitere Verknappung unserer Lebensgrundlagen und ohne weitere Umweltbelastungen. Das „grüne" Krankenhaus zeichnet sich also insbesondere durch folgende Qualitäten aus:
- Geringerer Ressourcenverbrauch,
- weniger Abfallproduktion,
- gesteigerter Patientenkomfort und
- gesteigerte Mitarbeiterzufriedenheit.[174]

Hohe Auszeichnungsstufen bzw. Exzellenzgrade werden sich im Zweifel nur für neue Krankenhäuser erreichen lassen. So hat die Erfahrung gezeigt, dass z. B. LEED Platin-Status nur möglich ist, wenn bei einem Krankenhausprojekt alle „grünen" Maßnahmen von Beginn an detailliert berücksichtigt werden.[175] Die DGNB ist gerade dabei, ein Systemprofil für Krankenhäuser und Gesundheitsimmobilien zu entwickeln, in dem sich nahezu alle oben beschriebenen Ziele wiederfinden.

2. Vorteile im Verdrängungswettbewerb?

Gesundheitsimmobilien (z. B. Krankenhäuser und Seniorenpflegeheime) befinden sich jedenfalls in den Regionen, in denen der Bedarf gedeckt ist, im

---

172 "Grüne Krankenhäuser": „Ökologisch nachhaltige Konzepte sind nicht mit Energieeffizienz gleichzusetzen", www.gshcg.de/cn/news/45.html.
173 Siehe hierzu „Grüne Klinik der Zukunft", a. a. O. S. 1.
174 Ausführlich dazu: Debatin/Goyen/Kirstein, „Alles grün ... auch im Krankenhaus – Green Hosipital – Wege zur effektiven Nachhaltigkeit", S. 1 ff., Herausforderungen und Lösungsansätze anhand eines konkreten Beispiels beschreibend.
175 Grüne Krankenhäuser: „Ökologisch nachhaltige Konzepte sind nicht mit Energieeffizienz gleichzusetzen", .a. a. O. S. 2.

Verdrängungswettbewerb. Ähnlich wie bei den „grünen" Hotels ist nicht auszuschließen, dass „grüne" Krankenhäuser und „grüne" Seniorenpflegeheime bei der Auswahl bevorzugt werden, wenn die übrigen Qualitätsparameter wie Lage und Kosten etwa gleich sind. Auch dort spielen wohl Softfaktoren eine Rolle: Gibt es den Angehörigen ein besseres Gefühl, pflegebedürftige Familienmitglieder in einer „grünen" Einrichtung unterzubringen und damit jedenfalls auf dem Papier für ein besseres „Wohlgefühl" zu sorgen? Ähnliche Überlegungen wird derjenige anstellen, der die Auswahl zwischen mehreren (ähnlich gelegenen und ähnlich teuren) Kliniken hat.

Kapitel XI
Nachhaltigkeitsanforderungen bei der Vergabe öffentlicher Aufträge

A. Einbeziehung umweltbezogener Aspekte/Green Procurement 146
B. Ablauf eines Vergabeverfahrens. 147
C. Berücksichtigung von Nachhaltigkeitsaspekten im Rahmen des
  Vergabeverfahrens 148
   1. Leistungsbeschreibung und Vertragswerk 148
   2. Obligatorische Angaben zum Energieverbrauch 148
   3. Besondere Vorgaben für Bundesbehörden. 150
   4. Fakultative Berücksichtigung von Umweltaspekten
      in der Leistungsbeschreibung 150
   5. Sonstige umweltbezogene Anforderungen an die Auftragsausführung 151
   6. Eignungsprüfung. 152
   7. Angebotswertung. 153
D. Umwelteigenschaften als Zuschlagskriterium 153
E. Energieeffizienz als Zuschlagskriterium 154
F. Zusammenfassung, Praxistipps und Ausblick 155

A. Einbeziehung unweltbezogener Aspekte/Green Procurement

Bei der Realisierung von Bauvorhaben sind Gebietskörperschaften ebenso wie öffentlich beherrschte Unternehmen in privater Rechtsform an eine Vielzahl vergaberechtlicher Vorschriften gebunden. Das deutsche Vergaberecht, ursprünglich als spezieller Teil des Haushaltsrechts ausgestaltet[176], erfuhr im Zuge der Marktöffnung durch die EG-Richtlinien 2004/17/EG[177] und 2004/18/EG[178] eine Zweiteilung: Erreicht oder überschreitet ein öffentlicher Bauauftrag den unionsrechtlich vorgegebenen Schwellenwert in Höhe von derzeit 5 Mio. Euro[179], sind im Vergabeverfahren insbesondere das Gesetz gegen Wettbewerbsbeschränkungen (§§ 97 ff. GWB), die Vergabeverordnung (VgV) sowie die Vergabe- und Vertragsordnung für Bauleistungen (VOB/Teil A, Abschnitt 2) zu beachten. Die rechtlichen Vorgaben für die Vergabe öffentlicher Bauaufträge unterhalb dieser Wertgrenze sind dem Haushaltsrecht des jeweiligen Auftraggebers zu entnehmen.[180]

Die durch das europäische Recht vorgegebenen Ziele und Grundsätze des Vergaberechts hat der deutsche Gesetzgeber in § 97 GWB normiert. Sie umfassen neben dem Wettbewerbs- und dem Transparenzgrundsatz auch das Gleichbehandlungs- sowie das Wirtschaftlichkeitsgebot. Darüber hinaus wird seit geraumer Zeit die Berücksichtigung von Nachhaltigkeitsaspekten, insbesondere von Belangen des Umweltschutzes, bei der öffentlichen Auftragsvergabe auf nationaler wie auf europäischer Ebene diskutiert.[181] Auch der europäische Gesetzgeber hat sich dieser Thematik frühzeitig angenommen und die Einbeziehung ökologischer Aspekte in die Auftragsvergabe

---

176 Sog. „haushaltsrechtliche Lösung", vgl. Ziekow/Völlink, GWB, Einl., Rn. 1.
177 Richtlinie 2004/17/EG des Europäischen Parlaments und des Rates vom 31. März 2004 zur Koordinierung der Zuschlagserteilung durch Auftraggeber im Bereich der Wasser-, Energie- und Verkehrsversorgung sowie der Postdienste (Sektorenkoordinierungsrichtlinie – SKR).
178 Richtlinie 2004/17/EG des Europäischen Parlaments und des Rates vom 31. März 2004 über die Koordinierung der Verfahren zur Vergabe öffentlicher Bauaufträge, Lieferaufträge und Dienstleistungsaufträge (Vergabekoordinierungsrichtlinie – VKR).
179 Vgl. Verordnung (EU) Nr. 1251/2011 der Kommission vom 30. November 2011 zur Änderung der Richtlinien 2004/17/EG, 2004/18/EG und 2009/81/EG des Europäischen Parlaments und des Rates im Hinblick auf die Schwellenwerte für Auftragsvergabeverfahren; umgesetzt durch die Fünfte Verordnung zur Änderung der Verordnung über die Vergabe öffentlicher Aufträge vom 14. März 2012, in Kraft seit dem 22.03.2012 (BGBl. I 2012, 488).
180 Vgl. z.B. zur Ausschreibungspflicht bei öffentlichen Aufträgen § 55 BHO sowie § 55 der jeweiligen Landeshaushaltsordnungen.
181 Krohn, Kapitel 1, S. 11; Das Thema der Berücksichtigung ökologischer Aspekte wird meist unter dem Stichwort „vergabefremde Aspekte" behandelt, vgl. Wegener, NZBau 2010, S. 273, 274.

ausdrücklich in der VKR geregelt.[182] Über diese – in nationales Recht umgesetzten – Vorgaben hinaus existieren mittlerweile sowohl auf Bundes- als auch auf Landesebene zahlreiche Vorschriften, welche die Berücksichtigung umweltfreundlicher und energieeffizienzbezogener Kriterien im Vergabeverfahren vorsehen.[183] Im Laufe der letzten Jahre ist die Einbeziehung umweltbezogener Aspekte in die öffentliche Auftragsvergabe als „Green Procurement" nahezu populär geworden, nicht zuletzt deshalb, weil sie durch eine Vielzahl von Studien und Mitteilungen politisch gefördert worden ist.[184]

Ungeachtet der in diesem Zusammenhang noch nicht abschließend geklärten verfassungs- und vergaberechtlichen Fragestellungen, werden nachfolgend die verfahrensrechtlichen Pflichten und Möglichkeiten öffentlicher Auftraggeber aufgezeigt, umweltbezogene Aspekte bei der Vergabe von öffentlichen Bauaufträgen zu berücksichtigen. Aufgrund der gebotenen Kürze der Darstellung beziehen sich die nachfolgenden Ausführungen im Wesentlichen auf Auftragsvergaben, die den EU-Schwellenwert in Höhe von derzeit 5 Mio. Euro erreichen oder überschreiten.

B. Ablauf eines Vergabeverfahrens

Im Vorfeld der Vergabe eines Bauauftrags hat der öffentliche Auftraggeber zunächst – gegebenenfalls unter Hinzuziehung eines Architekten – das Gebäude zu planen und die zu erbringenden Bauleistungen zu definieren. Die Beschreibung der Bauleistung erfolgt in der sog. Leistungsbeschreibung, die neben dem Vertragswerk Bestandteil der Vergabeunterlagen wird.

Im Anschluss an die Veröffentlichung der Vergabebekanntmachung werden die Vergabeunterlagen an die (gegebenenfalls im Rahmen eines Teilnah-

---

182 Vgl. Art. 23, 26, 48, 50, 53 sowie die Erwägungsgründe Nr. 5, 29, 33, 44, 46.
183 Vgl. z. B.: Allgemeine Verwaltungsvorschrift des BMWi zur Beschaffung energieeffizienter Produkte und Dienstleistungen vom 17.01.2008 (BAnz. Nr. 12 vom 23.01.2008, S. 198); Beschaffungsanordnung Baden-Württemberg vom 17.12.2007, § 6 (GABl. 2008, S. 14); Umweltrichtlinien Öffentliches Auftragswesen Bayern vom 28.04.2009 (AllMBl. S. 163); Hamburgisches Landesvergabegesetz vom 13.02.2006, § 3b (GVBl. S. 57); Saarländisches Vergabe- und Tariftreuegesetz vom 15.09.2010, § 11 (ABl. S. 1378); Tariftreue- und Vergabegesetz Nordrhein-Westfalen vom 10.01.2012, §§ 1, 3 Abs. 4, 5, § 17 (GV. NRW 2012, S. 17).
184 Vgl. z. B. die vom Bundesumweltministerium in Auftrag gegebene McKinsey-Studie über die „Potenziale der öffentlichen Beschaffung für ökologische Industriepolitik und Klimaschutz" (2008); Mitteilung der Kommission „Umweltorientiertes Öffentliches Beschaffungswesen", KOM 400 (2008).

mewettbewerbs als geeignet identifizierten und vorausgewählten) Interessenten bzw. Bieter versendet. Nach Ablauf der Angebotsfrist werden die eingegangenen Angebote durch den Auftraggeber geprüft und anhand der zuvor bekanntgegebenen Zuschlagskriterien gewertet.

Nach der derzeitigen Rechtslage ist es dem Auftraggeber grundsätzlich möglich, Nachhaltigkeitsaspekte sowohl im Rahmen der Leistungsbeschreibung und des Vertragswerks als auch bei der Auswahl der Bieter zu berücksichtigen. Darüber hinaus darf bzw. muss der Auftraggeber umwelt- und energieeffizienzbezogene Kriterien in die Angebotswertung einfließen lassen.

C. Berücksichtigung von Nachhaltigkeitsaspekten im Rahmen des Vergabeverfahrens

1. Leistungsbeschreibung und Vertragswerk

Das Ziel des „nachhaltigen Bauens" lässt sich aus der Sicht des öffentlichen Auftraggebers am wirksamsten durch die Vorgabe konkreter Umwelteigenschaften in der Leistungsbeschreibung realisieren. Diese muss der Bieter seinem Angebot zugrunde legen, um nicht Gefahr zu laufen, vom Vergabeverfahren ausgeschlossen zu werden.[185] Der Auftraggeber ist bei der Bestimmung seines Beschaffungsbedarfs grundsätzlich frei und hat bei der Erstellung der Leistungsbeschreibung lediglich die Vorgaben in § 7 EG VOB/A zu beachten. Diese Freiheit bei der Definition des Beschaffungsbedarfs wird durch die seit August 2011 geltende Fassung des § 6 Abs. 2 bis 4 VgV sowie durch § 45 KrWG jedoch eingeschränkt. Diese Vorschriften verpflichten den Auftraggeber dazu, bestimmte umweltbezogene Aspekte zu berücksichtigen und in die Leistungsbeschreibung aufzunehmen.

2. Obligatorische Angaben zum Energieverbrauch

Nach § 6 Abs. 2 und 3 VgV soll der Auftraggeber bei der Lieferung von energieverbrauchsrelevanten Waren, technischen Geräten oder Ausrüstungen, die wesentlicher Bestandteil einer Bauleistung sind, in der Leistungsbeschreibung das höchste Leistungsniveau an Energieeffizienz und, soweit

---

[185] Vgl. insbesondere § 16 EG Abs. 1 Nr. 1 lit. b) i.V.m. § 13 EG Abs. 1 Nr. 5 VOB/A sowie Ziekow/Völlink, § 16 VOB/A, Rn. 18.

C. Berücksichtigung von Nachhaltigkeitsaspekten im Rahmen des Vergabeverfahrens

vorhanden, die höchste Energieeffizienzklasse im Sinne der Energieverbrauchskennzeichnungsverordnung (EnVKV) fordern.[186] Letztere erfasst jedoch bislang nur Energieeffizienzklassen von Haushaltsgeräten, sodass der Auftraggeber für die Mehrzahl aller energieverbrauchsrelevanten Waren und Ausrüstungen das „höchste Leistungsniveau an Energieeffizienz" in der Leistungsbeschreibung fordern muss. Voraussetzung ist aber stets, dass diese Waren, technischen Geräte und Ausrüstungen wesentlicher Bestandteil der Bauleistung, also des Bauwerks werden.[187] Erfasst werden daher z. B. Beleuchtungstechnik, Klimaanlagen und Fahrstühle, nicht hingegen Geräte und Ausrüstungen, die lediglich anlässlich der Ausführung des Bauauftrags benutzt werden, wie etwa Baufahrzeuge und -maschinen oder Werkzeuge.[188]

Um jedoch überhaupt Angaben zu den aktuellen Mindestanforderungen an die Energieeffizienz der in Betracht kommenden Waren und Ausrüstungen machen zu können, müsste der Auftraggeber eine umfassende Markterkundung zur Vorbereitung der Ausschreibung vornehmen.[189] Die Neufassung des § 6 Abs. 3 VgV erscheint vor diesem Hintergrund nicht besonders praxisfreundlich. Allerdings hat der Verordnungsgeber mit der Formulierung „sollen" einen gewissen Spielraum für solche Ausnahmefälle geschaffen, in denen die Forderung der höchsten Leistungsniveaus und Energieeffizienzklassen praktisch nicht möglich ist. In einem solchen Fall ist der öffentliche Auftraggeber gehalten, die höchstmöglichen Anforderungen zu stellen.[190]

Nach § 6 Abs. 4 VgV sind in der Leistungsbeschreibung von den Bietern konkrete Angaben zum Energieverbrauch der technischen Geräte und Ausrüstungen zu fordern, deren Lieferung Bestandteil einer Bauleistung ist. In geeigneten Fällen ist vom Bieter eine Analyse minimierter Lebenszyklus-

---

186 § 6 Abs. 2 VgV dient dabei der Umsetzung folgender Richtlinien: Richtlinie 2006/32/EG vom 5. April 2006 über Endenergieeffizienz und Energiedienstleistungen und zur Aufhebung der Richtlinie 93/76/EWG des Rates vom 5. April 2006 (ABl. L 114 vom 27.4.2006, S. 64); Richtlinie 2010/30/EU des Europäischen Parlaments und des Rates über die Angabe des Verbrauchs an Energie und anderen Ressourcen durch energieverbrauchsrelevante Produkte mittels einheitlicher Etiketten und Produktinformationen (ABl. L 153 vom 18.6.2010, S. 1).
187 Zeiss, NZBau 2011, S. 658, 659, der auf die Begrifflichkeiten der §§ 94, 95 BGB Bezug nimmt.
188 Zeiss, NZBau 2011, S. 658, 659, der auf die Begrifflichkeiten der §§ 94, 95 BGB Bezug nimmt.
189 Zeiss, NZBau 2012, S. 201, 203.
190 Verordnungsbegründung der Bundesregierung, BR-Drs. 345/11 vom 06.06.2011; vgl. das Beispiel bei Zeiss, NZBau 2011, S. 203: Einem Auftraggeber ist es aufgrund knapper Haushaltsmittel nicht möglich, Produkte mit dem „höchsten Leistungsniveau an Energieeffizienz" zu beschaffen. In diesem Fall ist nur ein Energieeffizienzniveau im oberen Mittelfeld als Mindeststandard festzuschreiben.

kosten oder eine vergleichbare Methode zur Gewährleistung der Wirtschaftlichkeit zu fordern. Diese Angaben sind wichtig für die Überprüfung und Ermittlung der Energieeffizienz (vgl. § 6 Abs. 5 VgV) und die spätere Wertung des jeweiligen Angebots durch den öffentlichen Auftraggeber (vgl. § 6 Abs. 6 VgV).

3. Besondere Vorgaben für Bundesbehörden

Bundesbehörden sind gehalten, im Vorfeld der Ausschreibung eines Bauvorhabens zu prüfen, ob Erzeugnisse eingesetzt werden können, die sich u. a. durch Langlebigkeit, Wiederverwendbarkeit oder Verwertbarkeit auszeichnen, im Vergleich zu anderen Erzeugnissen zu weniger oder schadstoffärmeren Abfällen führen oder aus Abfällen zur Verwertung hergestellt worden sind (vgl. § 45 KrWG). Nach Prüfung dieser Voraussetzungen muss die jeweilige Bundesbehörde, falls entsprechende Erzeugnisse für den jeweiligen Auftrag eingesetzt werden können, diese oder gleichwertige Produkte in die Leistungsbeschreibung aufnehmen.

4. Fakultative Berücksichtigung von Umweltaspekten in der Leistungsbeschreibung

§ 7 EG Abs. 7 VOB/A räumt dem Auftraggeber die Möglichkeit ein, Umwelteigenschaften in Form von Leistungs- oder Funktionsanforderungen vorzuschreiben und dabei Spezifikationen zu verwenden, die in europäischen, multinationalen oder anderen Umweltgütezeichen definiert sind. Diese Umweltzeichen müssen jedoch den Anforderungen in § 7 EG Abs. 4 Nr. 1 lit. a) bis d) VOB/A entsprechen. Die Umweltzeichen müssen insbesondere auf Grundlage wissenschaftlicher Informationen ausgearbeitet, in einem allgemein zugänglichen Verfahren erlassen worden sowie allen Betroffenen zugänglich und verfügbar sein.[191] Aus Gründen der Nichtdiskriminierung darf der Auftraggeber allerdings nicht das Tragen des Umweltzeichens für ein bestimmtes Produkt verlangen, sondern er ist gehalten, die jeweils hinter dem Zeichen stehenden technischen Anforderungen bzw. Eigenschaften in der Leistungsbeschreibung aufzuführen.[192] Ebenso ist es unzulässig, den Bietern vorzuschreiben, ein bestimmtes Umweltgütezeichen zu führen oder sämtliche Anforderungen eines bestimmten Umweltgütezeichens zu erfül-

---
191 Ingenstau/Korbion, § 7 VOB/A, Rn. 79.
192 Ziekow/Völlink, § 7 VOB/A, Rn. 35.

len. Der öffentliche Auftraggeber muss stets auch andere geeignete Beweismittel wie Prüfberichte anerkannter Stellen oder technische Unterlagen des Herstellers als Nachweis für die geforderten Umwelteigenschaften akzeptieren.[193]

Die existierenden zertifizierten Umweltzeichen, wie etwa „The European Ecolabel" oder der „Blaue Engel", beinhalten diverse Kriterien (multi-criteria ecolabels, Type I, ISO 14024) und werden an verschiedene Produktgruppen (z. B. Papier, technische Geräte, Baustoffe) verliehen.[194]

5. Sonstige umweltbezogene Anforderungen an die Auftragsausführung

Allgemeine Anforderungen an die Betriebsorganisation sowie ökologische Anforderungen an das Unternehmen des Bieters, wie etwa die Begrenzung der Gesamtemissionsmenge des Bieterbetriebs pro Jahr, sind grundsätzlich unzulässig. Für die Berücksichtigung ökologischer Aspekte in der speziellen Auftragsausführung, wie etwa die Berücksichtigung bestimmter Emissionsgrenzwerte, die von der einzurichtenden Baustelle nicht überschritten werden dürfen, gilt § 97 Abs. 4 Satz 2 GWB.[195]

Nach dieser Vorschrift hat der Auftraggeber die Möglichkeit, für die Auftragsausführung zusätzliche Anforderungen, die insbesondere umweltbezogene oder innovative Aspekte betreffen, an den Auftragnehmer zu stellen, wenn diese im sachlichen Zusammenhang mit dem Auftragsgegenstand stehen und sich aus der Leistungsbeschreibung ergeben. Für den sachlichen Zusammenhang zwischen dem Auftragsgegenstand und den zusätzlichen umweltbezogenen Anforderungen genügt grundsätzlich ein „weiter Sachzusammenhang".[196]

Bei diesen zusätzlichen Anforderungen handelt es sich rechtlich um Vertragsbedingungen.[197] Sie sind nach Maßgabe von § 97 Abs. 4 Satz 2 GWB in die Leistungsbeschreibung aufzunehmen und werden mit Zuschlagserteilung Vertragsbestandteil.

---

193 EU Handbuch für umweltorientierte Beschaffung 2005, KOM SEK (2004) 1050 vom 18.08.2004, Kapitel 3, Punkt 3.3.2.
194 http://ec.europa.eu/environment/gpp/pdf/toolkit/module1_factsheet_ecolabels.pdf.
195 Ziekow/Völlink, § 97 GWB, Rn. 146 f.
196 Heyne, ZUR 2011, S. 578, 581.
197 Interpretierende Mitteilung der Kommission über die Auslegung des gemeinschaftlichen Vergaberechts und die Möglichkeiten zur Berücksichtigung sozialer Belange bei der Vergabe öffentlicher Aufträge vom 15.10.2001, ABl. C 333/27 vom 28.11.2001, Nr. 1.6.

6. Eignungsprüfung

Öffentliche Aufträge werden an geeignete, d. h. fachkundige, leistungsfähige sowie gesetzestreue und zuverlässige Unternehmen vergeben.[198] Um die Eignung der Unternehmen für den zu vergebenden Bauauftrag sicherzustellen, legt der Auftraggeber in der Vergabebekanntmachung oder den Vergabeunterlagen Eignungskriterien fest, die von den am Auftrag interessierten Unternehmen zu erfüllen sind. Im Rahmen der Eignungsprüfung stellt der Auftraggeber anhand der eingereichten Unterlagen fest, ob die jeweiligen Unternehmen die an sie gestellten Anforderungen erfüllen.

Falls ein Auftrag spezifische Kenntnisse im Umweltbereich verlangt, kann der Auftraggeber etwa für den Nachweis der technischen Leistungsfähigkeit entsprechende Erfahrungen im Umweltbereich fordern.[199] Darüber hinaus darf der öffentliche Auftraggeber zum Nachweis der technischen Leistungsfähigkeit nach Maßgabe von § 6 EG Abs. 9 Nr. 1 VOB/A[200] verlangen, dass der Bieter Angaben zu etwa vorgesehenen Umweltmanagementverfahren macht, die er im Rahmen der Auftragsdurchführung gegebenenfalls anwenden will. Insoweit ist insbesondere die Vorlage von entsprechenden Umweltmanagementzertifikaten durch den Bieter zulässig. Die Teilnahme am europäischen Umwelt-Audit-System (EMAS) gilt dabei als Nachweis eines Umweltmanagementsystems, dessen Einforderung jedoch aufgrund des erheblichen Aufwandes in Verbindung mit der Zertifizierung und der restriktiven Formulierung in Art. 48 Abs. 2 lit. f VKR („in entsprechenden Fällen") nur bei umweltgefährdenden Aufträgen zulässig ist.[201] Eine gleichwertige Bescheinigung ist ebenso anzuerkennen, z. B. die weltweit anerkannte Zertifizierung des Umweltmanagement- und Qualitätssicherungssystems nach ISO 14001.[202]

---

198 § 97 Abs. 4 Satz 1 GWB; § 6 EG Abs. 3 Nr. 1 VOB/A.
199 Dageförde, NZBau 2002, S. 597, 599; z. B.: Möchte ein öffentlicher Auftraggeber sicherstellen, dass ein neues Gebäude einen hohen Umweltstandard erfüllt, erscheint es zweckmäßig, von den bietenden Architekten Nachweise für Erfahrungen in Bezug auf die Planung und den Entwurf von Gebäuden mit hoher Umweltqualität zu verlangen.
200 Art. 48 Abs. 2 lit. f, 50 VKR.
201 Heyne, ZUR 2011, S. 578, 580; ein Beispiel für solche spezifischen Umweltmanagementmaßnahmen wäre ein Auftrag bezüglich des Baus einer Brücke in einem Schutzgebiet, der die Einführung einer Reihe von spezifischen Managementmaßnahmen erfordern würde, deren Ziel der wirksame Schutz der Tier- und Pflanzenwelt in dem Gebiet während des Brückenbaus wäre; vgl. EU Handbuch für umweltorientierte Beschaffung 2005, KOM SEK (2004) 1050 vom 18.08.2004, Kapitel 4.
202 EuGH, Urt. v. 17.09.2002 – Rs. C-513/99, Concordia Bus Finland, Rn. 69; Ingenstau/Korbion, § 6a VOB/A, Rn. 40 ff.; vgl. auch die Homepage TÜV Rheinland: http://www.tuv.com/de/deutschland/gk/managementsysteme/umwelt_energie/iso_14001/iso14001.jsp.

7. Angebotswertung

Der Zuschlag für den Bauauftrag erfolgt nach § 97 Abs. 5 GWB i. V. m. § 16 EG Abs. 7 VOB/A auf das unter Berücksichtigung aller zuvor bekanntgemachten Zuschlagskriterien wirtschaftlichste, d. h. auf das das beste Preis-Leistungs-Verhältnis bietende Angebot.[203] Die Zuschlagskriterien selbst müssen nicht zwingend rein wirtschaftlicher Natur sein. Unter bestimmten Voraussetzungen dürfen auch umwelt- und energieeffizienzbezogene Zuschlagskriterien Eingang in die Angebotswertung finden.

D. Umwelteigenschaften als Zuschlagskriterium

§ 16 EG Abs. 7 VOB/A enthält eine beispielhafte, nicht abschließende Aufzählung von Zuschlagskriterien.[204] Die Vorschrift dient der Umsetzung von Art. 53 VKR und sieht die Möglichkeit zur Berücksichtigung von Umwelteigenschaften bei der Zuschlagsentscheidung ausdrücklich vor. Berücksichtigungsfähig sind jedoch nach wie vor nur auftragsbezogene Umweltaspekte, und auch nur dann, wenn diese mit einem wirtschaftlichen Vorteil für den öffentlichen Auftraggeber verbunden sind und bei ihrer Anwendung alle wesentlichen Grundsätze des Gemeinschaftsrechts, insbesondere das Diskriminierungsverbot, beachtet werden.[205] Umwelteigenschaften können demnach in die Angebotswertung einbezogen werden, wenn sie die Qualität des zu beschaffenden Produkts oder der Leistung beeinflussen. Selbst Zuschlagskriterien, die sich auf das Herstellungsverfahren des zu beschaffenden Produkts beziehen, wie etwa auf die Herkunft des zu beschaffenden Stroms aus erneuerbaren Energien, sind vom EuGH ausdrücklich für zulässig erklärt worden, soweit sie im Zusammenhang mit dem Auftragsgegenstand stehen.[206] Ebenso berücksichtigungsfähig sind Umwelteigenschaften, die sich positiv auf die sog. Lebenszykluskosten eines Produkts auswirken.[207]

Die Berücksichtigung der Lebenszykluskosten zur Ermittlung des wirtschaftlich günstigsten Angebots im Rahmen des Zuschlags wird zukünftig

---

203 Ingenstau/Korbion, § 16 VOB/A, Rn. 114.
204 Pünder/Schellenberg, § 16 VOB/A, Rn. 111.
205 Dageförde, NZBau 2002, S. 597, 599.
206 EuGH, Urt. v. 4.12.2003 – Rs. C-448/01, EVN AG et Wienstrom GmbH gegen Republik Österreich („Wienstrom"), Rn. 34, 40 bis 42.
207 Pünder/Schellenberg, § 97 GWB, Rn. 173.

auf der Grundlage des Lebenszyklus-Kostenansatzes nach Art. 66 Abs. 1, Art. 67 des Vorschlags der EU-Kommission für eine neue Richtlinie zur Modernisierung des öffentlichen Auftragswesens erfolgen können.[208] Dabei deckt die Lebenszykluskostenberechnung nach Art. 67 sowohl interne Kosten (u. a. Kosten des Erwerbs sowie Produktions-, Nutzungs-, Wartungs- und Entsorgungskosten) als auch externe Umweltkosten (Kosten der Emission von Treibhausgasen sowie sonstige Kosten für die Eindämmung des Klimawandels) ab. Die Kommission arbeitet derzeit an der verbindlichen Festlegung gemeinsamer Methoden zur Berechnung der Lebenszykluskosten. Bis dahin ist es den öffentlichen Auftraggebern gestattet, die Lebenszykluskosten anhand einer Methode zu berechnen, die auf Grundlage wissenschaftlicher Informationen erstellt, für eine kontinuierliche Anwendung konzipiert worden und allen interessierten Parteien zugänglich ist.

E. Energieeffizienz als Zuschlagskriterium

Wie bereits dargelegt, ist der öffentliche Auftraggeber grundsätzlich verpflichtet, in der Leistungsbeschreibung das höchste Leistungsniveau an Energieeffizienz bzw. die höchste Energieeffizienzklasse für ein Produkt, das wesentlicher Bestandteil einer Bauleistung ist, sowie konkrete Angaben zum Energieverbrauch zu fordern.

Nach § 6 Abs. 6 VgV ist die anhand der konkreten Bieterangaben oder der Ergebnisse einer Überprüfung durch den Auftraggeber zu ermittelnde Energieeffizienz der zu beschaffenden (Bau-)Leistung im Rahmen der Ermittlung des wirtschaftlichsten Angebots nach § 97 Abs. 5 GWB als Zuschlagskriterium „angemessen" zu berücksichtigen. Sollte in der Leistungsbeschreibung bereits das höchste Energieeffizienzniveau vorgegeben sein, bedarf es auf der Wertungsebene keiner besonders ausgeprägten Gewichtung des Kriteriums der Energieeffizienz mehr. Im umgekehrten Fall muss der Auftraggeber der Energieeffizienz im Rahmen der Wertung jedoch besonderes Gewicht beimessen.[209]

Die Sinnhaftigkeit der Berücksichtigung der Energieeffizienz als Zuschlagskriterium zusätzlich zu den bereits in der Leistungsbeschreibung gestellten (verbindlichen) Anforderungen an die Energieeffizienz erschließt sich auf den ersten Blick nicht ohne Weiteres. Jedoch ist zu beachten, dass

---

208 Mitteilung des Rates vom 02.10.2012, 14418/12, 2011/0438 (COD).
209 Zeiss, NZBau 2012, S. 201, 203 f.

selbst innerhalb einer Effizienzklasse erhebliche Unterschiede hinsichtlich des konkreten Energieverbrauchs der Produkte bestehen können.[210] Nichts anderes gilt für ein bestimmtes Leistungsniveau an Energieeffizienz, welches keine absoluten Kriterien festschreibt, sondern regelmäßig einen Bereich bzw. mehrere Stufen auf einer Skala bestimmter Werte umfasst. Demzufolge ermöglicht die zusätzliche Berücksichtigung der Energieeffizienz dem Auftraggeber auf der Wertungsebene eine noch differenziertere Gewichtung dieser Nachhaltigkeitsaspekte.

F. Zusammenfassung, Praxistipps und Ausblick

Die Berücksichtigung von Nachhaltigkeitsaspekten ist im Rahmen der aufgezeigten Möglichkeiten auf den verschiedenen Stufen des Vergabeverfahrens zur Realisierung eines „Green Building" möglich, teilweise sogar bindend. In der Praxis empfiehlt es sich für den Auftraggeber, spezifische Umweltanforderungen hinsichtlich der zu verbauenden Produkte, gegebenenfalls auch an die entsprechenden Herstellungsprozesse, zwingend im Rahmen der Leistungsbeschreibung festzuschreiben, um später ein Green Building-Zertifikat für das Gebäude zu erhalten. Um eine fachkundige Realisierung des Bauvorhabens auch unter Umwelt- und Energieeffizienzaspekten sicherzustellen, bietet sich die Anwendung entsprechender Eignungskriterien an. Von den Bewerbern bzw. Bietern sollten daher im Rahmen der Vergabebekanntmachung oder der Vergabeunterlagen geeignete Referenznachweise gefordert werden. Die Berücksichtigung von Umweltaspekten (neben dem Pflichtkriterium der Energieeffizienz) bei der Angebotswertung hat zwar den Vorteil, dass es hier zu einem Wettbewerb um eine umweltgerechte Lösung kommt. Dem steht jedoch die Befürchtung gegenüber, dass durch eine solche Erweiterung der Zuschlagskriterien Raum für die unzulässige Diskriminierungen von Bietern geschaffen wird und die Beschaffung insgesamt verteuert werden könnte.[211]

Ungeachtet dessen werden ökologische Aspekte bei der Vergabe öffentlicher Aufträge zukünftig weiter an Bedeutung gewinnen. Auf europäischer Ebene wird die Thematik des „Green Procurement" immer wieder aufgegriffen. Die EU-weite Förderung einer emissionsarmen, ressourcenschonenden und wettbewerbsfähigen Wirtschaft soll nicht zuletzt durch eine Novellie-

---

210 Vgl. Verordnungsbegründung der Bundesregierung, BR-Drs. 345/11 vom 06.06.2011.
211 Pünder/Schellenberg, § 97 GWB, Rn. 134 m. w. N.

rung der Richtlinien 2004/18/EG und 2004/17/EG erreicht werden. Mit ihrem bereits erwähnten Vorschlag zur Novellierung des öffentlichen Auftragswesens beabsichtigt die Kommission, die öffentliche Auftragsvergabe besser zur Unterstützung gemeinsamer gesellschaftlicher Ziele zu nutzen, gerade auch in den Bereichen Umweltschutz, Erhöhung der Ressourcen- und Energieeffizienz sowie Bekämpfung des Klimawandels. Mit der Verabschiedung der neuen Vergaberichtlinien ist bereits Ende 2012/Anfang 2013 zu rechnen.

Der Kommissionsvorschlag zeigt sehr deutlich, dass das Vergaberecht in Zukunft noch stärker der Durchsetzung ursprünglich „vergabefremder" Zwecke dienen wird. Wie die öffentlichen Auftraggeber in Deutschland gerade vor dem Hintergrund knapper Haushaltsmittel damit umgehen werden, bleibt abzuwarten.

Öffentliche Auftraggeber finden zur Beschaffung umweltfreundlicher Produkte und Leistungen ein umfassendes Informationsangebot auf den Internetseiten des Bundesministeriums für Wirtschaft und Technologie und des Umweltbundesamtes.[212]

---

212 http://www.bmwi.de/BMWi/Navigation/Energie/Energieeffizienz-und-Energieeinsparung/energieeffiziente-beschaffung.html; www.beschaffung-info.de.

Kapitel XII
Die steuerliche Abzugsfähigkeit von Kosten einer energetischen Modernisierung/Sanierung von Gebäuden

A. Allgemeine Grundsätze der steuerlichen Behandlung von Sanierungs- und
   Modernisierungsmaßnahmen an Immobilien 158
   1. Erhaltungsaufwand. 159
   2. Anschaffungs- und Herstellungskosten 159
   3. Anschaffungsnahe Herstellungskosten. 160
   4. Nichtbeanstandungsgrenze 160
B. Gesetz zur steuerlichen Förderung von energetischen Sanierungsmaßnahmen an
   Wohngebäuden 160
   1. Ziele des neuen Gesetzes 160
   2. Voraussetzungen für die Inanspruchnahme der steuerlichen Förderung. 161
   3. Anwendbarkeit auch für private Hauseigentümer 162
   4. Keine Anwendung für Gewerbeimmobilien 162
   5. Anwendungszeitraum des Gesetzes. 163
   6. Stand der Umsetzung des Gesetzes 163
   7. Ausblick und Bewertung. 163

Kosten für Modernisierungen und Sanierungen von Immobilien sind häufig nicht zu unterschätzen. Daher sollte sich jeder Eigentümer oder Immobilienmanager bei der Planung entsprechender Maßnahmen auch mit der steuerlichen Absetzbarkeit der jeweiligen Aufwendungen beschäftigen. In diesem Kapitel werden daher überblickartig die Grundlagen der steuerlichen Abzugsfähigkeit von Modernisierungs- und Sanierungsaufwendungen erläutert und zudem die derzeit geplanten gesetzlichen Maßnahmen für eine verbesserte steuerliche Berücksichtigung von Kosten einer energetischen Sanierung dargestellt.

A. Allgemeine Grundsätze der steuerlichen Behandlung von Sanierungs- und Modernisierungsmaßnahmen an Immobilien

Anschaffungs- und Herstellungskosten für Gebäude (nicht jedoch der dazugehörige Grund- und Boden) können grundsätzlich über die gewöhnliche Nutzungsdauer, d.h. über einen Zeitraum von bis zu 50 Jahren, steuerlich abgeschrieben werden. Die steuerlich anzusetzende gewöhnliche Nutzungsdauer ist gesetzlich grundsätzlich in § 7 EStG festgelegt und richtet sich u.a. nach der Nutzungsart sowie dem Jahr der Herstellung.

Da in Immobilien auch nach dem Erwerb zur Erhaltung des baulichen Zustandes laufend investiert werden muss, stellt sich jedem Eigentümer, Immobilienmanager und Vermieter immer wieder die Frage, wie die verschiedenen Aufwendungen für die Instandhaltung und/oder Erneuerung der unterschiedlichen Gebäudeteile (z.B. Heizungsanlage, Fenster, Fassade etc.) steuerlich zu behandeln sind. Die Kosten einer Modernisierung bzw. Sanierung können dabei steuerlich sowohl laufenden Erhaltungsaufwand als auch (nachträgliche) Herstellungskosten darstellen. Die Unterscheidung zwischen diesen beiden Gruppen ist allerdings schwierig und führt in der Praxis häufig zu Problemen. Während der (laufende) Erhaltungsaufwand regelmäßig sofort steuerlich abzugsfähig ist, sind Herstellungskosten nur über die (typisierte) Nutzungsdauer von bis zu 50 Jahren verteilt abschreibungsfähig.

A. Steuerliche Behandlung von Sanierung und Modernisierung

1. Erhaltungsaufwand

Erhaltungsaufwand liegt immer dann vor, wenn die Instandhaltungsmaßnahmen an bereits vorhandenen Einrichtungen und Anlagen erfolgen, welche die Wesensart eines Wirtschaftsguts nicht verändern, das Wirtschaftsgut in ordnungsgemäßem Zustand erhalten sollen und regelmäßig in ähnlicher Höhe wiederkehren. In Betracht kommen hierbei vor allem Schönheitsreparaturen oder Instandsetzungs- oder Modernisierungsaufwendungen bei Gebäuden und Gebäudeteilen, welche weder objektiv noch subjektiv funktions*un*tüchtig sind.

2. Anschaffungs- und Herstellungskosten

Über die eigentliche Herstellung (Neubau) hinaus, handelt es sich nach Auffassung des Bundesfinanzhofs und der Finanzverwaltung um nicht sofort abzugsfähige, sondern zu verteilende Herstellungskosten auch dann, wenn eine wesentliche Verbesserung gegenüber dem ursprünglichen Zustand vorliegt. Ein reiner Austausch einer alten Heizungsanlage durch eine zeitgemäße stellt dabei allerdings noch keine „wesentliche Verbesserung" in diesem Sinne dar. Vielmehr muss eine sog. Standarderhöhung vorliegen. Dies ist beispielsweise bei einer Sanierung der Fall, bei der eine maßgebliche Steigerung von einem sehr einfachen auf einen mittleren oder von einem mittleren auf einen sehr anspruchsvollen Standard erreicht wird. Beurteilungsmaßstab ist hierbei, dass nicht nur eine zeitgemäße Modernisierung vorliegt, sondern vielmehr eine deutliche Funktionserweiterung vorgenommen wird, durch die der Wohn- bzw. Nutzungskomfort des Gebäudes auch insgesamt deutlich gesteigert wird.

Eine wesentliche Verbesserung und damit Herstellungskosten sind somit erst dann gegeben, wenn die Maßnahmen zur Instandsetzung und Modernisierung eines Gebäudes in ihrer Gesamtheit über eine zeitgemäße, substanzerhaltende Erneuerung hinausgehen, also den Gebrauchswert des Gebäudes insgesamt deutlich erhöhen und damit für die Zukunft eine erweiterte Nutzungsmöglichkeit geschaffen wird. Als wesentlich sind in diesem Zusammenhang vor allem der Umfang und die Qualität der Heizungs-, Sanitär- und Elektroinstallationen sowie der Fenster (sog. zentrale Ausstattungsmerkmale) anzusehen. Führt ein Bündel von Baumaßnahmen bei mindestens drei Bereichen dieser zentralen Ausstattungsmerkmale zu einer Erhöhung und Erweiterung des Gebrauchswertes, liegen eine Standarderhöhung und somit Herstellungskosten vor. Die vorstehend beschriebenen Grundsätze hat die Finanzverwaltung in ihrem BMF-Schreiben vom 18. Juli 2003[213] zusammengefasst.

3. Anschaffungsnahe Herstellungskosten

Im Gegensatz zu den vorstehenden Ausführungen besteht für Fälle, in denen innerhalb eines 3-Jahres-Zeitraums nach Erwerb einer Immobilie Instandhaltungs- und Modernisierungsaufwendungen von insgesamt mehr als 15 % der Anschaffungskosten des Gebäudes angefallen sind, eine Besonderheit. Auch wenn insoweit (eigentlich) Erhaltungsaufwendungen vorliegen, werden diese wegen des zeitlichen Zusammenhangs mit dem Erwerb als Herstellungskosten behandelt. Diese sind dann entsprechend den Grundsätzen für Herstellungskosten wiederum über die Folgejahre zu verteilen, d. h. abzuschreiben. Ausgenommen hiervon sind nur Aufwendungen, die üblicherweise jährlich für Erhaltungsarbeiten anfallen.

4. Nichtbeanstandungsgrenze

Da die Abgrenzung zwischen (sofort abzugsfähigem) Erhaltungsaufwand und (abzuschreibenden) Herstellungskosten in vielen Fällen fließend und ein Nachweis darüber dementsprechend schwierig zu erbringen ist, werden von der Finanzverwaltung im Rahmen einer sog. „Nichtbeanstandungsgrenze" Ausgaben in Höhe von bis zu 4.000 Euro (ohne Umsatzsteuer) pro Gebäude auch ohne nähere Prüfung als Erhaltungsaufwand akzeptiert.

B. Gesetz zur steuerlichen Förderung von energetischen Sanierungsmaßnahmen an Wohngebäuden

1. Ziele des neuen Gesetzes

Für energetische Modernisierungen oder Sanierungen von Gebäuden gelten in steuerlicher Hinsicht bisher weder Sonderregelungen noch bestehen sonstige besondere steuerliche Vorteile. Um jedoch dem selbstgesteckten Ziel der Bundesregierung, Treibhausgasemissionen bis 2020 um 40 % zu reduzieren, gerecht zu werden, hat die deutsche Bundesregierung im Jahr

---

213 BMF, IV C 3-S 2211–94/03, BStBl. I 2003, S. 386.

B. Gesetz zur steuerlichen Förderung von energetischen Sanierungsmaßnahmen

2011 im Rahmen ihres Energiepakets einen Gesetzentwurf zur steuerlichen Förderung von energetischen Sanierungsmaßnahmen an Wohngebäuden vorgestellt. Damit sollen den Steuerpflichtigen finanzielle Anreize geboten werden, in ihre Gebäude zu investieren und diese klimafreundlicher zu gestalten. Dies ist vor dem Hintergrund zu sehen, dass insbesondere im Gebäudebereich erhebliche Potenziale für Energie- und CO2-Einsparungen gesehen werden. Laut dem Gesetzentwurf soll die Förderung dabei über eine Sonderabschreibung von Herstellungskosten für energetische Sanierungsmaßnahmen erfolgen.

2. Voraussetzungen für die Inanspruchnahme der steuerlichen Förderung

Derartige Maßnahmen dürften wegen ihres Umfangs und der an den Gebäuden erforderlichen Änderungen steuerlich häufig als (nachträgliche) Herstellungskosten zu qualifizieren sein, die nur über die Nutzungsdauer abgeschrieben und damit steuerlich abgesetzt werden können. Dies bedeutet also, dass derartige Investitionen nach aktueller Gesetzeslage für steuerliche Zwecke nur in kleinen Raten auf viele Jahre verteilt geltend gemacht werden können.

Der Gesetzentwurf der Bundesregierung sieht vor, dass Aufwendungen für energetische Modernisierungs- und Sanierungsmaßnahmen an Wohngebäuden steuerlich in erhöhtem Maße absetzbar sein sollen. Dies soll dadurch erfolgen, dass bei Wohngebäuden, die zur Einkünfteerzielung (insbesondere Vermietungstätigkeit) genutzt werden, die Aufwendungen für energetische Baumaßnahmen über einen (verkürzten) Zeitraum von zehn Jahren abgeschrieben werden dürfen. Ob die jeweiligen Sanierungs- und Modernisierungskosten von dieser Regelung begünstigt werden, soll sich aber insbesondere danach richten, ob und inwieweit der Energiebedarf des Gebäudes durch die energetischen Baumaßnahmen verringert wird. Die Kriterien für die Beurteilung des Energieergebnisses sollen sich dabei an den durch die KfW-Bankengruppe aufgestellten Bedingungen orientieren. Eine steuerliche Begünstigung ist demnach nur möglich, wenn die Kriterien für das sog. „KfW-Effizienzhaus 85" erfüllt werden. Vereinfacht gesprochen bedeutet dies, dass die jeweiligen Maßnahmen am Ende dazu führen müssen, dass der Energiebedarf des Gebäudes soweit verringert wird, dass er lediglich 85 % des Energiebedarfs eines üblichen Neubaus erreicht. Dies ist letztendlich durch entsprechende Bescheinigung eines Sachverständigen nachzuweisen.

Zu beachten ist aber, dass nach dem jetzigen Stand des Gesetzentwurfs nur Maßnahmen begünstigt sein sollen, die an Gebäuden durchgeführt werden, deren Herstellung vor 1995 begonnen hat. Nach dem jetzigen Entwurfsstand soll diese Begünstigung auch im Fall von „anschaffungsnahen Herstellungskosten" gelten. Ausgeschlossen ist eine Förderung der energetischen Maßnahmen allerdings dann, wenn bereits andere öffentliche Fördermittel, wie z. B. KfW-Kredite, in Anspruch genommen werden. Eine solche doppelte Begünstigung von Sanierungsmaßnahmen ist nicht vorgesehen.

3. Anwendbarkeit auch für private Hauseigentümer

Von dieser steuerlichen Begünstigung durch erhöhte, d. h. schnellere Abschreibung der Sanierungs- und Modernisierungsmaßnahmen sollen zukünftig nicht nur Vermieter und Immobilienmanager, die die Objekte zur Einkünfteerzielung nutzen, profitieren können. Auch Eigentümer, die das Gebäude selbst zu eigenen Wohnzwecken nutzen, sollen in den Genuss dieser Steuervorteile kommen. Diese Steuerpflichtigen sollen nach den Plänen der Bundesregierung die Aufwendungen für die energetische Sanierung und Modernisierung wie Sonderausgaben in gleicher Weise zu den oben genannten Voraussetzungen geltend machen können. Dies wäre insoweit vorteilhaft, als dass Maßnahmen am eigenen Gebäude bisher grundsätzlich nicht steuerlich abzugsfähig sind (ausgenommen Lohnkosten für bestimmte Handwerkerleistungen).

4. Keine Anwendung für Gewerbeimmobilien

Ausgenommen von der steuerlichen Begünstigung von energetischen Sanierungs- und Modernisierungsmaßnahmen sind nach dem momentanen Wortlaut des Gesetzentwurfs Gewerbeimmobilien, d. h. jede Art von Bürogebäuden, Werkshallen, Lagerräumen, Verkaufsflächen oder sonstige, nicht zu Wohnzwecken genutzte Immobilien. Unklar ist in diesem Zusammenhang allerdings, ob und wenn ja, inwiefern gemischt genutzte Immobilien (z. B. Immobilien, die teilweise zu Wohn- und teilweise zu Geschäftszwecken verwendet werden) steuerlich begünstigt werden können.

B. Gesetz zur steuerlichen Förderung von energetischen Sanierungsmaßnahmen

5. Anwendungszeitraum des Gesetzes

Die erhöhte Abschreibung bzw. der Sonderausgabenabzug soll nach dem bisherigen Gesetzentwurf auf Baumaßnahmen anzuwenden sein, mit denen nach dem 05.06.2011 begonnen wurde und die vor dem 01.01.2022 beendet sind. Als Beginn gilt bei Baumaßnahmen, für die eine Baugenehmigung erforderlich ist, der Zeitpunkt, in dem der Bauantrag gestellt worden ist. Für baugenehmigungsfreie Bauvorhaben, für die Bauunterlagen einzureichen sind, ist der Zeitpunkt maßgeblich, in dem die Bauunterlagen eingereicht wurden.

6. Stand der Umsetzung des Gesetzes

Derzeit ist noch nicht absehbar, ob und wenn ja, wann und in welcher Form der Gesetzentwurf überhaupt in geltendes Recht umgesetzt wird. Von dem gesamten Maßnahmenkatalog im Rahmen des Energiepakets der Bundesregierung ist dieser Gesetzentwurf der einzige, dem auch der Bundesrat zustimmen muss. Vorgesehen war ursprünglich, dass die steuerliche Förderung bereits zum Januar 2012 in Kraft tritt.

Während der Bundestag dem Gesetzentwurf bereits am 30.06.2011 zugestimmt hat, hat der Bundesrat diesen abgelehnt. Der Bundesrat befürchtet durch die Sonderabschreibungen einen jährlichen Steuerausfall in Höhe von 1,5 Mrd. Euro. Mehr als 50 % davon wären durch die Länder und Gemeinden zu tragen. Da die Länder nunmehr aber verpflichtet sind, bis 2020 ohne jegliche strukturelle Kreditaufnahme auszukommen, ist dieser Gesetzentwurf aus der Sicht des Bundesrates als Vertretung der Länder nicht finanzierbar und deswegen auch nicht realisierbar. Nur im Fall eines Ausgleichs der Einnahmeausfälle durch den Bund wäre eine Zustimmung denkbar.

7. Ausblick und Bewertung

Die Bundesregierung hat daraufhin den Vermittlungsausschuss angerufen. Bis Ende Juni 2012 tagte dieser hierzu bereits drei Mal ohne jedoch eine Einigung oder Annäherung in der Sache zu erzielen. Es bleibt daher abzuwarten, ob und wenn ja, in welchem Umfang eine besondere steuerliche Begünstigung für energetische Sanierungs- und Modernisierungsmaßnahmen eingeführt wird.

Kapitel XII Die steuerliche Abzugsfähigkeit von Kosten

Grundsätzlich ist der Gesetzentwurf der Bundesregierung zu begrüßen. Vor allem private Immobilieneigentümer könnten von dem geplanten Gesetz profitieren, da sie ansonsten keine Möglichkeiten haben, Aufwendungen für Sanierungs- und Modernisierungsmaßnahmen an ihren selbst genutzten Gebäuden steuerlich geltend zu machen. Schwierig könnte es hingegen für alle Steuerpflichtigen werden, die relativ hohen Anforderungen an die Einsparung des Energiebedarfs zu erfüllen – immerhin müssen die Umbaumaßnahmen den Energiebedarf auf maximal 85 % eines üblichen Neubaus absenken. Dass die steuerliche Förderung nicht für Gewerbeimmobilien gelten soll, überrascht ebenso. Hier wäre sicherlich ein ebenso großes Potenzial wie bei Wohngebäuden vorhanden, um die hochgesteckten Ziele der Bundesregierung bis 2020 im Rahmen des Energiepakets zu erreichen.

Die allgemeinen steuerlichen Grundsätze über die Absetzung von Aufwendungen für Baumaßnahmen an Immobilien bleiben von dem Gesetzentwurf unberührt, sodass im Fall des Scheiterns des Entwurfs entsprechende Aufwendungen auch weiterhin im Rahmen der dargestellten Regelungen steuerlich entweder sofort oder über die Nutzungsdauer verteilt berücksichtigt werden können. Immobilieneigentümer, die ihr Gebäude selbst bewohnen, würden hingegen wie bisher keine steuerlichen Abzugsmöglichkeiten besitzen.

Anhänge

A. Muster-Zertifizierungsvertrag DGBN 166
B. Muster-Vorzertifizierungsvertrag DGNB 179
C. Zertifikat BREEAM© DE Bestand 192
D. BREEAM© DE Bestand – Zulassungsurkunde Auditor 193
E. BREEAM© DE Gebührenstruktur, Zertifikate und
   Experten | Assessoren | Auditoren 194

Anhänge

A. Muster-Zertifizierungsvertrag DGNB[214]

Nutzungsprofil Neubau Büro- und Verwaltungsgebäude, Version 2009 (NBV09)

Vertrag Nr. ...

Projekt: ...

zwischen

DGNB GmbH
gesetzlich vertreten durch die Geschäftsführerin Dr. Christine Lemaitre
Kronprinzstraße 11
70173 Stuttgart

– nachfolgend **„DGNB GmbH"** genannt –

und

Name
gesetzlich vertreten durch *Name des gesetzl. Vertreters des Vertragspartners*
Strasse & Nummer
PLZ Ort
evt. Land

– nachfolgend **„Antragsteller"** genannt –;

die DGNB und der Antragsteller nachfolgend zusammen auch die **„Parteien"** genannt.

PRÄAMBEL

1. Der Antragsteller beabsichtigt, als Bauherr das in **Anlage 2** näher beschriebene Projekt zu realisieren. Baubeginn ist/war voraussichtlich der [Monat/Jahr]. Das Projekt soll voraussichtlich im [Monat/Jahr] fertig gestellt werden.
   [Alternativ, falls der Antragsteller nicht Bauherr sein sollte:
   Der Antragsteller plant/betreut das Projekt (nachfolgend **„Projekt"**), das die [Name und Anschrift des Bauherrn] gemäß der Beschreibung in **Anlage 2** realisieren möchte. Baubeginn ist/war voraussichtlich der

---

214 Abgedruckt mit freundlicher Erlaubnis der DGNB.

[Monat/Jahr]. Das Projekt soll voraussichtlich im [Monat/Jahr] fertig gestellt werden. Oder: Das Projekt sollte im ... fertig gestellt worden sein. Der Antragsteller wird der DGNB GmbH unverzüglich, jedoch spätestens vor Beginn der Tätigkeiten der DGNB schriftlich nachweisen, dass der Bauherr der Zertifizierung nach Maßgabe dieses Zertifizierungsvertrages zugestimmt hat. Hierzu ist das als **Anlage 4** beigefügte Zustimmungsformular zu verwenden.]

2. Die DGNB GmbH zertifiziert Projekte auf der Grundlage des von der Deutschen Gesellschaft für Nachhaltiges Bauen e.V. (nachfolgend „**DGNB e.V.**") für bestimmte Nutzungsprofile entwickelten DGNB Zertifizierungssystems. Dieses Zertifizierungssystem erlaubt es dem Antragsteller, sein Projekt nach bestimmten, transparenten Nachhaltigkeitskriterien bewerten zu lassen.

   Ergebnis dieser Bewertung ist ein Zertifikat, das aktuell von der DGNB GmbH in den Auszeichnungsstufen „Gold", „Silber" und „Bronze" verliehen wird. Das Zertifikat enthält keine Bestätigung, dass das Projekt tatsächlich im Einklang mit den vom Antragsteller zur Zertifizierung eingereichten Unterlagen realisiert worden ist und genutzt wird. Das Zertifikat ersetzt auch keine behördlichen Genehmigungen/Abnahmen. Es beruht vielmehr auf der Eigenerklärung des Antragstellers, dass das Projekt in Übereinstimmung mit den eingereichten Unterlagen errichtet worden ist und genutzt wird, was bei Bedarf mit Hilfe von vom Antragsteller Beauftragten mit ausreichender fachlicher Expertise sicherzustellen ist.

   Die Nachhaltigkeitskriterien werden von Zeit zu Zeit aktualisiert und neuesten Erkenntnissen angepasst.

3. Für die erfolgreiche Abwicklung des Zertifizierungsprozesses ist zwingend erforderlich, dass der Antragsteller einen von der DGNB GmbH (oder von dem DGNB e.V.) zugelassenen Auditor („**DGNB Auditor**") einschaltet. Dieser prüft vorab in eigener Verantwortung die Erteilbarkeit des angestrebten DGNB Zertifikats. Ob und in welchem Umfang der DGNB Auditor in weitergehendem Umfange auch planerische und/oder bauüberwachende Leistungen im Zusammenhang mit dem Projekt erbringt, bleibt alleinige Sache/Verantwortung des Antragstellers/Bauherrn sowie des DGNB Auditors.

4. Das DGNB Zertifikat evaluiert eine Vielzahl von unterschiedlichen Kriterien, die eine umfassende Bewertung der Nachhaltigkeit des Projektes ermöglichen („**Kriterien**"). Einzelheiten dieser Kriterien und die Bewertungsgrundlagen können auf der Website der DGNB (www.dgnb.de) eingesehen werden. Die DGNB GmbH übernimmt kei-

ne Haftung dafür, dass von Dritten über die Zertifizierungssysteme der DGNB GmbH veröffentlichte Publikationen aktuell, vollständig und im Übrigen akkurat sind.
5. Der Antragsteller möchte das Projekt von der DGNB GmbH zertifizieren lassen. Zu diesem Zweck schließen die Parteien den nachfolgenden Zertifizierungsvertrag, der unter anderem Rollenverteilung, Vergütung, Abläufe und Mitwirkungspflichten der Parteien regelt:

§ 1 Nutzungsprofil

1.1 Der Antragsteller strebt eine Zertifizierung nach dem DGNB Nutzungsprofil Neubau Büro- und Verwaltungsgebäude, Version 2009 (NBV09) (nachfolgend „**Nutzungsprofil NBV09**") in der Auszeichnungsstufe [...] an.
1.2 Eine Änderung dieses Nutzungsprofils ist nur einvernehmlich möglich.

§ 2 Ablauf des Zertifizierungsverfahrens

2.1 Das Zertifizierungsverfahren untergliedert sich in 6 Arbeitsschritte/ Aktionen, die nachfolgend in § 2.2 näher beschrieben sind.
2.2 Die Arbeitsschritte/Aktionen sind:
   2.2.1 Verbindliche Anmeldung des Projekts bei der DGNB GmbH über die DGNB Webseite und die dafür vorgesehene Eingabemaske.
   2.2.2 Beauftragung eines von der DGNB GmbH (oder des DGNB e.V.) zugelassenen Auditors (nachfolgend „**DGNB Auditor**") durch den Antragsteller.
   2.2.3 Anfertigung eines eigenständigen Projekt-Audits in der Verantwortung des vom Antragsteller beauftragten DGNB Auditors.
   2.2.4 Einreichung der vollständigen, für die Konformitätsprüfung erforderlichen Informationen/Unterlagen (insbesondere einschließlich der ausgefüllten Dokumentationsblätter (nachfolgend „**Projektdokumentation**") bei der DGNB GmbH durch den beauftragten DGNB Auditor; eine Liste der erforderlichen Dokumentationen ist in den entsprechenden Kriterien definiert.
   2.2.5 Prüfung des vom DGNB Auditor erstellten Projekt-Audits und der eingereichten Unterlagen durch die Konformitätsbewertungsstelle der DGNB GmbH (nachfolgend „**Konformitätsprüfung**").
   2.2.6 Sofern die Voraussetzungen erfüllt sind: Zertifizierung des Projekts durch die DGNB GmbH. Die Zertifizierung erfolgt letztlich

durch Aushändigung („**Verleihung**") einer Zertifizierungsurkunde durch die DGNB GmbH (nachfolgend „**DGNB Zertifikat**"). Zusätzlich wird eine entsprechende Plakette ausgehändigt.

2.3 Die Mitwirkungs- und sonstigen Verpflichtungen der Parteien im Einzelnen regeln die nachfolgenden Bestimmungen.

§ 3 Generelle Mitwirkungsverpflichtungen der Parteien

3.1 Die DGNB GmbH wird die Konformitätsprüfung auf der Grundlage der vom DGNB Auditor eingereichten Unterlagen durchführen, sobald die im nachfolgenden § 4 beschriebenen Teilnahmebedingungen erfüllt sind. Bei positivem Ergebnis der Konformitätsprüfung, die sich auf die Überprüfung der Übereinstimmung der eingereichten Unterlagen mit den Vorgaben des Zertifizierungssystems beschränkt, verleiht die DGNB GmbH dem Antragsteller das DGNB Zertifikat.

Der Antragsteller hat keinen Anspruch darauf, dass die DGNB GmbH etwaig verbleibende Beurteilungs- und Ermessensspielräume zwingend zu Gunsten des Antragstellers ausübt.

Der DGNB GmbH steht es darüber hinaus frei, die Verleihung eines Zertifikats zu widerrufen, wenn und soweit ihr Umstände bekannt werden, wonach das Zertifikat nicht oder nicht in der konkreten Weise hätte erteilt werden dürfen. Dies gilt insbesondere, falls sich nachträglich herausstellen sollte, dass das Projekt nicht im Einklang mit den zur Konformitätsprüfung eingereichten Unterlagen erstellt worden ist bzw. genutzt wird. Der Widerruf eines Zertifikats erfolgt durch schriftliche Mitteilung gegenüber dem Antragsteller; die DGNB GmbH behält sich ferner vor, über den Widerruf auch auf ihrer Webseite oder im Wege anderer Veröffentlichungen zu informieren. Dem Antragsteller werden mit Zugang des Widerrufs jedwede im Zusammenhang mit der Verleihung des Zertifikats übertragenen Rechte entzogen.

3.2 Der Antragsteller verpflichtet sich, die Leistungen der DGNB GmbH zu vergüten (vgl. nachfolgend § 8) und den Dokumentationsanforderungen (vgl. nachfolgend § 7) zu entsprechen.

§ 4 Bedingungen für die Teilnahme an der Konformitätsprüfung („Teilnahmebedingungen")

4.1 Die DGNB GmbH führt die Konformitätsprüfung durch, sobald der Antragsteller in geeigneter
Weise folgendes nachgewiesen hat:
    4.1.1 Verbindliche Anmeldung des Projekts gemäß § 2.2.1.

Anhänge

    4.1.2   Die Vergütung gemäß § 8 wurde der DGNB GmbH gezahlt.

    4.1.3   Das Projekt entspricht den Anforderungen des Nutzungsprofils (vgl. § 1.1).

    4.1.4   Die in § 2.2.4 beschriebenen Projektunterlagen sind vollständig bei der DGNB GmbH eingereicht worden und der Innenausbau des Projekts hat folgenden Ausbaustand erreicht:

          – Hauptnutzung: mindestens 80 %;

        oder

          – Hauptnutzung: mindestens 25 % und Vorlage von schriftlichen Mieterausbauverpflichtungen, die sicherstellen, dass der Ausbau qualitativ entsprechend der einzelnen Kriterien erfolgt.

4.2   Die DGNB GmbH kann in begründeten Ausnahmefällen auf die vollständige Einhaltung einzelner Teilnahmebedingungen vorübergehend verzichten, ohne dass dadurch Dritten Anspruch auf entsprechende Gleichbehandlung entsteht.

§ 5 Ablauf der Konformitätsprüfung

5.1   Die Konformitätsprüfung erfolgt grundsätzlich auf Grundlage der zum Zeitpunkt des Vertragsschlusses geltenden Version des DGNB Zertifizierungssystems.

5.2   Die DGNB GmbH wird die Konformitätsprüfung wie folgt durchführen:

    5.2.1   Sobald die Erfüllung der Teilnahmebedingungen nachgewiesen ist (vgl. § 4), führt die DGNB GmbH eine erste inhaltliche Prüfung (nachfolgend „**Erste Prüfung**") durch.

    5.2.2   Die DGNB GmbH hält die Ergebnisse dieser Ersten Prüfung in einem „**Vorläufigen Prüfbericht**" fest, der – ggf. mit Rückfragen und Anmerkungen versehen – an den DGNB Auditor verschickt wird, der diesen Vorläufigen Prüfbericht in seiner Eigenschaft als Bevollmächtigter des Antragstellers in Empfang nimmt.

    5.2.3   Der DGNB Auditor nimmt zum Vorläufigen Prüfbericht Stellung und reicht etwa erforderliche weitere bzw. nachgebesserte Unterlagen bei der DGNB GmbH ein.

    5.2.4   Die DGNB führt eine zweite inhaltliche Prüfung durch (nachfolgend „**Zweite Prüfung**").

    5.2.5   Die DGNB GmbH entwirft den **Abschließenden Prüfbericht** und verschickt diesen Entwurf an den Antragsteller und den

A. Muster-Zertifizierungsvertrag DGNB

DGNB Auditor. Der Antragssteller wird dabei aufgefordert, das Einverständnis mit dem Prüfbericht zu erklären.

5.2.6 Der Antragsteller erklärt schriftlich sein Einverständnis mit dem Prüfungsergebnis. Kommt kein Einverständnis zustande, kann der Antragsteller wählen, ob er gegebenenfalls ein dem Prüfungsergebnis entsprechendes Zertifikat erteilt haben, darauf verzichten oder eine **Dritte Prüfung** durchgeführt haben möchte. Das Wahlrecht ist auf schriftliche Aufforderung durch die DGNB GmbH innerhalb eines Monats ab Zugang der Aufforderung auszuüben; andernfalls verfällt es ersatzlos. Die Vergütungspflichten des Antragstellers gemäß § 8 bleiben hiervon unberührt.

5.2.7 Die DGNB GmbH verschickt das dem Prüfungsergebnis entsprechende DGNB Zertifikat an den Antragsteller. Die Parteien können ersatzweise einvernehmlich festlegen, dass die Übergabe (Verleihung) des DGNB Zertifikats bei einer geeigneten öffentlichen Veranstaltung (z. B. im Rahmen der Expo Real oder der Messe Consense) erfolgt.

Die DGNB GmbH ist berechtigt im Rahmen ihrer unterschiedlichen Kommunikationsmittel (Internetauftritt, Mitgliederschreiben, Pressemitteilungen etc.) auf die Zertifizierung des Antragstellers hinzuweisen, es sei denn, dass der Antragsteller diesem ausdrücklich schriftlich widerspricht.

5.3 Die DGNB GmbH behält sich nach billigem Ermessen vor, die Konformitätsprüfung bereits nach der Ersten Prüfung abzubrechen, wenn die Anforderungen des diesem Zertifizierungsvertrags zugrunde liegenden Nutzungsprofils bzw. die zugehörigen Dokumentationsanforderungen für das Projekt ersichtlich nicht erfüllt sind. In diesem Fall hat der Antragsteller lediglich eine Vergütung gemäß Ziffer 8.4 zu entrichten; eine bereits geleistete Überzahlung wird an den Antragsteller zurückerstattet.

Gleiches gilt, wenn das Projekt, zu dem die Unterlagen eingereicht worden sind, nicht dem gemäß Ziffer 1.1 vereinbarten Nutzungsprofil entspricht. Deshalb sollte der Antragsteller unter Zuhilfenahme des DGNB Auditors bereits vor der Projektanmeldung bzw. spätestens vor Einreichung der Projektunterlagen eigenverantwortlich die Kompatibilität von Nutzungsprofil und Projekt überprüfen.

5.4 Darlegung und Nachweis, dass das Projekt dem in Ziffer 1.1 vereinbarten Nutzungsprofil entspricht, obliegt dem Antragsteller.

§ 6 Besondere Pflichten der DGNB GmbH

6.1 Die DGNB GmbH wird folgende Leistungen erbringen:
- Entgegennahme/Registrierung der Anmeldung des Projekts bei der DGNB GmbH;
- Konformitätsprüfung gemäß § 5, wobei die DGNB GmbH jeweils maximal zwei geeignete Konformitätsprüfer einsetzt und maximal zwei Prüfungsdurchläufe schuldet, d. h. das Recht hat, die Zertifizierung vergütungspflichtig abzulehnen, falls auch die zweite Prüfung nicht mit dem gewünschten Prüfungsergebnis endet.

6.2 Die DGNB GmbH verleiht das projektbezogene DGNB Zertifikat, wenn die Konformitätsprüfung erfolgreich abgeschlossen ist.

6.3 Das Zertifikat wird ausschließlich zugunsten des Antragstellers oder des Bauherrn ausgestellt. Dritte, insbesondere Rechtsnachfolger im Eigentum, Nutzer und Finanzierungsinstitute sind nicht in den Schutzbereich des zwischen den Parteien bestehenden Zertifizierungsverhältnisses einbezogen.

Beratungsleistungen der DGNB GmbH im Zusammenhang mit objektspezifischer Ziel/Kriterienerreichung/Anwendung der Dokumentationsanforderungen sind nicht Bestandteil dieses Zertifizierungsvertrages. Sie sind vom Antragsteller zusätzlich zu beauftragen und der DGNB GmbH zusätzlich zu vergüten.

6.4 Abweichend von dem Recht der DGNB GmbH, das Zertifikat nach zwei erfolglosen Prüfungen vergütungspflichtig abzulehnen (vgl. Ziffer 6.1), kann der Antragsteller verlangen, dass das Projekt einer dritten Prüfung unterzogen wird. Diese Prüfung erstreckt sich grundsätzlich auf maximal 10 Kriterien, kann jedoch auch mehr Kriterien umfassen; sie muss vom Antragsteller gesondert beauftragt werden und ist nach den Vorgaben in Ziffer 8.2 zusätzlich zu vergüten.

6.5 Die DGNB GmbH ist berechtigt, die Rechte und Pflichten aus diesem Vertrag ganz oder teilweise auf den DGNB e.V., Tochtergesellschaften, Gemeinschafts- oder Beteiligungsunternehmen sowie sonstige geeignete Dritte zu übertragen. Die Übertragung ist dem Antragsteller schriftlich mitzuteilen. Der Antragsteller hat das Recht, den Zertifizierungsvertrag vor Verleihung des Zertifikats innerhalb von zwei Wochen nach Zugang der Übertragungsmitteilung durch schriftliche Erklärung gegenüber der DGNB GmbH zu kündigen. Anspruch auf Rückzahlung der Vergütung hat er in diesem Fall nicht.

6.6 Eine Übertragung von Ansprüchen des Antragstellers an Dritte bedarf der vorherigen schriftlichen Zustimmung der DGNB GmbH. Die Zustimmung darf nur aus wichtigem Grund verweigert werden. Als wichtiger Grund in diesem Sinne gilt, wenn die Abtretung an den Dritten die ordnungsgemäße Abwicklung der Zertifizierungsabläufe nicht nur unerheblich gefährdet.

6.7 Anträge werden von der DGNB GmbH bis zur Ankündigung der Zertifikatsverleihung vertraulich behandelt.

6.8 Etwas anderes gilt, wenn der Antragsteller ausdrücklich eine Veröffentlichung wünscht. Dies ist der DGNB GmbH schriftlich anzuzeigen.

§ 7 Besondere Pflichten des Antragstellers

7.1 Der Antragsteller stellt der DGNB GmbH die Informationen/Unterlagen gemäß **Anlage 1 und 4** *(streichen falls nicht vorhanden)* zur Verfügung. Die dazugehörigen Dokumentationsblätter sind der DGNB GmbH vollständig durch den DGNB Auditor ausgefüllt und unterschrieben sowie geordnet nach Kriterien in Papierform und in digitaler Form zu übersenden. Die DGNB GmbH kann diese Übersendungsanforderungen nach billigem Ermessen abändern. Der Antragsteller ist für die Vollständigkeit und Richtigkeit der Unterlagen/Informationen verantwortlich; insoweit agiert der DGNB Auditor als sein Erfüllungsgehilfe.

7.2 Unterlagen/Informationen, die in den **Anlagen 1 und 4** *ODER:* der **Anlage 1** nicht aufgelistet sind, jedoch für die Überprüfung durch die DGNB GmbH zusätzlich erforderlich sind oder werden sollten, sind auf Aufforderung ebenfalls in strukturierter und nachvollziehbarer Form einzureichen.

7.3 Dem Antragsteller ist bekannt, dass Projektinformationen, die der DGNB GmbH vor Abschluss dieses Zertifizierungsvertrages bekannt gemacht worden sind, z. B. im Rahmen einer vorzeitigen Projektanmeldung oder im Rahmen von projektspezifischen Anfragen durch den DGNB Auditor, in die Projektbewertung einbezogen werden und damit Einfluss auf die Zertifizierung haben können.

7.4 Der Antragsteller garantiert die Richtigkeit und Vollständigkeit aller relevanten, gegenüber der DGNB GmbH gemachten Angaben und eingereichten Unterlagen. Er ist insoweit auch für die Tätigkeiten seines DGNB Auditors verantwortlich.

7.5 Änderungen der Bruttogeschossfläche (BGF), des Bauherrn, der Mitgliedschaft im DGNB e.V. oder sonstige Angaben nach den **Anlagen 1 und 4** *ODER:* der **Anlage 1** sind der DGNB GmbH innerhalb von 14 Tagen nach Eintritt der Änderung schriftlich anzuzeigen. Im Falle falscher oder unvollständiger bewertungsrelevanter Angaben/Unterlagen kann das DGNB Zertifikat nachträglich widerrufen werden (vgl.

Anhänge

Ziffer 3.1 Absatz 3). Eine Rückerstattung gezahlter Vergütungen erfolgt in diesem Falle nicht.

7.6 Der Antragsteller trägt die alleinige Verantwortung für die Einhaltung der für das Zertifikat zugesicherten Planungs- und Umsetzungsziele (vgl. Ziffer 1.2). Entsprechende Nachweisführungen sind vom Antragsteller (evtl. unter Zuhilfenahme seines DGNB Auditors und/oder weiterer Beauftragter) zu erledigen.

7.7 Die für das Nutzungsprofil NBV09 bisher aufgetretenen Fragestellungen sind in einer sog. FAQ-Liste festgehalten, die diesem Zertifizierungsvertrag als **Anlage 3** beigefügt ist. Die **Anlage 3** enthält insbesondere Hinweise, wie etwa klärungsbedürftig erscheinende Anforderungen von der DGNB GmbH im Zertifizierungsverfahren gehandhabt werden.

Es ist nicht auszuschließen, dass Systemvorgaben nach Abschluss dieses Zertifizierungsvertrages von der DGNB GmbH nach billigem Ermessen fortgeschrieben werden, um den neuesten Stand der Technik bzw. neuere Erkenntnisse widerzuspiegeln. Der Antragsteller verpflichtet sich deshalb, sich ständig und frühzeitig über solche Fortschreibungen zu informieren. Der Antragsteller wird ferner die Systemvorgaben unverzüglich nach Unterzeichnung dieses Zertifizierungsvertrages daraufhin überprüfen, ob sie für sein Projekt Unstimmigkeiten/Unklarheiten enthalten, und insoweit die DGNB GmbH frühzeitig auf etwaigen Klärungs- und Abstimmungsbedarf hinweisen.

§ 8 Vergütung der Zertifizierungsleistungen

8.1 Als Vergütung der Zertifizierungsleistungen nach diesem Zertifizierungsvertrag erhält die DGNB GmbH vom Antragsteller einen Betrag in Höhe von EUR [...] zzgl. Umsatzsteuer in gesetzlicher Höhe. Details zur Berechnung können auf der Internetseite der DGNB (www.dgnb.de) eingesehen werden.

Ein etwaiger Mitgliederrabatt wurde bereits einbezogen.

8.2 Für eine etwaige dritte Prüfung gemäß Ziffer 6.4 erhält die DGNB GmbH vom Antragsteller eine zusätzliche Vergütung, die sich wie folgt berechnet:

Erstreckt sich die dritte Prüfung auf maximal 10 Kriterien, beträgt die zusätzliche Vergütung pauschal EUR 2.000,00 zzgl. Umsatzsteuer in gesetzlicher Höhe. Für jedes darüber hinausgehende weitere Kriterium der dritten Prüfung erhält die DGNB GmbH über die EUR 2.000,00 hinaus vom Antragsteller jeweils weitere EUR 500,00 zzgl. Umsatzsteuer in gesetzlicher Höhe.

8.3 Stellt sich nachträglich heraus, dass Berechnungsgrundlagen vom Antragsteller oder dessen DGNB Auditor versehentlich unrichtig oder unvollständig mitgeteilt worden waren (z. b. zu hoch oder zu niedrige BGF-Angaben), und dies Auswirkungen auf die Zertifizierungsvergütung hat, so kann die von der Unrichtigkeit bzw. Unvollständigkeit benachteiligte Partei nachträgliche Anpassung der Vergütung (Rückerstattung bzw. Nachzahlung) verlangen, jedoch nur nach folgender Maßgabe:
Der Antragsteller kann die Anpassung nur gegen eine Bearbeitungsgebühr in Höhe von EUR 100,00 zzgl. Umsatzsteuer in gesetzlicher Höhe verlangen. Die DGNB GmbH ist berechtigt, eine Bearbeitungsgebühr von dem rückzuerstattenden Betrag abzuziehen und einzubehalten. Die DGNB GmbH kann eine Anpassung nur verlangen, wenn die Differenz EUR 200,00 netto übersteigt.

8.4 Bricht die DGNB GmbH die Konformitätsprüfung bereits nach der Ersten Prüfung gemäß Ziffer 5.2 ab, so reduziert sich der Vergütungsbetrag iSv. Ziffer 8.1 auf 40 % des Nettobetrages zzgl. Umsatzsteuer in gesetzlicher Höhe.

8.5 Der Vergütungsbetrag gemäß Ziffer 8.1 ist auch dann zu zahlen bzw. wird nicht zurückerstattet, wenn die Erteilung des Zertifikats von der DGNB GmbH vertragsgemäß abgelehnt wird oder das DGNB Zertifikat nachträglich gemäß Ziffer 3.1 Absatz 3 widerrufen wird.

8.6 Die DGNB GmbH stellt die Vergütung in Rechnung. Sie wird innerhalb von 2 Monaten ab Rechnungsstellung, spätestens jedoch 2 Wochen vor Beginn der Konformitätsprüfung fällig und zahlbar. Die Zahlung hat auf das Konto der DGNB GmbH Nr. 110352200 bei der Deutschen Bank, BLZ 60070070 zu erfolgen. Für den Zahlungseingang ist der Tag der Gutschrift auf dem Konto maßgeblich.

§ 9 Vorzeitige Vertragsbeendigung

9.1 Eine vorzeitige Kündigung dieses Zertifizierungsvertrages ist ausgeschlossen. Insbesondere findet § 649 BGB keine Anwendung. Das Recht einer Partei, diesen Zertifizierungsvertrag nach den gesetzlichen Vorschriften aus wichtigem Grund fristlos zu kündigen, bleibt unberührt.
Der Antragsteller darf jedoch den Zertifizierungsvertrag bis zu dem Beginn der Konformitätsprüfung durch schriftliche Erklärung gegenüber der DGNB GmbH stornieren. In diesem Fall zahlt er der DGNB GmbH

Anhänge

eine pauschale Aufwandsentschädigung in Höhe von EUR 180,00 zzgl. Umsatzsteuer in gesetzlicher Höhe.

9.2 Hiervon unberührt bleibt das Recht der DGNB GmbH gemäß Ziffer 5.2, die Konformitätsprüfung bereits nach der Ersten Prüfung abzubrechen.

§ 10 Haftung der DGNB GmbH

10.1 Im Falle leichter und einfacher Fahrlässigkeit ist bei der Verletzung wesentlicher Vertragspflichten die Haftung der DGNB GmbH auf den vertragstypischen, vernünftigerweise vorhersehbaren Schaden begrenzt. Im Übrigen haftet die DGNB GmbH mit für vorsätzlich oder grob fahrlässig herbeigeführte Schäden ihrer Erfüllungsgehilfen (z. B. Konformitätsprüfer), Organe oder gesetzlichen Vertreter.

10.2 Die DGNB GmbH haftet nicht für die vom Antragsteller beauftragten DGNB Auditoren. Die DGNB Auditoren sind auch nicht als Erfüllungsgehilfen und auf sonstige Weise der DGNB GmbH zuzurechnen. Die DGNB GmbH wird jedoch dem Antragsteller Mitteilung machen, falls die (ausreichende) Zulassung des DGNB Auditors vor Abschluss des Zertifizierungsprozesses wegfallen sollte.

Die DGNB GmbH haftet auch nicht für die Übereinstimmung der tatsächlichen Realisierung des Projekts mit den bei ihr zur Prüfung eingereichten Projektunterlagen. Die DGNB GmbH vertraut insoweit vielmehr allein auf die Erklärung des Antragstellers bzw. des vom Antragsteller bevollmächtigten DGNB Auditors, wonach eine solche Übereinstimmung besteht. Insoweit wird dem Antragsteller anheimgestellt, die Übereinstimmung auf andere Weise, z. B. im Rahmen der Fachplanung bzw. Bauüberwachung, sicherstellen zu lassen.

Die DGNB GmbH haftet ferner nicht dafür, dass sie sich in bestimmter Weise qualitativ von etwaigen anderen Zertifizierungssystemen, die sich mit der Nachhaltigkeit von Immobilien beschäftigen, unterscheidet. Das verliehene DGNB Zertifikat ersetzt ferner keine baulichen und behördlichen Abnahmen, insbesondere solche nicht, die Sicherheitsaspekten dienen.

10.3 Die in § 10.1 beschriebenen Haftungsausschlüsse und Haftungsbegrenzungen gelten nicht im Falle einer Verletzung von Leben, Körper oder Gesundheit. Im Falle nicht vorhersehbarer Schäden sind Haftungsansprüche auf den Vergütungswert (vgl. § 8.1) begrenzt.

10.4 Etwaige Haftungsansprüche gegen die DGNB GmbH stehen ausschließlich dem Antragsteller zu. Sollte die DGNB GmbH vom Bauherrn bzw. Grundstückseigentümer in Anspruch genommen werden, so stellt der Antragsteller die DGNB GmbH – unbeschadet etwaiger eigener Ansprüche gegen die DGNB GmbH – auf erstes Anfordern frei. Gleiches gilt, wenn und soweit die DGNB GmbH von Dritten (z. B. Projektkäufern oder Finanzierungsinstituten) wegen der Weiterverwendung des Zertifikats in Anspruch genommen werden sollte.

§ 11 Vertraulichkeit

Die DGNB GmbH wird die Projektunterlagen sowie jedwede im Zusammenhang mit der Zertifizierung erhaltenen Informationen vertraulich behandeln und nicht an Dritte weitergeben. Hiervon ausgenommen ist die Weitergabe an den vom Antragsteller beauftragten Auditor, die Konformitätsprüfer und etwaige sonstige in den Prüfungsablauf einzubeziehende Dritte. Die DGNB GmbH und/oder der DGNB e.V. sind jedoch berechtigt, Daten anonymisiert für Auswertungen und Systemweiterentwicklungen zu verwenden.

§ 12 Schlussbestimmungen

12.1 Dieser Zertifizierungsvertrag unterliegt dem Recht der Bundesrepublik Deutschland.

12.2 Gerichtstand für alle Rechtsstreitigkeiten aus oder im Zusammenhang mit diesem Zertifizierungsvertrag (einschließlich Gültigkeit) ist Stuttgart.

12.3 Streitigkeiten der Parteien über architektonische und/oder technische Fragestellungen entscheidet ein geeigneter Schiedsgutachter gemäß §§ 315 ff. BGB verbindlich. Können sich die Parteien auf die Person des Schiedsgutachters nicht einigen, so wird dieser auf Antrag einer Partei von der Architektenkammer Baden Württemberg benannt. Die Kosten des Schiedsgutachters tragen die Parteien im Verhältnis ihres Obsiegens/Unterliegens; auch darüber entscheidet der Schiedsgutachter verbindlich gemäß §§ 315 ff. BGB.
Diese Schiedsgutachterregelung gilt auch, soweit technische Sachverhalte Vorfragen einer im Übrigen gerichtlich auszutragenden Streitigkeiten beinhalten.

12.4 Zusatzvereinbarungen zu diesem Zertifizierungsvertrag bestehen nicht. Änderungen und Ergänzungen dieses Zertifizierungsvertrags bedürfen der Schriftform. Auch auf dieses Schriftformerfordernis kann nur schriftlich verzichtet werden.

12.5 Sollte eine Bestimmung dieses Zertifizierungsvertrages unwirksam oder undurchführbar sein oder werden, so berührt das nicht die Wirksamkeit der übrigen Bestimmungen. Anstelle der unwirksamen oder undurchführbaren Bestimmungen tritt eine Regelung, die dem tatsächlich und wirtschaftlich Gewolltem in rechtlich zulässigerweise am nächsten kommt. Gleiches gilt für etwaige Vertragslücken.

12.6 Folgende Anlagen gelten als wesentlicher Vertragsbestandteil:
Anlage 1: Muster „Dokumentenanforderung"
Anlage 2: Projektangaben
Anlage 3: FAQ-Liste vom 04.05.2012
Anlage 4: Bauherrenzustimmungsformular

_____ _____
Ort, Datum   Ort, Datum

_____ _____
DGNB GmbH   Antragsteller

B. Muster-Vorzertifizierungsvertrag DGNB[215]

Nutzungsprofil (...)
Vertrag Nr. (...)
Projekt: (...)

zwischen

DGNB GmbH
gesetzlich vertreten durch die Geschäftsführerin Dr. Christine Lemaitre
Kronprinzstraße 11
70173 Stuttgart

– nachfolgend „**DGNB GmbH**" genannt –

und

Name
gesetzlich vertreten durch *Name des gesetzl. Vertreters des Vertragspartners*
Strasse & Nummer
PLZ Ort
evt. Land

– nachfolgend „**Antragsteller**" genannt –;

die DGNB und der Antragsteller nachfolgend zusammen auch die „**Parteien**" genannt.

PRÄAMBEL
1. Der Antragsteller beabsichtigt, als Bauherr das in – **Anlage 2** – näher beschriebene Projekt zu realisieren (nachfolgend „**Projekt**"). Baubeginn ist voraussichtlich [Monat/Jahr]. *Alternativ, falls der Antragsteller nicht Bauherr sein sollte:* Der Antragsteller plant/betreut das Projekt (nachfolgend „**Projekt**"), das *[Name und Anschrift des Bauherrn]* gemäß der Beschreibung – **Anlage 2** – realisieren möchte. Baubeginn ist voraussichtlich/war [Monat/Jahr]. Der Antragsteller wird der DGNB GmbH unverzüglich, spätestens bis zum Beginn der Prüfung schriftlich nachweisen, dass der Bauherr der Zertifizierung nach Maßgabe dieses Zertifizierungsvertrages zugestimmt hat. Hierzu ist das als – **Anlage 4** – beigefügte Zustimmungsformular zu verwenden.

---
215 Abgedruckt mit freundlicher Erlaubnis der DGNB.

2. Die DGNB GmbH zertifiziert Projekte auf der Grundlage des von der Deutschen Gesellschaft für Nachhaltiges Bauen e.V. (nachfolgend „**DGNB e.V.**") für bestimmte Nutzungsprofile entwickelten DGNB Zertifizierungssystems. Dieses Zertifizierungssystem erlaubt es dem Antragsteller, sein Projekt nach bestimmten, transparenten Nachhaltigkeitskriterien bewerten zu lassen.
3. Das Zertifizierungssystem der DGNB GmbH sieht zwei Arten von Zertifizierungen vor: Das DGNB-Zertifikat nach Fertigstellung eines Projektes (nachfolgend „**Zertifikat**"). Im Gegensatz zu einem Zertifikat, das ausschließlich für fertig gestellte Projekte vergeben wird, kann für Projekte, die sich erst in der Planung und/oder Ausführung befinden, bereits ein **Vorzertifikat** verliehen werden.
4. Die Vorzertifizierung erlaubt dem Antragsteller, eine Zielfestlegung hinsichtlich der Nachhaltigkeit für geplante oder in der Ausführung befindliche Projekte gemäß der DGNB Kriterien (nachfolgend „**Kriterien**") zu formulieren und von unabhängiger dritter Seite formell bestätigen zu lassen, welche Gebäudeeigenschaften und welche Auszeichnungsstufe angestrebt werden können.

   Nach der Einreichung der Absichtserklärungen bei der DGNB GmbH sowie einer anschließenden Plausibilitätsprüfung durch die DGNB GmbH kann das Vorzertifikat für registrierte Projekte befristet für die Dauer der Planung und Errichtung erteilt werden. Das Vorzertifikat kann grundsätzlich in jeder Planungs- und Ausführungsphase beantragt werden. Es ist keine zwingende Voraussetzung für die Beantragung des DGNB Zertifikats nach Beendigung der Baumaßnahme.

   Für die Erlangung des DGNB Zertifikats ist ein gesonderter Zertifizierungsvertrag abzuschließen und ein neues Prüfverfahren (sog. Konformitätsprüfung) durchzuführen. Das DGNB Vorzertifikat wird im Rahmen des DGNB Zertifikatsverfahren nicht berücksichtigt und gibt keinen Anspruch auf die Erteilung des DGNB Zertifikats.
5. Ergebnis der Vorzertifizierung ist ein Vorzertifikat, welches aktuell von der DGNB GmbH in den Auszeichnungsstufen „Gold", „Silber" und „Bronze" verliehen wird. Das Vorzertifikat enthält keine Bestätigung, dass das Projekt tatsächlich im Einklang mit den vom Antragsteller zur Vorzertifizierung eingereichten Unterlagen realisiert und genutzt werden wird. Das Vorzertifikat ersetzt keine behördlichen Genehmigungen/Abnahmen. Es beruht vielmehr auf der Eigenerklärung des Antragsstellers, dass das Projekt in Übereinstimmung mit den abgegebenen Absichtserklärungen errichtet und genutzt werden soll.

6. Für die erfolgreiche Abwicklung des Zertifizierungsprozesses ist zwingend erforderlich, dass der Antragsteller einen von der DGNB GmbH [oder von dem DGNB e.V.] zugelassenen Auditor („**DGNB Auditor**") einschaltet. Dieser prüft vorab in eigener Verantwortung die Erteilbarkeit des angestrebten DGNB Vorzertifikats. Ob und in welchem Umfang der DGNB Auditor in weitergehendem Umfange auch planerische und/oder bauüberwachende Leistungen im Zusammenhang mit dem Projekt erbringt, bleibt alleinige Sache/Verantwortung des Antragstellers/Bauherrn sowie des DGNB Auditors.
7. Der Antragsteller möchte das Projekt von der DGNB GmbH vorzertifizieren lassen. Zu diesem Zweck schließen die Parteien den nachfolgenden Vorzertifizierungsvertrag, der unter anderem Rollenverteilung, Vergütung, Abläufe und Mitwirkungspflichten der Parteien regelt:

§ 1 Nutzungsprofil
1.1 Der Antragsteller strebt eine Vorzertifizierung nach dem DGNB Nutzungsprofil (…) (nachfolgend „**Nutzungsprofil** …") mit der Auszeichnungsstufe *[Gold, Silber, Bronze] (gem.* Anlage 2) an.
1.2 Eine Änderung dieses Nutzungsprofils ist nur einvernehmlich möglich.

§ 2 Befristung des Vorzertifikates
2.1 Das Vorzertifikat ist auf die Dauer der Planung und Errichtung begrenzt und verliert über die Dauer der Fertigstellung hinaus seine Wirksamkeit.
2.2 Das Vorzertifikat wird im Rahmen des Prüfverfahrens zur Erteilung eines DGNB Zertifikats nicht berücksichtigt. Das DGNB Vorzertifikat verschafft keinen Anspruch auf die Erteilung des DGNB Zertifikats. Die Bewertungen des Projektes im Rahmen des DGNB Zertifizierungsverfahrens können von den Bewertungen im Rahmen des DGNB Vorzertifizierungsverfahrens abweichen.
Zur Erteilung eines DGNB Zertifikates bedarf es des Abschlusses eines gesonderten Zertifizierungsvertrages mit der DGNB GmbH sowie eines neuen Prüfverfahrens durch die DGNB GmbH. Das DGNB Zertifikatsverfahren muss gesondert vergütet werden.

§ 3 Ablauf des Vorzertifizierungsverfahrens
3.1 Das Vorzertifizierungsverfahren untergliedert sich in 6 Arbeitsschritte/Aktionen, die nachfolgend in Zifer 3.2 näher beschrieben sind:
3.2 Die Arbeitsschritte/Aktionen sind:

Anhänge

3.2.1 Verbindliche Anmeldung des Projekts bei der DGNB GmbH über die DGNB Webseite und die dafür vorgesehene Eingabemaske.

3.2.2 Beauftragung eines von der DGNB GmbH [oder der DGNB e.V.] zugelassenen Auditors (DGNB Auditor) durch den Antragsteller.

3.2.3 Anfertigung vollständiger Dokumentationen gemäß **Anlage 1** in der Verantwortung des vom Antragsteller beauftragten DGNB Auditors; eine Liste der erforderlichen Dokumentationsanforderungen bzw. Inhalte ist in den entsprechenden Kriterien definiert.

3.2.4 Die Absichtserklärungen werden nebst Dokumentenanforderung vollständig bei der DGNB GmbH zur Plausibilitätsprüfung durch den mit der Vorzertifizierung vom Antragsteller beauftragten und vom DGNB e.V. oder der DGNB GmbH zugelassenen DGNB Auditor eingereicht.

3.2.5 Prüfung der vom DGNB Auditor erstellten Absichtserklärungen durch die Konformitätsbewertungsstelle der DGNB GmbH (nachfolgend „**Plausibilitätsprüfung**").

3.2.6 Sofern die Voraussetzungen erfüllt sind: Vorzertifizierung des Projekts durch die DGNB GmbH. Die Vorzertifizierung erfolgt letztlich durch Aushändigung („**Verleihung**") einer Vorzertifizierungsurkunde durch die DGNB GmbH (das „**DGNB-Vorzertifikat**").

§ 4 Generelle Mitwirkungsverpflichtungen der Parteien

4.1 Die DGNB GmbH wird die Plausibilitätsprüfung auf der Grundlage der vom DGNB Auditor eingereichten Absichtserklärungen durchführen, sobald die im nachfolgenden § 5 beschriebenen Teilnahmebedingungen erfüllt sind. Bei positivem Ergebnis der Plausibilitätsprüfung, die sich auf die Überprüfung der Übereinstimmung der eingereichten Absichtserklärungen mit den Vorgaben des Nutzungsprofils beschränkt, verleiht die DGNB GmbH dem Antragsteller das DGNB Vorzertifikat. Der Antragsteller hat keinen Anspruch darauf, dass die DGNB GmbH etwaig verbleibende Beurteilungs- und Ermessensspielräume zwingend zu Gunsten des Antragstellers ausübt.

Der DGNB GmbH steht es darüber hinaus frei, die Verleihung eines Vorzertifikats zu widerrufen, wenn und soweit ihr Umstände bekannt werden, wonach das Vorzertifikat nicht oder nicht in der konkreten Weise hätte erteilt werden dürfen. Dies gilt insbesondere, falls sich nachträglich herausstellen sollte, dass das Projekt nicht im Einklang mit den zur Plausibilitätsprüfung eingereichten Absichtserklärungen erstellt wird. Der Widerruf eines Vorzertifikats erfolgt durch schriftliche Mitteilung gegenüber dem Antragsteller; die DGNB GmbH behält sich ferner vor, über den Widerruf auch auf ihrer Webseite oder im Wege anderer Veröffentlichungen zu informieren.

4.2 Der Antragsteller verpflichtet sich, die Leistungen der DGNB GmbH zu vergüten (vgl. nachfolgend § 9) und den Anforderungen an die Absichtserklärungen (vgl. § 8) zu entsprechen.

§ 5 Bedingungen für die Teilnahme an der Plausibilitätsprüfung („Teilnahmebedingungen")

5.1 Die DGNB GmbH führt die Plausibilitätsprüfung durch, sobald der Antragsteller folgende Punkte erfüllt hat:
   5.1.1 Verbindliche Anmeldung des Projekts gemäß Ziffer 3.2.1.
   5.1.2 Die Vergütung gemäß § 9 wurde der DGNB gezahlt.
   5.1.3 Die unterschriebenen Absichtserklärungen zu den jeweiligen Kriterien nebst Dokumentationsanforderung sind vollständig bei der DGNB GmbH eingereicht worden.
   5.1.4 Die Arbeiten an dem Projekt sind noch nicht abgeschlossen, das Projekt noch nicht fertiggestellt. Nach Fertigstellung des Projekts kann nur noch eine DGNB Zertifizierung beantragt werden.
   5.1.5 Das Projekt gemäß **Anlage 1** wird laut Absichtserklärungen den Anforderungen des Nutzungsprofils ... entsprechen (vgl. Ziffer 1.1).

5.2 Die DGNB GmbH kann in begründeten Ausnahmefällen auf die vollständige Einhaltung einzelner Teilnahmebedingungen vorübergehend verzichten, ohne dass dadurch Dritten Anspruch auf entsprechende Gleichbehandlung entsteht.

§ 6 Ablauf der Plausibilitätsprüfung

6.1 Die Plausibilitätsprüfung erfolgt ausschließlich auf Grundlage der zum Zeitpunkt des Vertragsschlusses geltenden Version des DGNB Zertifizierungssystems.

6.2 Die DGNB GmbH wird die Plausibilitätsprüfung wie folgt durchführen:
   6.2.1 Sobald die Erfüllung der Teilnahmebedingungen nachgewiesen ist (vgl. § 5), führt die DGNB GmbH eine erste inhaltliche Prüfung (nachfolgend **„Erste Prüfung"**) durch.

6.2.2 Die DGNB GmbH hält die Ergebnisse dieser Ersten Prüfung in einem „**Zwischenbericht**" fest, der – ggf. mit Rückfragen und Anmerkungen versehen – an den DGNB Auditor verschickt wird, der diesen Vorläufigen Prüfbericht in seiner Eigenschaft als Bevollmächtigter des Antragstellers in Empfang nimmt.

6.2.3 Der DGNB Auditor wird aufgefordert zum Zwischenbericht zeitnah Stellung zu nehmen und reicht etwa erforderliche weitere Informationen bei der DGNB GmbH ein (nachfolgend „**Zweite Prüfung**").

6.2.4 Die DGNB GmbH erstellt den finalen **Prüfbericht** und verschickt diesen Entwurf an den DGNB Auditor. Der Antragsteller wird dabei aufgefordert, das Einverständnis mit dem Prüfbericht zu erklären.

6.2.5 Der Antragsteller hat spätestens innerhalb eines Monats nach Übersendung des finalen Prüfberichts schriftlich sein Einverständnis bzw. seine Ablehnung mit dem Prüfungsergebnis zu erklären. Kommt kein Einverständnis zustande, kann der Antragsteller wählen, ob er gegebenenfalls ein dem Prüfungsergebnis entsprechendes Vorzertifikat erteilt haben, darauf verzichten oder eine **Dritte Prüfung** durchgeführt haben möchte. Das Wahlrecht ist auf schriftliche Aufforderung durch die DGNB GmbH innerhalb eines weiteren Monats ab Zugang der Aufforderung auszuüben; andernfalls verfällt es ersatzlos. Die Vergütungspflichten des Antragstellers gemäß § 9 bleiben hiervon unberührt.

6.2.6 Die DGNB GmbH verschickt das dem Prüfungsergebnis entsprechende DGNB-Vorzertifikat an den Antragsteller. Die Parteien können ersatzweise einvernehmlich festlegen, dass die Übergabe **(Verleihung)** des DGNB Vorzertifikats bei einer geeigneten öffentlichen Veranstaltung (z. B. im Rahmen der Expo Real oder der Messe Consense) erfolgt. Etwaig hierbei entstehende Kosten sind vorher abzustimmen.

6.3 Die DGNB GmbH behält sich nach billigem Ermessen vor, die Plausibilitätsprüfung im Rahmen der Ersten Prüfung abzubrechen, wenn die Anforderungen des diesem Vorzertifizierungsvertrags zugrunde liegenden Nutzungsprofils ... gemäß Ziffer 1.1 bzw. die Absichtserklärungsanforderungen für das Projekt ersichtlich nicht erfüllt sind. In diesem Fall hat der Antragsteller lediglich eine Vergütung gemäß Ziffer 9.4 zu entrichten; eine bereits geleistete Überzahlung wird an den Antragsteller zurückerstattet.

Gleiches gilt, wenn das Projekt, zu dem die Absichtserklärungen eingereicht worden sind, nicht dem gemäß Ziffer 1.1 vereinbarten Nutzungsprofil ... entsprechen kann. Deshalb sollte der Antragsteller unter Zuhilfenahme des DGNB Auditors bereits vor der Projektanmeldung bzw. spätestens vor Einreichung der Absichtserklärungen eigenverantwortlich die Kompatibilität von Nutzungsprofil und Projekt überprüfen.

6.4 Die DGNB behält sich für den Fall, dass der Antragsteller auf die jeweiligen Prüfberichte nicht zeitnah reagiert, das Recht vor, ihm eine angemessene Frist zu setzen, innerhalb derer er sich erklären oder die Prüfung abbrechen kann. Äußert er sich nicht, ist die DGNB berechtigt die Prüfung an dieser Stelle abzubrechen. Bei Abbruch nach der Ersten Prüfung hat der Antragsteller lediglich eine Vergütung gemäß Ziffer 9.4 zu entrichten; eine bereits geleistete Überzahlung wird an den Antragsteller zurückerstattet. Ist bereits eine Zweite Prüfung durchgeführt worden, gilt Ziffer 6.2.5 S. 4 entsprechend.

6.5 Die vollständige Einreichung der entsprechenden Absichtserklärungen, dass das Projekt nach dem in Ziffer 1.1 vereinbarten Nutzungsprofil erstellt werden soll, obliegt dem Antragsteller.

§ 7 Besondere Pflichten der DGNB GmbH

7.1 Die DGNB GmbH wird folgende Leistungen erbringen:
- Entgegennahme/Registrierung der Anmeldung des Projekts bei der DGNB GmbH;
- Plausibilitätsprüfung gemäß § 6, wobei die DGNB GmbH jeweils maximal zwei geeignete Konformitätsprüfer einsetzt und maximal zwei Prüfungsdurchläufe schuldet

7.2 Die DGNB GmbH verleiht das projektbezogene DGNB-Vorzertifikat, wenn die Plausibilitätsprüfung erfolgreich abgeschlossen ist.

7.3 Das Vorzertifikat wird ausschließlich zugunsten des Antragstellers oder des Bauherrn ausgestellt. Dritte, insbesondere Rechtsnachfolger im Eigentum, Nutzer und Finanzierungsinstitute sind nicht in den Schutzbereich des zwischen den Parteien bestehenden Vorzertifizierungsverhältnisses einbezogen.
Beratungsleistungen der DGNB GmbH im Zusammenhang mit objektspezifischer Ziel/Kriterienerreichung/Anwendung sind nicht Bestandteil dieses Vorzertifizierungsvertrages. Sie sind vom Antragsteller zusätzlich zu beauftragen und der DGNB GmbH zusätzlich zu vergüten.

7.4 Abweichend von dem Recht der DGNB GmbH, das Vorzertifikat nach zwei erfolglosen Prüfungen vergütungspflichtig abzulehnen (vgl. Ziffer 7.1), kann der Antragsteller verlangen, dass das Projekt einer dritten Prüfung unterzogen wird. Diese Prüfung erstreckt sich grundsätzlich auf maximal 10 Kriterien, kann jedoch auch mehr Kriterien umfassen; sie muss vom Antragsteller gesondert beauftragt werden und ist nach den Vorgaben in Ziffer 9.2 zusätzlich zu vergüten.

7.5 Anträge werden von der DGNB GmbH bis zur Verleihung des Vorzertifikats grundsätzlich vertraulich behandelt.

7.6 Etwas anderes gilt, wenn der Antragsteller ausdrücklich eine Veröffentlichung wünscht. Dies ist der DGNB GmbH schriftlich anzuzeigen.

§ 8 Besondere Pflichten des Antragstellers

8.1 Der Antragsteller stellt der DGNB GmbH Absichtserklärungen und Unterlagen gemäß **Anlage 1 und 2** zur Verfügung. Die Absichtserklärungen sind der DGNB GmbH vollständig durch den DGNB Auditor geordnet nach Kriterien in Papierform und in digitaler Form zu übersenden. Die DGNB GmbH kann diese Übersendungsanforderungen nach billigem Ermessen abändern. Der Antragsteller ist für die Vollständigkeit und Richtigkeit der Absichtserklärungen sowie der Unterlagen gemäß **Anlage 1 und 2** verantwortlich; insoweit agiert der DGNB-Auditor als sein Erfüllungsgehilfe.

8.2 Unterlagen und notwendige Inhalte der Dokumente, die in den **Anlagen 1 und 2** sowie im Kriterienkatalog nicht aufgelistet sind, jedoch für die Überprüfung durch die DGNB GmbH zusätzlich erforderlich sind oder werden sollten, sind auf Aufforderung ebenfalls in strukturierter und nachvollziehbarer Form einzureichen.

8.3 Dem Antragsteller ist bekannt, dass Projektinformationen, die der DGNB GmbH vor Abschluss dieses Vorzertifizierungsvertrages bekannt gemacht worden sind, z. B. im Rahmen einer vorzeitigen Projektanmeldung oder im Rahmen von projektspezifischen Anfragen durch den DGNB Auditor, in die Projektbewertung einbezogen werden und damit Einfluss auf die Vorzertifizierung haben können.

8.4 Der Antragsteller garantiert die Richtigkeit und Vollständigkeit aller relevanten, gegenüber der DGNB GmbH gemachten Angaben und eingereichten Unterlagen. Er ist insoweit auch für die Tätigkeiten seines DGNB Auditors verantwortlich.

8.5 Änderungen der Bruttogeschossfläche (BGF), des Bauherren, der Mitgliedschaft im DGNB e.V. oder sonstige Angaben nach den **Anlagen 1 und 2** sind der DGNB GmbH innerhalb von 14 Tagen nach Eintritt der

Änderung schriftlich anzuzeigen. Im Falle falscher oder unvollständiger bewertungsrelevanter Angaben/Unterlagen kann das DGNB-Zertifikat nachträglich widerrufen werden (vgl. Ziffer 4.1, 3. Absatz).

8.6 Der Antragsteller trägt die alleinige Verantwortung für die Einhaltung der für das Vorzertifikat beabsichtigten Planungs- und Umsetzungsziele. Sollten Nachweisführungen zu einzelnen Kriterien, ergänzend zu den Absichtserklärungen, von der DGNB GmbH gefordert werden, sind diese vom Antragsteller (evtl. unter Zuhilfenahme seines DGNB Auditors und/oder weiterer Beauftragter) zu erledigen.

8.7 Die für das Nutzungsprofil … bisher aufgetretenen Fragestellungen sind in einer sog. FAQ-Liste festgehalten, die diesem Vorzertifizierungsvertrag als **Anlage 3** beigefügt ist. Diese **Anlage 3** enthält insbesondere Hinweise, wie etwa klärungsbedürftig erscheinende Anforderungen von der DGNB GmbH im Vorzertifizierungsverfahren gehandhabt werden.

Es ist nicht auszuschließen, dass Systemvorgaben nach Abschluss dieses Vorzertifizierungsvertrages von der DGNB GmbH nach billigem Ermessen fortgeschrieben werden, um den neuesten Stand der Technik bzw. neuere Erkenntnisse widerzuspiegeln. Der Antragsteller verpflichtet sich deshalb, sich ständig und frühzeitig über solche Fortschreibungen zu informieren. Der Antragsteller wird ferner die Systemvorgaben unverzüglich nach Unterzeichnung dieses Vorzertifizierungsvertrages daraufhin überprüfen, ob sie für sein Projekt Unstimmigkeiten/Unklarheiten enthalten, und insoweit die DGNB GmbH frühzeitig auf etwaigen Klärungs- und Abstimmungsbedarf hinweisen.

8.8 Der Antragssteller ist verpflichtet die in Rechnung gestellten Kosten und Gebühren für die Vorzertifizierung des Projekts und sonstige Leistungen der DGNB GmbH gemäß § 9 zu bezahlen.

§ 9 Vergütung der Vorzertifizierungsleistungen

9.1 Als Vergütung der Zertifizierungsleistungen nach diesem Zertifizierungsvertrag erhält die DGNB GmbH vom Antragsteller einen Betrag in Höhe von EUR […] zzgl. Umsatzsteuer in gesetzlicher Höhe. Details zur Berechnung können auf der Internetseite der DGNB (www.dgnb.de) eingesehen werden.

Ein etwaiger Mitgliederrabatt wurde bereits einbezogen.

9.2 Für eine etwaige dritte Prüfung gemäß Ziffer 7.4 erhält die DGNB GmbH vom Antragsteller eine zusätzliche Vergütung, die sich wie folgt berechnet:

Erstreckt sich die dritte Prüfung auf maximal 10 Kriterien, beträgt die zusätzliche Vergütung pauschal EUR 1.000,00 zzgl. Umsatzsteuer in gesetzlicher Höhe. Für jedes darüber hinausgehende weitere Kriterium der dritten Prüfung erhält die DGNB GmbH über die EUR 1.000,00 hinaus vom Antragsteller jeweils weitere EUR 250,00 zzgl. Umsatzsteuer in gesetzlicher Höhe.

9.3 Stellt sich nachträglich heraus, das Berechnungsgrundlagen vom Antragsteller oder dessen DGNB Auditor versehentlich unrichtig oder unvollständig mitgeteilt worden waren (z. B. zu hoch oder zu niedrige BGF-Angaben), und dies Auswirkungen auf die Vorzertifizierungsvergütung hat, so kann die von der Unrichtigkeit bzw. Unvollständigkeit benachteiligte Partei nachträgliche Anpassung der Vergütung (Rückerstattung bzw. Nachzahlung) verlangen, jedoch nur nach folgender Maßgabe:
Der Antragsteller kann die Anpassung nur gegen eine Bearbeitungsgebühr in Höhe von EUR 100,00 zzgl. Umsatzsteuer in gesetzlicher Höhe verlangen. Die DGNB GmbH ist berechtigt, die Bearbeitungsgebühr von dem rückzuerstattenden Betrag abzuziehen und einzubehalten. Die DGNB GmbH kann eine Anpassung nur verlangen, wenn die Differenz EUR 200,00 netto übersteigt.

9.4 Bricht die DGNB GmbH gemäß Ziffer 6.3 ab, so reduziert sich der Vergütungsbetrag (vgl. Ziffer 9.1) auf 40 % zzgl. Umsatzsteuer in gesetzlicher Höhe.

9.5 Der Vergütungsbetrag gemäß Ziffer 9.1 ist auch dann zu zahlen bzw. wird nicht zurückerstattet, wenn die Erteilung des Vorzertifikats von der DGNB GmbH vertragsgemäß abgelehnt wird oder das DGNB Vorzertifikat nachträglich gemäß Ziffer 4.1, 3. Absatz widerrufen wird.

9.6 Die DGNB GmbH stellt die Vergütung in Rechnung. Sie wird innerhalb von 2 Monaten, spätestens jedoch vor Beginn der Plausibilitätsprüfung fällig und zahlbar. Zahlung hat auf das Konto der DGNB GmbH Nr. 110352200 bei der Deutschen Bank, BLZ 60070070 zu erfolgen. Für den Zahlungseingang ist der Tag der Gutschrift auf dem Konto maßgeblich.

§ 10 Kündigung/ Vorzeitige Vertragsbeendigung

10.1 Eine vorzeitige Kündigung dieses Vorzertifizierungsvertrages ist ausgeschlossen. Insbesondere findet § 649 BGB keine Anwendung. Das Recht einer Partei, diesen Vorzertifizierungsvertrag nach den gesetzlichen Vorschriften aus wichtigem Grund fristlos zu kündigen, bleibt unberührt.

Der Antragsteller darf jedoch den Vorzertifizierungsvertrag bis zu dem Beginn der Plausibilitätsprüfung durch schriftliche Erklärung gegenüber der DGNB GmbH stornieren. In diesem Fall zahlt er der DGNB GmbH eine pauschale Aufwandsentschädigung in Höhe von EUR 180,00 zzgl. Umsatzsteuer in gesetzlicher Höhe.

10.2 Hiervon unberührt bleibt das Recht der DGNB GmbH gemäß Ziffer 6.3, die Plausibilitätsprüfung im Rahmen der Ersten Prüfung abzubrechen.

§ 11 Haftung der DGNB GmbH

11.1 Im Falle leichter und einfacher Fahrlässigkeit ist bei der Verletzung wesentlicher Vertragspflichten die Haftung der DGNB GmbH auf den vertragstypischen, vernünftigerweise vorhersehbaren Schaden begrenzt. Im Übrigen haftet die DGNB GmbH mit für vorsätzlich oder grob fahrlässig herbeigeführte Schäden ihrer Erfüllungsgehilfen (z. B. Konformitätsprüfer), Organe oder gesetzlichen Vertreter.

11.2 Die DGNB GmbH haftet nicht für die vom Antragsteller beauftragten DGNB Auditoren. Die DGNB Auditoren sind auch nicht als Erfüllungsgehilfen und auf sonstige Weise der DGNB GmbH zuzurechnen. Die DGNB GmbH wird jedoch dem Antragsteller Mitteilung machen, falls die (ausreichende) Zulassung des DGNB-Auditors vor Abschluss des Vorzertifizierungsprozesses wegfallen sollte.

Die DGNB GmbH haftet auch nicht für die Übereinstimmung der tatsächlichen Realisierung des Projekts mit den bei ihr zur Prüfung eingereichten Unterlagen und Absichtserklärungen für die Vorzertifizierung. Die DGNB GmbH vertraut insoweit vielmehr allein auf die Erklärung des Antragstellers bzw. des vom Antragsteller bevollmächtigten DGNB Auditors, wonach eine solche Übereinstimmung besteht. Insoweit wird dem Antragsteller anheimgestellt, die Übereinstimmung auf andere Weise, z. B. im Rahmen der Fachplanung bzw. Bauüberwachung, sicherstellen zu lassen.

Die DGNB GmbH haftet ferner nicht dafür, dass sie sich in bestimmter Weise qualitativ von etwaigen anderen Vorzertifizierungssystemen, die sich mit der Nachhaltigkeit von Immobilien beschäftigen, unterscheidet. Das verliehene DGNB Vorzertifikat ersetzt ferner keine baulichen und behördlichen Abnahmen, insbesondere solche nicht, die Sicherheitsaspekten dienen.

11.3 Die in Ziffer 12.1 beschriebenen Haftungsausschlüsse und Haftungsbegrenzungen gelten nicht im Falle einer Verletzung von Leben, Körper oder Gesundheit. Im Falle nicht vorhersehbarer Schäden sind Haftungsansprüche auf den Vergütungswert (vgl. Ziffer 9.1) begrenzt.

11.4 Etwaige Haftungsansprüche gegen die DGNB GmbH stehen ausschließlich dem Antragsteller zu. Sollte die DGNB GmbH vom Bauherrn bzw. Grundstückseigentümer in Anspruch genommen werden, so stellt der Antragsteller die DGNB GmbH – unbeschadet etwaiger eigener Ansprüche gegen die DGNB GmbH – auf erstes Anfordern frei. Gleiches gilt, wenn und soweit die DGNB GmbH von Dritten (z. B. Projektkäufern oder Finanzierungsinstituten) wegen der Weiterverwendung des Vorzertifikats in Anspruch genommen werden sollte.

§ 12 Übertragung von Rechten und Pflichten aus diesem Vorzertifizierungsvertrag

12.1 Die DGNB GmbH ist berechtigt, die Rechte und Pflichten aus diesem Vertrag ganz oder teilweise auf den DGNB e.V., Tochtergesellschaften, Gemeinschafts- oder Beteiligungsunternehmen sowie sonstige geeignete Dritte zu übertragen. Die Übertragung ist dem Antragsteller schriftlich mitzuteilen. Der Antragsteller hat das Recht, den Vorzertifizierungsvertrag vor Verleihung des Vorzertifikats innerhalb von zwei Wochen nach Zugang der Übertragungsmitteilung durch schriftliche Erklärung gegenüber der DGNB GmbH zu kündigen. Anspruch auf Rückzahlung der Vergütung hat er in diesem Fall nicht.

12.2 Eine Übertragung von Ansprüchen des Antragstellers an Dritte bedarf der vorherigen schriftlichen Zustimmung der DGNB GmbH. Die Zustimmung darf nur aus wichtigem Grund verweigert werden. Als wichtiger Grund in diesem Sinne gilt, wenn die Abtretung an den Dritten die ordnungsgemäße Abwicklung der Vorzertifizierungsabläufe nicht nur unerheblich gefährdet.

§ 13 Vertraulichkeit

Die DGNB GmbH wird die Projektunterlagen und Absichtserklärungen vertraulich behandeln und nicht an Dritte weitergeben. Hiervon ausgenommen ist die Weitergabe an die Konformitätsprüfer und etwaige sonstige in den Prüfungsablauf einzubeziehende Dritte. Die DGNB GmbH und/oder der DGNB e.V. sind jedoch berechtigt, Daten anonymisiert für Auswertungen und Systemweiterentwicklungen zu verwenden.

§ 14 Schlussbestimmungen

14.1 Dieser Vorzertifizierungsvertrag unterliegt dem Recht der Bundesrepublik Deutschland.

14.2 Gerichtstand für alle Rechtsstreitigkeiten aus oder im Zusammenhang mit diesem Vorzertifizierungsvertrag (einschließlich Gültigkeit) ist Stuttgart.

14.3 Streitigkeiten der Parteien über architektonische und/oder technische Fragestellungen (wie z. B. nach den Ziffern 4.1, 5.1 bis 5.3, 6.4, 7, 8.3) entscheidet ein geeigneter Schiedsgutachter gemäß §§ 315 ff BGB verbindlich. Können sich die Parteien auf die Person des Schiedsgutachters nicht einigen, so wird dieser auf Antrag einer Partei von der Architektenkammer Baden Württemberg benannt. Die Kosten des Schiedsgutachters tragen die Parteien im Verhältnis ihres Obsiegens/Unterliegens; auch darüber entscheidet der Schiedsgutachter verbindlich gemäß §§ 315 ff BGB.

Diese Schiedsgutachterregelung gilt auch, soweit technische Sachverhalte Vorfragen einer im Übrigen gerichtlich auszutragenden Streitigkeiten beinhalten.

14.4 Zusatzvereinbarungen zu diesem Vorzertifizierungsvertrag bestehen nicht. Änderungen und Ergänzungen dieses Vorzertifizierungsvertrags bedürfen der Schriftform. Auch auf dieses Schriftformerfordernis kann nur schriftlich verzichtet werden.

14.5 Sollte eine Bestimmung dieses Vorzertifizierungsvertrages unwirksam oder undurchführbar sein oder werden, so berührt das nicht die Wirksamkeit der übrigen Bestimmungen. Anstelle der unwirksamen oder undurchführbaren Bestimmungen tritt eine Regelung, die dem tatsächlich und wirtschaftlich Gewolltem in rechtlich zulässigerweise am nächsten kommt. Gleiches gilt für etwaige Vertragslücken.

14.6 Folgende Anlagen gelten als wesentlicher Vertragsbestandteil:
Anlage 1: Muster „Dokumentenanforderung"
Anlage 2: Projektangaben
Anlage 3: FAQ-Liste
Anlage 4: Bauherrenzustimmungsformular (eventuell)

Ort, Datum	Ort, Datum
DGNB GmbH	Antragsteller

Anhänge

C. Zertifikat BREEAM© DE Bestand

Abgedruckt mit freundlicher Erlaubnis der DIFNI – Deutsches Privates Institut für nachhaltige Immobilienwirtschaft GmbH & Co. KG.

D. BREEAM© DE Bestand – Zulassungsurkunde Auditor

Deutsches Privates Institut für Nachhaltige Immobilienwirtschaft

ZULASSUNGSURKUNDE

Sonja Mustermann

BREEAM DE Bestand

Auditor

BDE 0000
Lizenznummer

Frankfurt am Main
24. August 2012

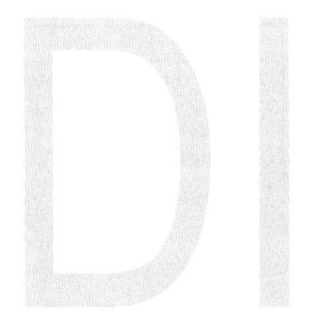

Simone Lakenbrink
Geschäftsführende Gesellschafterin

Thomas Oebbecke
Geschäftsführender Gesellschafter

DIFNI - Deutsche Privates Institut für Nachhaltige Immobilienwirtschaft GmbH & Co. KG

Anhänge

E. BREEAM© DE Gebührenstruktur, Zertifikate und Experten | Assessoren | Auditoren

Zertifizierungsgebühren

Abgedruckt mit freundlicher Erlaubnis der DIFNI – Deutsches Privates Institut für nachhaltige Immobilienwirtschaft GmbH & Co. KG.

Gebühren für BREEAM DE Zertifikate

Gebühren verstehen sich zzgl. 10% MwSt.

	Gebühr Zertifikat pro Teil, 1 Jahr gültig	Gebühr 1. und 2. Re-Zertifizierung pro Teil, jeweils 1 Jahr gültig			Gebühr 3. Re-Zertifizierung pro Teil, jeweils 1 Jahr gültig
Registrierung	500	0	0	0	0
Teil 1	1000	100	500	1000	1000
Teil 2	1000	100	500	1000	1000
Teil 3	1000	1000	1000	1000	1000
		Bestätigung Erfüllungsgrad (%) der Vorjahreszertifizierung	Bestätigung Exzellenzgrad, aber Änderung Erfüllungsgrad	Auditbericht mit Exzellenzgrad-Änderung	Neuer Auditbericht

E. BREEAM© DE Gebührenstruktur, Zertifikate und Experten

Gebühren für Unternehmen ab 2013

Gebühren verstehen sich zzgl. 10% MwSt.

Dienstleister	1–5 Ma.	300 €	Inkl. 1	150 €
	6–25 Ma.	600 €	Inkl. 2	300 €
	26–50 Ma.	1200 €	Inkl. 3	600 €
	51–150 Ma.	2400 €	Inkl. 4	1200 €
	≥151 Ma.	4800 €	Inkl. 4	2400 €
		Dienstleister mit Experten Assessoren Auditoren	Experte Assessore Auditor	Zusätzlicher Experte Assessore Auditor
Bestandhalter		Es fallen keine Gebühren an		

Gebühren für BREEAM DE Fachleute ab 2013

Gebühren verstehen sich zzgl. 10% MwSt.

Dienstleister	Pro Person	200 €	Pro Experte
	Pro Person	400 €	Pro Assessor
	Pro Person	400 €	Pro Auditor
		+	
		Lizenz 600 €	
Bestandshalter	Pro Person	200 €	Pro Experte
	Pro Person	400 €	Pro Assessor
	Pro Person	400 €	Pro Auditor
		+	
		Lizenz 600 €	

Stichwortverzeichnis

A
Abbruch
– des Zertifizierungsverfahrens 97
Abfallaufkommen 2 f., 5
Ablauf
– Zertifizierungsverfahren 90, 94
Abschreibung
– energetische Modernisierung/ Sanierung 162
Absichtserklärung 88, 106, 180, 182 ff., 189 ff.
Abstände 31, 84, 129
Abstandsflächen 31
– Solaranlage 31
Abtretungsverbot 58 f.
– DGNB-Zertifizierungsvertrag 59
Abwägungskriterium 16 f.
– Energieschutz 16 f.
– Klimaschutz 16 f.
– Mietrechtsnovelle 16 f.
Abzugsfähigkeit, s. *Steuerliche Abzugsfähigkeit*
Accredited Professional (AP) 104
– Haftung 105, 112 ff.
– Leistungspflicht 124 ff.
– Leistungspflichten 105
– Nachbesserung 113
Änderung des Nutzungsprofils 91
Allgemeine Geschäftsbedingung 54, 81 f.
– Contracting-Modell 81 f.
Angebotswertung 153
– Vergabe öffentlicher Aufträge 153
– Zuschlagskriterien 153
Ankündigungspflicht 17
– Erhaltungs- und Modernisierungsmaßnahmen 17
– Pauschalwerte 17
Anmeldung des Projekts 100, 106, 111, 168 f., 172, 182 f., 185
– Auditor 106
Anschaffungs- und Herstellungskosten 158 ff.
– Sonderabschreibungen 163
– steuerliche Abzugsfähigkeit 158 ff.

Anschaffungsnahe Herstellungskosten 160
– steuerliche Abzugsfähigkeit 160
Anschlussvermietung 51
Antragsteller 40, 44, 90 ff., 111 ff., 134, 166 ff.
– DGNB-Zertifikat 40
– Eigenerklärung 90, 93, 102
– Konformitätsprüfung 111
– LEED-Zertifizierung 100
– Mitwirkungspflichten 90
– Pflichten 90, 173, 184, 186
– Zertifizierungsvertrag 40, 91 ff.
Architekt 39, 55, 58, 93, 97, 104 f., 109 f., 114 f., 132 ff., 147, 152
– Abtretung von Ansprüchen 57
– Berufsbild 133, 135 f.
– Haftpflichtversicherung 132 f.
– Haftung 93, 97, 105, 114
– Nachtrag zum Versicherungsschein 136
– Versicherung 133 f.
– Versicherungsschutz 133 f.
– vertragliche Gestaltung 55
– Zusatzversicherung 136
Asset Manager 8, 38, 58, 98, 124 ff., 222 ff.
– Abgrenzung 124 f.
– Begriff 124 f.
– Due Diligence 38
– Green Building-Themen 8, 126 ff.
– Leistungsbeschreibung 126 ff.
– Leistungsbild 124 ff.
– Vertrag 125 f., 128 f.
– Zertifizierungspflege 98, 125 f. 130
– Zuständigkeit 8
Auditor 39 f., 50, 56 ff., 90, 93 ff., 97, 100 ff., 104 ff., 122, 127 f., 132 ff., 167 ff., 173 ff., 181, 184 ff., 193 ff.
– Abtretung von Ansprüchen 50
– als Vorprüfer 101
– Anmeldung des Projekts 106
– Berufsbild 134
– Berufshaftpflichtversicherung 133
– BREEAM 101, 193 f.

197

Stichwortverzeichnis

- DGNB-Auditor 104 ff., *s. a. DGNB-Auditor*
- Haftpflichtversicherung 137
- Haftung 93, 105, 112 ff., 132 f.
- Haftungsrisiko 132 ff.
- Lebenszykluskosten 134
- LEED-Zertifizierung 100
- Leistungspflichten 104 f.
- Muster-Zulassungsurkunde 192
- Nachbesserung 113
- Nachtrag zum Versicherungsschein 136
- Ökobilanz 134
- Projektaudit 107
- Versicherbarkeit 134
- Versicherungsschutz 132 ff.
- Vertrag 102 ff., 130
- Vertragssystem 104 ff.
- Vor-Zertifikat 106 f., 110
- werkvertragliche Haftung 112
- Zulassungsurkunde – Muster 192
- Zusatzversicherung 136

Auditorenvertrag 102 ff., 130
- Zertifizierungssystem 102

Aushändigung
- Zertifikatsurkunde 95, 169

Ausschreibung 108, 149 f.
- Vergabe öffentlicher Aufträge 149 f.

Auszahlungsvoraussetzungen 58
- Baubeschreibung 58
- Beleihungswert 58
- Darlehensgeber 58
- Due Diligence Bericht 58
- Marktwert 58
- Zertifikatsurkunde 58

Auszeichnungsstufe 4, 7, 53, 56 f., 90, 92 f., 95, 98, 130, 142, 167 f., 180 f.
- Darlehensnehmer 53
- Finanzierungsdokumente 53
- grüne Krankenhäuser 142
- Konformitätsprüfung 91
- Krankenhäuser 142
- Nutzungsprofil 53
- Zertifizierungspflege 130
- Zertifizierungsvertrag 90 f.

B
Bauabnahme
- Green Building 93

Baubeschreibung 58, 71 f.
- als Auszahlungsvoraussetzung 58

Bagatellmaßnahme 18
- Erhaltungs- und Modernisierungsmaßnahme 18

Bauhandwerker 55
- vertragliche Gestaltung 55

Bauherr 39 f., 90 ff., 96 ff. 104 ff., 108, 110 ff., 122, 132, 134 ff., 166 f., 172 f., 176, 179, 181, 185 f., 190
- Eigenerklärung 39
- Schadensersatzforderung 132

Bauliche Maßnahmen 75
- Mietvertragsgestaltung 75

Bauingenieur 133, *s. a. Ingenieur*
Baumaterial 2, 34
Bauprojekt-Audit 95
Bauträger 47
- Haftung 48

Bauträgervertrag 48
- Haftung 48

Bauüberwacher 93 f., 100
- Haftung 93 f.
- LEED-Zertifizierung 100

Bauunternehmer 39, 93 f.
- Haftung 93 f.

Bauvertrag 118 ff.,
- detaillierte Leistungsbeschreibung 119
- funktionale Leistungsbeschreibung 118
- globale Leistungsbeschreibung 117 f.
- Green Building 118 ff., *s. a. Green Building-Bauvertrag*
- geschuldete Leistung 118
- „grüner" 118
- Leistungsbeschreibung 118 ff.
- Leistungsbestimmungsrecht 120
- Lücken in der Leistungsbeschreibung 119
- Pauschalfestpreis 118 f., 121
- Schlüsselfertigkeit 118, 121

Bauwerk 31, 35, 100, 122, 132, 149
- Dämmung 31

Begünstigte
- des Zertifikats 90

Behördliche Genehmigungen 91
Belehrungspflichten des Notars 48

– Nachrüstungspflicht 47 f.
Beleihungsobjekt 52, 58
Beleihungswert 58
– Auszahlungsvoraussetzung 58
Beratungsleistung 107 ff., 115, 126, 172, 185
– DGNB-Auditor 107 f.
– Zertifizierungsberater 109
Berufsbild 133 ff.
– Architekt 133 f.
– Auditor 134 f.
– Fachplaner 134 f.
– Ingenieur 133 f.
Berufshaftpflichtversicherung 135, s. a. Haftpflichtversicherung
– Auditor 135
– Fachplaner 135
– Nachtrag zum Versicherungsschein 136
Beschaffenheit 28, 49 f., 67, 70 ff., 73 ff., 114
– der Mietsache 67, 70 f.
– des Kaufgegenstands 46
– energetische Zielwerte 72
– Energieausweis 67 f.
– Energiestandards 70 ff.
– Nachhaltigkeitsaspekte 75
– Vereinbarung 71
– Zusicherung 75
Beschaffenheitsvereinbarung 46, 50, 67, 73 f., 114
– Energieausweis 67
– Green Building-Zertifikat 50
– Haftung 46
– Kosten 114
– Kostenlimit 114
– Nachhaltigkeitszertifikat 74
– Rechtsfolge 73 f.
– Zertifizierungsberater 114
Beschaffungsbedarf 148
– Vergabe öffentlicher Aufträge 148
Besluit energieprestatie gebouwen (Niederlande) 35
Besondere Härte 15 f., 85
– Abwägungskriterium Energie- und Klimaschutz 16 f.
– energetische Modernisierung/Sanierung 16, 85
– Mietrechtsnovelle 16 f.

Bestandsgebäude 44, 47, 51, 76, 104, 126 f.
– Energiebedarf 76
– Energieeinsparverordnung 76
– Nachrüstungspflicht 47
Bestandsimmobilien 2, 13, 101
Bestellung von Dienstbarkeiten 42 f.
Betreibervertrag 141
– Green Building-Klausel 141
– Hotel 141
Betriebskosten 3, 24, 26, 28, 62, 78 ff.
– Contractor-Fee 81 f.
– Grundsatz der Wirtschaftlichkeit 78
Betriebskostenabrechnung 79
– Wirtschaftlichkeitsgebot 79
Betriebskostenverordnung 81 ff.
– Contractor-Fee 81 ff.
– Nebenkosten 82
– Wärme-Contracting 81 ff.
Bewertungskriterien 94
– BREEAM 94
– DGNB 94
– „Health and Wellbeing" 94
– LEED 94
– Nachhaltigkeitsaspekte 94
– Systemvorgaben 94
– Zertifizierungsstelle 94
Blauer Engel 151
BREEAM 7, 12, 35 f., 38, 41, 49, 53, 59, 68, 91 f., 94 f., 98, 100 ff., 108, 110 f., 126, 128, 132, 140, 192 ff.
– Abtretungsverbot 59
– Auditor 101
– Auditor als Vorprüfer 101
– Besonderheiten 100 ff.
– Bewertungskriterien 94
– Einzelzertifikat 101
– Erneuerung 102
– Exzellenzgrad 92
– Gebühren – Übersicht 193 f.
– Kosten-Nutzenanalyse 108
– Licensed Assessor (LA) 104, 108, 110
– Muster-Zertifikat 191
– Nachhaltigkeitszertifikat 49
– Nutzungsprofil 53, 91, 101
– Ratingsystem 108
– Vergütung 91 f., 101 f.
– Zertifizierungsvertrag 91 f.

BREEAM-Deutschland 101
– Fachleute 193 f.
– Gebühren 193 f.
BREEAM-Zertifikat 102
– Besonderheiten 100 ff.
– Erneuerung 128
– Gebühren – Übersicht 193 f.
– Kosten-Nutzenanalyse 108
– Licensed Assessor (LA) 102
– Muster 191
– Ratingsystem 108
– Vergütung 102
– zeitliche Geltung 101
BREEAM-Zertifizierungssystem 100 ff.
– Anpassung an deutsche Bauvorschriften 100 ff.
– Besonderheiten 100 ff.
– Licensed Assessor (LA) 104
BREEAM-Zertifizierungsvertrag 91, 100 f.
– Besonderheiten 100 f.
– Einzelzertifikat 101
– Erneuerung 102
– Licensed Assessor (LA) 104
– Vergütung 101 f.
– zeitliche Geltung 101
Building (Part L Amendment) Regulations (Irland) 34
Building Regulations 2000 (Großbritannien) 34
Bundesbehörden 150
– Vergabe öffentlicher Aufträge 150

C
CAPEX 129 f.
Carbon Footprint 104, 122
certificat d'économie d'énergie (Frankreich) 33
Climate Change Act 2008 (Großbritannien) 33 f.
Code of Conduct 87 f.
Commissioning Plan 109
Compliance 3
Contracting 78, 80 ff.
– Betriebskosten 78 ff.
– Kostenneutralität 83
– Mietvertragsgestaltung 83
– Wärme-Contracting 78 ff.

Contracting-Erlaubnis 83
Contracting-Modell 81 ff.
– allgemeine Geschäftsbedingungen 81
– Betriebskostenverordnung 81 f.
– Kostenneutralität 83
– Mietvertragsgestaltung 83
Contracting-Verbot 83
Contracting-Vertrag 80 f.
– allgemeine Geschäftsbedingungen 81
– Betriebskostenverordnung 81 f.
– Wärme-Contracting 80 f.
Contractor 41, 80 ff.
– Wärme-Contracting 80 ff.
Contractor-Fee 81 ff.
– als Betriebskosten 81 f.
– Betriebskostenverordnung 81 f.
– Kostenneutralität 83
– Mietrechtsänderungsgesetz 2012 81 f.
– Umlagefähigkeit 81 f.
Corporate Governance 3
Corporate Responsibility 43
CRC Energieeffizienzsystem (Großbritannien) 34
CRC energy efficiency scheme (Großbritannien) 34

D
Dämmmaßnahmen 31
– energetischer Überbau 31
Dämmung 30
– von Bauwerken 31
– Irland 34
Darlehen 53 f., 56 ff.
Darlehensantrag 5
Darlehensgeber 53 ff.
– Abtretung von Ansprüchen 59
– Auszahlungsvoraussetzung 58
– Kündigungsrechte 57
– Reliance 59
– Zertifizierungsstelle 59
– Zertifizierungsvertrag 59
Darlehensnehmer 5, 51 ff.
– Abtretung von Ansprüchen 59
– Auszeichnungsstufe 53
– Finanzierungsvertrag 51, 57
– Immobilienfinanzierung 51 ff.

Stichwortverzeichnis

- Kündigungsrechte 57
- laufende Verpflichtungen 52
- Pflichten 56
- Projektentwicklung 55
- Sicherungszweckvereinbarung 52, 56
- Zertifikat 5
- Zertifizierungsstelle 56
- Zertifizierungsvertrag 56
- Zusicherung 52, 55
Darlehensvergabe 38
Darlehensvertrag 52 f., 55 ff.
- Kündigungsrechte 57
- Regelungsvorschlag 56
- Sicherungszweckvereinbarung 52, 56
Detaillierte Leistungsbeschreibung 119
Deutsches Privates Institut für Nachhaltige Immobilienwirtschaft 101, 192 ff.
DGNB 4, 7, 12, 35, 38 ff., 49, 53 f., 59, 68, 90 ff., 106 ff., 110 f., 121, 126, 128, 130, 132, 134, 140 ff., 166 ff.
- Abtretungsverbot 58 f.
- Auszeichnungsstufe 54
- Bewertungskriterien 94
- grüne Krankenhäuser 141
- Hotel 140
- Masterplan-Zertifikat 140
- Mitgliederrabatt 97
- Musterzertifizierungsvertrag 91
- Nachhaltigkeitszertifikat 49
- Nutzungsprofil 53, 91
- Plakette 95, 169
- Vor-Zertifikat 106, 140
- Vor-Zertifizierungsvertrag 178 ff.
- Widerruf 40
- Zertifizierungsmuster 39
- Zertifizierungsvertrag 91
DGNB-Auditor 106 ff., 132, 186, 189
- Anmeldung des Projekts 106
- Beratungsleistungen 107 f., 172, 185
- Lebenszykluskostenberechnungen 108
- Leistungsbild 106, 108
- Ökobilanzierung 108
- Projektaudit 107
- Vor-Zertifikat 106 f., 110, 140

DGNB-Musterzertifizierungsvertrag 91
DGNB-Vorzertifizierungsvertrag 178 ff.
- Muster 178 ff.
DGNB-Zertifikat 40, 92 f., 106, 180, 187
- Antragsteller 40, 92 ff., 100 ff., 166 ff.
- Übertragung von Rechten und Pflichten 96
- Vor-Zertifikat 140
- Widerruf 39 f.
DGNB-Zertifizierungsstelle 106
- Anmeldung des Projekts 100, 106, 111, 168 f., 172, 182 f., 185
DGNB-Zertifizierungsvertrag 59, 99
- Abtretungsverbot 58 f.
- Muster 166 ff.
Dienstbarkeiten 42 f.
- Bestellung von 42 f.
Dienstleistung 11, 109, 124, 147
- Zertifizierungsberater 109 f.
Dienstvertrag 105, 109
- Zertifizierungsberater 105, 109
DIFNI 101, 192 ff.
- Muster-Zertifizierungsvertrag 101
Dokumentation im Mietvertrag 67
- Energieausweis 67
Doppelzertifizierung 130
Due Diligence 8, 30, 38 ff., 50, 58 f., 92, 96, 101 f.
- Green Building-Zertifikat 38
- Immobilientransaktion 37 ff.
- Mieterausbau 41
- Zertifikat 37 ff.
Due Diligence Berater 38
Due Diligence Bericht 39 f., 58 f.
- Auszahlungsvoraussetzung 58
Due Diligence-Prüfung 38
Duldung 13, 20 f., 24 f., 83 ff.
- Kosten energetische Modernisierung 83 f.
Duldungspflicht 13 ff.
- Modernisierungsmaßnahmen 13 ff.
- Erhaltungsmaßnahmen 13 ff.

E
EEWärmeG 28 ff., 44, 49, *s. a. Erneuerbare-Energien-Wärmegesetz*
Eigenerklärung 39 f., 44, 90, 93, 102, 167, 180
– des Antragstellers 44, 90, 93, 102, 167, 180
– des Bauherrn 39
– Richtigkeit 44
– Vollständigkeit 44, 102
Eigenversorgung 26, 82 f.
Eignungsprüfung 152
– Umweltmanagementverfahren 152
– Umweltmanagementzertifikat 152
– Vergabe öffentlicher Aufträge 152
Einzelzertifikat 101
EMAS (Umwelt-Audit-System) 152
Endenergie 13
– Modernisierungsmaßnahmen 13
energetische Eigenschaften 74
– implizite Haftung 74 f.
– Wertermittlung 8
Energetische Modernisierung 12 ff., 21, 23, 83 ff., 87, 160 ff.
– Abschreibung 161 f.
– Anschaffungs- und Herstellungskosten 158 f.
– Anschaffungsnahe Kosten 160
– besondere Härte 85
– Duldung 83 ff.
– Duldungspflicht 12 ff.
– Energiekonzept der Bundesregierung 12
– Energiewende 13, 84
– Erhaltungsaufwendungen 160
– erhöhte Abschreibung 163
– Gewerbemietrecht 84
– KfW-Effizienzhaus 161
– Klimaschutz 14 f.
– Klimaschutzziele der Bundesregierung 13
– Kosten 83 ff.
– Kostenumlage 86 f.
– Kostenverteilung 86 f.
– Kündigungsrecht 85
– laufende Erhaltungskosten 158
– Mieterhöhung 14, 84, 86 f.
– Mitrechtsnovelle 12 ff.
– Mietvertragsgestaltung 87

– (nachträgliche) Herstellungskosten 158, 161
– Nichtbeanstandungsgrenze 160
– Regelungsempfehlungen 84 f.
– Sonderabschreibung von Herstellungskosten 161
– Sonderausgaben 162 f.
– steuerliche Abzugsfähigkeit 158 ff.
– steuerliche Förderung 163
– Umlegung der Kosten 83 ff.
– Wohngebäude 160 ff.
Energetische Sanierung 2, 13, 18, 31, 161 ff.
– Abschreibung 161 f.
– Anschaffungs- und Herstellungskosten 158 f.
– Anschaffungsnahe Herstellungskosten 160
– besondere Härte 85
– Duldungspflicht 13 ff.
– Erhaltungsaufwendungen 160
– erhöhte Abschreibung 163
– KfW-Effizienzhaus 161
– laufender Erhaltungsaufwand 158
– (nachträgliche) Herstellungskosten 158, 161
– Nichtbeanstandungsgrenze 160
– Sonderabschreibung von Herstellungskosten 161
– Sonderausgaben 162 f.
– steuerliche Abzugsfähigkeit 158 ff.
– steuerliche Förderung 163
– Wohngebäude 160 ff.
Energetische Standards 44, 53, 68, 70 f., 73 ff.
– als Beschaffenheit der Mietsache 67, 70 f.
– Haftung 44 ff., 77
– Kosten 158 ff.
– Mietvertragsgestaltung 68 f., 72, 77, 79 f.
– Projektentwicklung 53
Energetische Vorgaben 44
– als Beschaffenheit der Mietsache 67, 70 f.
– Erneuerbare-Energien-Wärmegesetz 49
– Haftung 44 ff.
– Nichteinhaltung 49

Energetische Zielwerte 71 f.
– als Beschaffenheit der Mietsache 67, 70 f.
– Haftung 71 ff.
– Mietvertragsgestaltung 68, 72, 75, 80, 83, 87
– Nutzerverhalten 72 f.
– Vereinbarung 71 ff.
– Zusicherung 71 f.
Energetischer Überbau 30
– Dämmmaßnahmen 31
Energieausweis 10 f., 34 f., 43 ff., 49, 52, 65 ff., 72 ff.
– als Beschaffenheit der Mietsache 67, 70
– Beschaffenheit des Kaufgegenstands 46
– Beschaffenheitsvereinbarung 46
– Dokumentation im Mietvertrag 67
– Fälligkeitsvoraussetzung für den Kaufpreis 46
– Garantie 46
– grüne Mietverträge 65 ff.
– Haftung für Inhalt 67
– Haftungsausschluss 69
– Irland 34
– Kaufpreiseinbehalten 46
– Kenntniserklärung 46
– Kontrollsystem 11
– kaufvertragliche Haftung 44 ff.
– Mietvertrag 68
– Nichtvorlage 10 f., 45
– Niederlande 35
– Notar 45
– Ordnungswidrigkeit 10, 45, 66, 68
– Untervermietung 66
– vdp-Mustervertrag Gewerbe 52
– Verfristung 45
– Verzicht 45
– Vorlagepflicht 10 , 44, 65 f.
– vorvertragliche Aufklärungspflicht 67
– Wirksamkeitsvoraussetzung 42
Energiebedarf 10 f., 43, 71, 76, 161, 164
– Bestandsgebäude 76
– Neubau 76
– Vereinbarung 71 f.
– Zusicherung 71 f.

Energiebezogene Nebenkosten
– Kappung 78
Energiebilanz 42 f., 101
– Bestellung von Dienstbarkeiten 42
Energiedienstleistungen 35, 149
– Italien 35
Energieeffizienz 3 f. 10, 14, 33 f., 66, 68, 73, 75 80, 142, 148 ff.
– als Zuschlagskriterium 154
– Angaben ins Blaue 73
– Frankreich 33
– Großbritannien 33 f.
– Irland 34
– Italien 35
– Modernisierungsmaßnahmen 13
– öffentlicher Auftraggeber 149 ff.
– Verbesserung durch Wärme-Contracting 80 ff.
– Vereinbarung 75
– Vergabe öffentlicher Aufträge 148 ff.
– Zusicherung 75
Energieeffizienzklasse 148 f., 154 f.
– öffentlicher Auftraggeber 149
– Vergabe öffentlicher Aufträge 154 f.
Energieeffizienzrichtwerte 34
– Großbritannien 33
Energieeffizienz-Zertifikat 35
– Italien 35
Energie-Einspar-Gesetz 10
– Novelle 10
Energieeinsparverordnung 8, 10, 41, 44, 54, 60, 62, 65, 98
– Bestandsgebäude 44, 47, 76
– Haftung 44 ff.
– Mangel bei Nichteinhaltung 75 ff.
– Nachrüstungspflicht 47
– Neubau 76
– Novelle 10
– Ordnungswidrigkeit 10
– Systemvorgaben 98
– Vorgaben zum Energiebedarf 10
Energiekonzept der Bundesregierung 13
Energie-Leistungskoeffizienten 35
– Niederlande 35
Energiemix 43 f., 92
Energieprestatiecoefficient (Niederlande) 35
Energieschutz 15 f.

Stichwortverzeichnis

- als Abwägungskriterium 15 f.
Energiestandards 48, 71 ff.
- als Beschaffenheit der Mietsache 71 ff.
- Mietvertragsgestaltung 75
- Vereinbarung 71 f.
- Zusicherung 71 f.
Energieverbrauch 5, 10 ff., 33 ff., 71, 126, 130, 141, 148 f., 154 f.
- Frankreich 33
- Irland 34
- Krankenhaus 141
- öffentliche Auftraggeber 148 f.
- Vereinbarung 71 f.
- Vergabe öffentlicher Aufträge 148 f.
- Zusicherung 71 f.
Energieverbrauchskennzeichnungsverordnung 149
Energiewende 2, 13, 65, 84, 142
- energetische Modernisierung/ Sanierung 13, 84
Energy Performance Building Regulations 2006 to 2008 (Irland) 34
Erhaltungsaufwendungen 160
- energetische Modernisierung/ Sanierung 160
- steuerliche Abzugsfähigkeit 160
Erhaltungsmaßnahmen 13 ff.
- Ankündigungspflicht des Vermieters 16
- Bagatellmaßnahmen 17
- Duldungspflicht 13
- gewerbliches Mietrecht 18 ff.
- Hemmnisse 17
- Minderung 17
- Obliegenheiten des Vermieters 16 f.
- Privatautonomie 15
- Rechte des Mieters 17
- s. a. Modernisierungsmaßnahmen
- Sonderkündigungsrecht 17
Erhöhte Abschreibung 163
- energetische Modernisierung/ Sanierung 163
Erneuerbare Energien 6, 29 f., 153
- Irland 34
- öffentliche Gebäude 29 f.
- Renovierung 30
Erneuerbare Energien-Wärmegesetz 8, 28 f., 44

- Haftung 44 ff.
- energetische Vorgaben 49
- Zweck 28
Erstklassigkeit 1, 3, 98
EU-Gebäuderichtlinie 8, 10 f.
European Ecolabel 151
EU-Schwellenwert 147
- Vergabe öffentlicher Aufträge 147
- Vergabeverfahren 147
Exzellenzgrad 92, 126, 128, 142
- BREEAM 92

F
Fachplaner 58, 104 ff., 131 ff.
- Berufsbild 134 ff.
- Berufshaftpflichtversicherung 135
- Haftpflichtversicherung 132
- Haftungsrisiko 132 ff.
- Nachtrag zum Versicherungsschein 136
- Versicherbarkeit 131 ff.
- Versicherungsschutz 131 ff.
- Vertrag 104 ff.
- Vertragssystem 104 ff.
- Zusatzversicherung 136
Facility Manager/Facility Management 8, 98, 124 ff., 134
- Abgrenzung 124 f.
- Begriff 124 f.
- Green Building-Themen 126 ff.
- Leistungsbeschreibung 124 ff.
- Leistungsbild 124 ff.
- Vertrag 125
- Zertifizierungspflege 8, 98, 126
- Zuständigkeit 8
Fälligkeitsvoraussetzung für den Kaufpreis 49
- Energieausweis 46, 49
- Green Building-Zertifikat 49
- Nachhaltigkeitszertifikat 49
Finanzierung 5, 50, 59,
- Darlehensnehmer 51, 59
- Green Building 50 f. 53, 55, 58 ff.
- Sicherheiten 58 f.
Finanzierungsdokumentation 53 f.
- Projektentwicklung 53
Finanzierungsdokumente 53
- Green Building 53
- Nutzungsprofil 53

– Zertifizierung 53
Finanzierungsvertrag 51, 57
– Auszahlungsvoraussetzungen 58
– Darlehensnehmer 51, 57
– Marge 57
Frankreich 33
– Regulierungstrends 33
Funktionale Leistungsbeschreibung 118 f., 121
Funktionale Verantwortlichkeit aller Baubeteiligten 110

G
Garantie
– Energieausweis 46
Gebäudeensemble 42
Gebäudemangel 49
Gebäudemodernisierung
    s. a. *Modernisierung und energetische Modernisierung*
Gebäudesanierung s. a. *Sanierung und energetische Sanierung*
Gebäudeverbund 44
Gebrauchsbeeinträchtigung
– der Mietsache 80
Gebrauchstauglichkeit 17, 76 f.
– Aufhebung 17
– der Mietsache 76
– Minderung 17
Gebühren 102, 194 f.
– BREEAM Zertifikat 194 f.
– Übersicht 194 f.
– Zertifizierung 102, 194 f.
Generalübernehmervertrag 55
Generalunternehmer 55
Gerichtliche Hilfe 97
– Zertifizierungsstelle 97
– Zertifizierungsvertrag 97
Gesamtschuldnerische Haftung 115
– Zertifizierungsberater 115
Geschäftsbesorgung 105
– Zertifizierungsberater 105
Gesetz zur steuerlichen Förderung von energetischen Sanierungsmaßnahmen an Wohngebäuden 160 ff.
– Anwendbarkeit 162
– Anwendungszeitraum 163
– erhöhte Abschreibung 163

– Gewerbeimmobilien 162
– KfW-Effizienzhaus 161
– KfW-Kredit 162
– (nachträgliche) Herstellungskosten 161
– private Hauseigentümer 162
– Sonderabschreibung von Herstellungskosten 160
– Sonderausgaben 162
– Stand der Umsetzung 163
– Voraussetzungen 161 f.
– Ziele 160 f.
Gesetzesdekret Nr. 117 (Italien) 35
Gesundheitsimmobilie 141 f.
– „grüne" 141 f.
Gewerbemietrecht 18 ff., 84
– Auswirkungen der Mietrechtsnovelle 18 ff.
– Erhaltungs- und Modernisierungsmaßnahmen 18 ff.
– Mietvertragsgestaltung 18 ff.
Globale Leistungsbeschreibung 119 f.
– Leistungsbestimmungsrecht 120
Green Building, 2 ff., 50 ff., 53, 55, 58 ff., 93, 118 ff.
– Anforderungen 2 ff.
– Bauabnahme 93
– Bauvertrag 118 ff.
– Finanzierung 50 f., 53, 55, 58 ff.
– Finanzierungsvertrag 50 ff.
– in der Immobilienfinanzierung 50 ff.
– Zertifikat, 99, 106, 117, 122, 125 f., 129 f., 132 ff., 136 f., 140 f., 155, s. a. *Green Building-Zertifikat*
Green Building CAPEX 129 f.
Green Building Certification Institute 99
– Zertifizierungsstelle 99
Green Building-Bauabnahme 93
Green Building-Bauvertrag 118 ff.
– detaillierte Leistungsbeschreibung 119
– funktionale Leistungsbeschreibung 118 f., 121 f.
– globale Leistungsbeschreibung 119 f.
– geschuldete Leistung 118
– Leistungsbeschreibung 118 ff.

Stichwortverzeichnis

- Leistungsbestimmungsrecht 120
- Lücken in der Leistungsbeschreibung 119
- Pauschalfestpreis 118 f., 121
- Schlüsselfertigkeit 118, 121

Green Building-Fonds 50
Green Building-Garantie 93
- Bestandteile 93

Green Building-Klausel 141
Green Building-Zertifikat 4 f., 7 f., 10, 35, 37 f., 44, 46, 49 ff., 53 f., 55, 68 ff., 90 ff., 93, 95 ff., 102, 104, 136, 140 f., 155
- Beschaffenheitsvereinbarung 46
- Due Diligence 8, 37 ff.
- Fälligkeitsvoraussetzung für den Kaufpreis 50
- Finanzierungsdokumente 53 f.
- Gültigkeit 96
- Haftung 44 ff., 96
- Haftungsausschluss 69
- Kündigung der Mietsache 70
- Mehrkosten 140
- Mietminderung 70
- Mietvertragsgestaltung 69
- Momentaufnahme 98
- Multiplikator 6
- Nachvermietung 5, 8
- Neubewertung 98
- Rechtsnachfolge/Rechtsnachfolger 96
- Übertragbarkeit 96
- Verkehrswert Immobilie 4 f., 7 f.
- Verleihung 95 ff.
- Verdrängungswettbewerb 140 ff.
- Vergabe öffentlicher Aufträge 155
- Widerruf 96 f., 102
- Widerrufsrecht 96 f.
- Widerrufsvorbehalt 96 f.
- Zertifizierungsverfahren 95
- Zertifizierungsvertrag 90 ff.

Green Hospital 141 ff., s. a. grüne Krankenhäuser
- Energieverbrauch 141

Green Procurement 146 f., 155
- Vergabe öffentlicher Aufträge 146 f.

Grenelle 2 (Frankreich) 33
Großbritannien 33 f.
- Regulierungstrends 33 f.

Grundsatz der Wirtschaftlichkeit 78
- Betriebskosten 78

Grüne Betreiberimmobilien 139 ff.
- Mehrkosten durch Green Building-Zertifikat 140
- Nachvermietung 140
- Verdrängungswettbewerb 139 ff.

Grüne Gesundheitsimmobilien 141 ff.
Grüne Hotels 139 f.
- Beispiele 140
- Betreibervertrag 141
- DGNB 140
- LEED 140
- Green Building-Klausel 141
- Hybrid-Verträge 141
- Management-Vertrag 141
- Mehrkosten durch Green Building-Zertifikat 140
- Pachtvertrag 141
- Verdrängungswettbewerb 139 f.
- Vor-Zertifikat 140
- Zertifizierungspflege 141

Grüne Klauseln 64
- Energieausweis 65 ff.

Grüne Krankenhäuser 141 ff.
- Auszeichnungsstufe 142
- DGNB 142
- Energieverbrauch 141
- Exzellenzgrad 142
- LEED 142
- Vorteile im Verdrängungswettbewerb 142 f.

Grüne Mietverträge 64 ff.
- energetische Modernisierung 83 ff.
- Energieausweis 65 ff.
- Green Building-Zertifikat 68 ff.
- grüne Klauseln 64
- Literaturhinweise 62 f.
- Mietvertragsgestaltung 65 ff.
- Wärme-Contracting 80 ff.

Grüne Seniorenpflegeheime 141 ff.
- KfW70-Mittel 141
- Vorteile im Verdrängungswettbewerb 142 f.

Grüner Bauvertrag 118
Gültigkeit 41, 96, 118, 176, 189
- des Zertifikats 96

Gütesiegel 41

Stichwortverzeichnis

H
Haftpflichtversicherung 132 ff.,
- Architekt 133 f.
- Auditoren 132 ff.
- Fachplaner 132 ff.
- Ingenieur 133 f.
- Nachtrag zum Versicherungsschein 136
- rechtlicher Rahmen 133 f.

Haftung 44 ff., 56, 59, 62, 65, 67 ff., 72 f., 77, 93 f., 99 f., 102, 105, 112 ff., 133 ff., 167, 175, 179, 188
- Accredited Professional 105, 112 ff.
- Architekt 93 f., 97, 114, 133 ff.
- anfängliche Mängel 73
- Auditor 93, 105, 112 ff.
- Bauträger/Bauträgervertrag 49
- Bauüberwacher 93
- Beschaffenheitsvereinbarung 114
- Bauunternehmer 93
- Einhaltung der EnEV 47 f.
- energetische Eigenschaften 74 f.
- energetische Zielvorgaben/Zielwerte 49, 72, 77
- Energieausweis 44 ff., 67 f.
- Energiestandards 72, 77
- Erneuerbare-Energien-Wärmegesetz 49
- Green Building-Zertifikat 49 f.
- implizite 74 f.
- Ingenieur 133 ff.
- LEED-Zertifizierungsstelle 100
- LEED-Zertifizierungsvertrag 100
- Licensed Auditor 105, 112 ff.
- Mietvertragsgestaltung 68 ff., 72, 77
- Nachrüstungspflicht 47 f.
- Offenbarungspflicht 47 f.
- Planer 93
- Zertifizierungsberater 104 f.

Haftungsausschluss 69, 91
- Green Building-Zertifikat 69
- Zertifizierungsstelle 91

Haftungsrisiko 132 ff.
- Auditoren und Fachplaner 132 ff.

Hausordnung mit „grünem Hintergrund" 88
„Health and Wellbeing" 94
Hemmnisse 17
- für Modernisierungsmaßnahmen 17

Herstellungskosten, s. a. *Anschaffungs- und Herstellungskosten*
- Sonderabschreibungen 163

Hotel 11, 140 f., 143
- Betreibervertrag 141
- DGNB 140
- Green Building-Klausel 141
- „grünes" 140 f.
- Hybrid-Verträge 141
- LEED 140
- Management-Vertrag 141
- Mehrkosten durch Green Building-Zertifikat 140
- Pachtvertrag 141
- Vor-Zertifikat 140
- Zertifizierungspflege 141

Hotel-Betreibervertrag 141
- Green Building-Klausel 141

Hotel-Managementvertrag 141
Hotel-Pachtvertrag 141
Hybrid-Verträge 141

I
Immobilienbranche 2 ff., 84
Immobilieneigentümer 2, 90 ff., 96, 163 f.

Immobilienfinanzierung 50 f., 141
- Anschlussvermietung 51
- Marge 52
- Sicherheiten 59

Immobilienmanager/Immobilienmanagement 4, 101, 124 ff., 158 ff., 162
- Betreuung des Zertifizierungswesens 128
- energetische Modernisierung/Sanierung 158
- Erneuerung von Zertifikaten 128
- Green Building CAPEX 129
- Kontroll- und Überwachungsleistungen 127
- Leistungsbeschreibung 124 ff.
- Leistungsbild 124 ff.
- steuerliche Abzugsfähigkeit 158 ff.
- Vergütung 129 f.
- Zertifizierungspflege 126

Immobilienportfolio 5, 126, 128

207

Stichwortverzeichnis

Immobilientransaktion 7 f., 30, 37 ff., 92, 102
– Due Diligence 37 ff.
Immobilienwirtschaft 5, 11, 32, 50 f., 88, 101
– Nachhaltigkeit 50 f.
Implizite Haftung 74 f.
– energetische Eigenschaften 74 f.
Ingenieure 55, 59, 93, 108 f., 115, 133 f., 136
– Abtretung von Ansprüchen 59
– Berufsbild 133 f.
– Haftpflichtversicherung 133 f.
– Haftung 133 f.
– Nachtrag zum Versicherungsschein 136
– Versicherung 133 f.
– Versicherungsschutz 133 f.
– vertragliche Gestaltung 55
– Zusatzversicherung 136
Investitionsanreize 20 f.
– durch Mietrechtsnovelle 20 f.
Investitionskostenauslagerung 81
– Wärme-Contracting 81
Irland 34
– Regulierungstrends 34
ISO 14201 152
Italien
– Regulierungstrends 35

K
Kappung
– energiebezogener Nebenkosten 78
Kaufpreiseinbehalten 46
– Energieausweis 46
Kenntniserklärung 40
– Energieausweis 46
Kernsystem 91
– Nutzungsprofil 91
Kfw, s. *Kreditanstalt für Wiederaufbau*
Kfw-70, s. *KfW-70-Finanzierung*
Kfw-70-Darlehen 60
KfW-70-Finanzierung 60, 141
– Seniorenpflegeheime 141
KfW-Effizienzhaus 87, 161 f.
– energetische Modernisierung/ Sanierung 161 f.
– steuerliche Förderung 161 f.

KfW-Energieeffizienzhaus 60
KfW-Kredit 162
Klimaschutz 14 f.
– als Abwägungskriterium 15 f.
– Modernisierungsmaßnahmen 14
Klimaschutzziele der Bundesregierung 13
Klimawandelgesetz (Großbritannien) 33
Konformitätsprüfung 39, 41, 90, 92 ff., 97, 111, 127, 168 ff., 174 f., 179, 181 ff., 187 f.
– Antragsteller 111
– Auszeichnungsstufe 92
– Vergütung 97
– Zertifizierungsvertrag 90
– Zertifizierungsverfahren 95
Kontroll- und Überwachungsleistungen 127
– Immobilienmanagement 127
Kosten 83 ff., 108 ff., 114, 129, 136, 143, 158 ff., 176, 186, 190
– Beschaffenheitsvereinbarung 114
– Duldung 83 ff.
– energetische Modernisierung 83 ff., 158 ff.
– energetische Sanierung 158 ff.
– Modernisierungsmaßnahmen 83 ff.
– Überschreitung Kostenlimit 114
– Umlegung 83 ff.
Kosten-Nutzenanalyse 108
Kostenbeteiligung 86 f.
– energetische Modernisierung 86 f.
Kostengarantie 114
– Zertifizierungsberater 114
Kostenlimit 114
Kostenneutralität 83
– Contracting 83
Kostenumlage 86 f.
– energetische Modernisierung 86 f.
Krankenhäuser 141 ff.
– Auszeichnungsstufe 142
– Energieverbrauch 141
– Exzellenzgrad 142
– „grüne" 141 ff.
Kreditanstalt für Wiederaufbau 60
Kündigung 25, 70, 73, 175, 188
– Mietvertrag 69, 73
Kündigungsrechte 57, 74, 85 f.

Stichwortverzeichnis

- des Mieters 74
- energetische Modernisierung 85 f.

Kyoto-Protokoll 32

L

Länderspezifische Spezialregelungen 30 ff.
- Frankreich 33
- Großbritannien 33 f.
- Irland 34
- Italien 35
- Niederlande 35
- Osteuropa 35 f.

Landesrechtliche Spezialregelungen 30 f.

Laufender Erhaltungsaufwand 158 ff.
- energetische Modernisierung/ Sanierung 158 ff.

Lebenszyklus, von Gebäuden
- Frankreich 33

Lebenszykluskosten 134, 149 f., 153 f.
- Auditor 134
- Vergabe öffentlicher Aufträge 149 f.

Lebenszykluskostenberechnung 108, 134, 154
- Auditor 134
- Vergabe öffentlicher Aufträge 154

LEED 7, 12, 33 f., 38, 49, 53, 59, 68, 90 f., 94 f., 98 ff., 104, 108 ff., 111, 126 ff., 130, 132, 140, 142
- Abtretungsverbot 59
- Accredited Professional (AP) 104
- Besonderheiten 98 ff.
- Bewertungskriterien 94
- Green Building Certification Institute 99
- grüne Krankenhäuser 142
- Hotel 140
- Kosten-Nutzenanalyse 108
- Mediationsverfahren 98
- Nachhaltigkeitszertifikat 49
- Nutzungsprofil 53, 91
- Quick Check 108
- Ratingsystem 108
- Systemprofil 99
- Zertifizierungsvertrag 91, 98 ff.

LEED-Lizenz 100

LEED-Urheberrechte 100

LEED-Zertifizierung 7, 99 f., 104, 108 f., 111
- Accredited Professional (AP) 104
- Dauer der Erteilung 100
- Green Building Certification Institute 99
- Kosten-Nutzenanalyse 108
- Ratingsystem 108

LEED-Zertifizierungsstelle 99 f.
- Green Building Certification Institute 99
- Haftung 100

LEED-Zertifizierungsvertrag 91, 98 ff.
- Accredited Professional (AP) 104
- Besonderheiten 98 ff.
- Green Building Certification Institute 98
- Haftung 100
- Mediationsverfahren 98
- Rückerstattung der Vergütung 99
- Vertraulichkeit 100
- Vergütung 99

Leistungsbeschreibung 108, 118 ff., 124 ff., 147 ff., 154 f.
- Asset Manager 124 ff.
- Bauvertrag 118 ff.
- Carbon Footprint 122
- detaillierte 119
- Erweiterung um Green Building-Themen 126 ff.
- Facility Manager 124 ff.
- funktionale 118 f., 120 f.
- globale 119 f.
- Green Building-Bauvertrag 118 ff.
- Lücken 119
- Mischformen 120 f.
- Pauschalfestpreis 119, 121
- Property Manager 124 f.
- Umwelteigenschaften 148, 150 f.
- Vergabe öffentlicher Aufträge 148
- Zertifizierungswesen 124 ff.

Leistungsbestimmungsrecht 120

Leistungsbild 124 ff.
- Asset Manager 124 ff.
- Erweiterung um Green Building-Themen 126 ff.
- Facility Manager 124 ff.
- Zertifizierungswesen 124 ff.

Leistungsklage 97

Leistungspflichten 105, 112
- Accredited Professional 104
- Auditor 105
- Licensed Auditor 105
- Zertifizierungsberater 105
Licensed Assessor (LA) 104 f., 108 f., 111 ff.
- Haftung 105, 112 ff.
- Leistungsbild 108 f.
- Leistungspflichten 105
- Nachbesserung 113
Lieferung von Wärme 80 ff.
- s. a. Wärme-Contracting
Lücken in der Leistungsbeschreibung 119

M
Managementleistung 109
- Zertifizierungsberater 109
Management-Vertrag 125 f., 128 f., 141
- Hotel 141
Mängel des Gebäudes 49
Mängel des Mietgegenstandes 49, 68, 75 ff.
- Gebrauchsbeeinträchtigung 80
- Gebrauchstauglichkeit 76
- Nichteinhaltung der EnEV 47 f., 75 ff.
- Nichteinhaltung energetischer Vorgaben 49
Mängelbeseitigung 73
Mängelhaftungsausschlüsse 49
Marge 5, 51, 55, 57
- Finanzierungsvertrag 57
- Höhe der 57
Marktwert 58
- Auszahlungsvoraussetzung 58
Masterplan-Zertifikat 140
Mediationsverfahren 98
- LEED-Zertifizierungsvertrag 98
Mehrkosten 4, 60, 78, 86, 91, 140
- Green Building-Zertifikat 140
Mieterausbauten 41, 43, 72
Mieterausbauverpflichtung 41, 170
Mieterhöhung 14, 20, 24, 27, 84
- energetische Modernisierung 84, 87
Mietminderung 17, 20, 70
Mietgegenstand
- Gebrauchstauglichkeit 76

- Mängel 48, 49, 68
Mietrechtsänderungsgesetz 2012 13 ff., 21, 81
- Auswirkungen auf gewerbliches Mietrecht 18
- Investitionsanreize 20
- Synopse 21 ff.
Mietrechtsnovelle 12 ff.
- Abwägungskriterium Energie- und Klimaschutz 15
- Auswirkungen auf gewerbliches Mietrecht 18
- Härtefälle/Härtegründe 15
- Investitionsanreize 20
- Minderungsausschluss 14
- Modernisierungsmieterhöhung 15
- Privatautonomie 15
- Synopse 21 ff.
Mietsache 13, 21, 62, 67 f., 70 f., 74 ff., 80, 85
- Gebrauchstauglichkeit 76
- Mangel 49, 68, 75 ff.
Mietvertrag 26, 43, 51, 62, 64 ff., 71 ff., 75 ff., 81 ff.
- „grüner" 61 ff.
- Kündigung 69, 70
- umweltfreundlicher 65
Mietvertragsgestaltung 68 ff., 72, 74 f., 77, 79 f., 83, 87 f.
- bauliche Maßnahmen 75
- Green Building-Zertifikat 69
- energetische Modernisierung 87
- energetische Standards 69 ff., 75, 77
- energetische Zielvorgaben/Zielwerte 71 f.
- Energieausweis 68
- Grüne Mietverträge 65 ff.
- Mietvertragsgestaltung 18 ff.
- Modernisierung 17 ff., 80
- Nachhaltigkeitsaspekte 75
- Nachhaltigkeitszertifikat 69
- Nebenkosten 79 f.
- Wärme-Contracting 83
- Wirtschaftlichkeitsgebot 79 f.
- Zertifizierung 68 ff.
Minderung 17
- Erhaltungs- und Modernisierungsmaßnahmen 15

- Aufhebung der Gebrauchstauglichkeit 17
Minderungsausschluss 14
Mitgliederrabatt 97, 173, 187
Mitwirkungspflichten 90, 168, 181
- Antragsteller 90
- Zertifizierungsstelle 90
- Zertifizierungsvertrag 90
Modernisierung 12 ff., 23, 62, 76 f., 80 f., 83 ff., 87, 104, 124, 154, 157 ff.
- Abschreibung 162
- Abwägungskriterium Energie- und Klimaschutz 15
- Ankündigungspflicht des Vermieters 16
- Anschaffungs- und Herstellungskosten 158 ff.
- Anschaffungsnahe Herstellungskosten 160
- Bagatellmaßnahme 17
- besondere Härte 15, 85
- Duldungspflicht 13
- Endenergie 13
- energetische 83 ff., 158 ff., s. a. energetische Modernisierung
- Energieeffizienz 14
- Energiekonzept der Bundesregierung 13
- Energiewende 13
- Erhaltungsaufwendungen 160
- erhöhte Abschreibung 163
- gewerbliches Mietrecht 18
- Hemmnisse 17
- Investitionsanreize 20
- KfW-Effizienzhaus 161
- Klimaschutz 13 f.
- Klimaschutzziele der Bundesregierung 13
- Kosten 158 ff.
- laufender Erhaltungsaufwand 158 ff.
- Mietrechtsnovelle 12 ff.
- Minderung 17
- Minderungsausschluss 14
- Mietvertragsgestaltung 79
- Modernisierungsankündigung 16
- Modernisierungsmieterhöhung 14 f.

- (nachträgliche) Herstellungskosten 158 ff.
- Nichtbeanstandungsgrenze 160
- Obliegenheiten des Vermieters 16
- Pauschalwerte 16
- Primärenergie 14
- Privatautonomie 15
- Rechte des Mieters 17
- Sonderabschreibung von Herstellungskosten 161
- Sonderausgaben 162
- Sonderkündigungsrecht 17
- steuerliche Abzugsfähigkeit 158 ff.
- steuerliche Förderung 160 ff.
- Wohngebäude 160 ff.
Modernisierungsankündigung 15 f.
- Pauschalwerte 16
Modernisierungsklausel 18
- gewerbliches Mietrecht 18
Modernisierungsmaßnahmen 13, 15 ff., 23 ff., 65, 74, 79 f., 84, 86, 158 ff., s. a. Modernisierung
- Abwägungskriterium Energie- und Klimaschutz 15
- Ankündigungspflicht des Vermieters 16
- Bagatellmaßnahme 17
- Duldungspflicht 13
- Endenergie 13
- Energieeffizienz 14
- Energiekonzept der Bundesregierung 13
- Energiewende 13
- gewerbliches Mietrecht 18
- Härtefälle/Härtegründe 15
- Hemmnisse 17
- Investitionsanreize 20
- Klimaschutz 14
- Klimaschutzziele der Bundesregierung 13
- Mieterhöhung 15
- Mietrechtsnovelle 12
- Mietvertragsgestaltung 18 ff., 80
- Minderung 17
- Minderungsausschluss 14
- Modernisierungsankündigung 16
- Modernisierungsklausel 18
- Modernisierungsmieterhöhung 14 f.

Stichwortverzeichnis

– Pauschalwerte 16
– Primärenergie 14
– Privatautonomie 15
– Rechte des Mieters 17
– Sonderkündigungsrecht 17
– steuerliche Förderung 160 ff.
– Wirtschaftlichkeitsgebot 79
Modernisierungsmieterhöhungen 14 f.
Modernisierungspflicht 76 f.
Multiplikator 6 f.
– Green Building-Zertifikat 6
– LEED-Zertifizierung 7
Muster 39, 59, 90, 95, 166 ff.
– BREEAM-Zertifikat 192
– DGNB-Vorzertifizierungsvertrag 179
– DGNB-Zertifizierungsvertrag 91, 166 ff.
– DIFNI-Zertifizierungsvertrag 101
– Zertifikatsurkunde 95, 192
– Zertifizierungsvertrag 90 f.
– Zulassungsurkunde-Auditor 193
Mustervertrag des Verbandes der Pfandbriefbanken 52
Muster-Vorzertifizierungsvertrag 179
Muster-Zulassungsurkunde 193
Muster-Zertifikatsurkunde 95, 192
Muster-Zertifizierungsverträge 90 f., 166 ff.
– DGNB 91, 166 ff.
– DIFNI 101

N
Nachbesserung 95, 97, 113
– Vergütung 97
– Zertifizierungsverfahren 95
Nachbesserungsversuch 91
– bei negativem Prüfergebnis 91
Nachhaltigkeit 3 ff., 12, 15, 32, 38, 41, 43, 50 ff., 55, 64, 75, 98, 132, 142, 145 ff., 167, 176, 180, 189
– Immobilienwirtschaft 50 ff.
– Mietvertragsgestaltung 75
– Projektentwicklung 55
– Soft-Faktoren 3 f.
– vdp-Mustervertrag Gewerbe 52
Nachhaltigkeitsanforderungen 145 ff., s. a. Nachhaltigkeit

– Vergabe öffentlicher Aufträge 145 ff.
Nachhaltigkeitsausschuss 88
Nachhaltigkeitshandbuch 87
Nachhaltigkeitszertifikat 49 f., 68 f., 73 f.
– als Beschaffenheitsvereinbarung 74
– Fälligkeitsvoraussetzung 49
– Mietvertragsgestaltung 69
Nachrüstung 10 f., 47 f.
Nachrüstungspflicht 44, 47 f., 77
– Belehrungspflicht des Notars 48
– Energieeinsparverordnung 47
– kaufvertragliche Haftung 44
– Offenbarungspflicht 47 f.
– Sachmängelhaftung 48
(nachträgliche)Herstellungskosten 158 ff.
– energetische Modernisierung/ Sanierung 158 ff.
– steuerliche Förderung 161
Nachtrag zum Versicherungsschein 136
Nachvermietung 8, 53, 140
Nachvermietungsrisiko 5
Nebenkosten 2, 4, 38, 77 ff., 82, 126, 130
– Betriebskostenverordnung 82
– Kappung 78
– Mietvertragsgestaltung 79 f.
– Wirtschaftlichkeitsgebot 3, 77 f.
Nebenkostenabrechnung 79
Neubau 76
– Energiebedarf 76
– Energieeinsparverordnung 76
Neubewertung 98
– Green Building-Zertifikat 98
Nichtbeanstandungsgrenze 160
– steuerliche Abzugsfähigkeit 160
Niederlande 35
– Regulierungstrends 36
Niedrigstenergiegebäude 11
Notar 45, 48
– Energieausweis 45
Novelle 10
– der EnEV 10
Nullenergiehaus 11
Nutzerverhalten 41, 43, 72 f., 127
– kontraproduktives 72
– Mieterausbauten 43

– energetische Zielwerte 72 f.
– Zertifizierungsvertrag 41
Nutzungsprofil 40, 53, 56 f., 90 f., 97, 101, 166 ff., 168, 170 f., 174, 179 ff.
– Änderung 91
– Auszeichnungsstufe 53
– BREEAM 53, 91, 101
– DGNB 53 f., 91
– Finanzierungsdokumente 53
– Kernsystem 91
– LEED 53, 91
– Zertifizierungssystem 91
– Zertifizierungsvertrag 40, 90 f.

O
Obliegenheiten
– Ankündigungspflicht 16
– des Vermieters 16 f.
– Erhaltungs- und Modernisierungsmaßnahmen 16 f.
– Modernisierungsankündigung 16
Ökobilanzierung/Ökobilanz 108, 134
– Auditor 134
Offenbarungspflicht 47 ff.
– Haftung 47 f.
– Nachrüstungspflicht 47 f.
– Sachmängelhaftung 48
Öffentliche Aufträge 152 ff.
– *s. a. Vergabe öffentlicher Aufträge*
Öffentliche Auftraggeber 154 f.
– Energieeffizienz 149
– Energieeffizienzklasse 149
Öffentliche Gebäude 11, 29 f.
– erneuerbare Energien 29 f.,
– Renovierung 30
– Frankreich 33
Ordnungspolitische Mitverantwortung 2
Ordnungswidrigkeit 10, 66, 68
– Energieausweis 10, 44, 66, 68
– Energieeinsparverordnung 10
Osteuropa 35 f.
– Regulierungstrends 35 f.

P
Pachtvertrag 141
– Hotel 141
Pauschalfestpreis 118 f., 121
– Bauvertrag 118

– Green Building-Bauvertrag 121
Pauschalwerte
– Erhaltungs- und Modernisierungsmaßnahmen 15
Pflichten des Darlehensnehmers 55
Plakette 95, 169
– DGNB 95
– Verleihung 95
Planer 39 f., 50, 55, 93 f., 100, 114, 132, 136 f., *s. a. Fachplaner*
– Abtretung von Ansprüchen 50
– Haftung 93 f.
– LEED-Zertifizierung 100
– vertragliche Gestaltung 55
– Zusatzversicherung 136
Planungsleistung 109, 120
– Zertifizierungsberater 109
Plusenergiehaus 11
Portfolio 102, 128
– Zertifizierung 102
Preisformel 97
Primärenergie 14
– Modernisierungsmaßnahmen 14
Primärenergiebedarf 11, 43 f.
Primärenergiefaktor 14, 43
Privatautonomie 15
– Erhaltungs- und Modernisierungsmaßnahmen 16
Projektaudit 107, 114
Projektcontroller 55, 58
Projektentwicklung 6, 51, 53, 55
– Darlehensnehmer 54
– energetische Standards 53
– Finanzierungsdokumentation 53
– Generalübernehmervertrag 55
– Generalunternehmer 55
– Nachhaltigkeit 55
Property Manager/Property Management 124 ff.
– Abgrenzung 124 f.
– Begriff 124 f.
– Green Building-Themen 126 ff.
– Leistungsbeschreibung 126 f.
– Leistungsbild 126 f.
– Vertrag 125

Q
Quick Check 108

R
Ratingsystem 108
Rechtsfolgen 70, 73 f., 105
– Beschaffenheitsvereinbarung 74 f.
– Vereinbarung 73 f.
– Zusicherung 73 f.
Rechtsnachfolge/Rechtsnachfolger 56, 91, 96, 102, 172, 185
– Green Building-Zertifikat 96
– Schutzbereich Zertifizierungsverhältnis 96
– Zertifikat 91, 96
– Zertifizierungsvertrag 55
Rechtsnatur 109 f.
– Vertrag Zertifizierungsberater 109 f.
Regelungsinhalte 90 f.
– Zertifizierungsvertrag 90 f.
Regulierungstrends 8 f., 10 ff.
– Deutschland 10 ff.
– energetische Modernisierung 12 ff.
– Energieeinsparverordnung 10 f.
– Erneuerbare Energien-Wärmegesetz 28 ff.
– europäisches Ausland 32 ff.
– Frankreich 33
– Großbritannien 33 f.
– Irland 34
– Italien 35
– Kyoto-Protokoll 32
– länderspezifische Regelungen 30 ff.
– landesrechtliche Spezialregelungen 30 f.
– Niederlande 35
– Osteuropa 35 f.
Reliance 56, 59, 96
– Darlehensgeber 59
– Zertifizierungsstelle 96
Renovierung 30
– öffentliche Gebäude 30
– Frankreich 33
RICS Valuation Information Paper No. 13 6
Rückerstattung 99, 174, 188
– der vorgeleisteten Vergütung 99

S
Sachmängelhaftung 48
– Offenbarungspflicht 48
Sanierung 2, 8, 13, 15, 19, 34, 60, 86, 124, 158 ff.
– Abschreibung 162
– Anschaffungs- und Herstellungskosten 158 ff.
– Anschaffungsnahe Herstellungskosten 160
– besondere Härte 85
– energetische 2, 158 ff., s. a. *energetische Sanierung*
– erhöhte Abschreibung 163
– Erhaltungsaufwendungen 160
– KfW-Effizienzhaus 161
– Kosten 158 ff.
– laufender Erhaltungsaufwand 158 ff.
– (nachträgliche) Herstellungskosten 158 ff.
– Nichtbeanstandungsgrenze 160
– Sonderabschreibung von Herstellungskosten 161
– Sonderausgaben 163
– steuerliche Abzugsfähigkeit 158 ff.
– steuerliche Förderung 160 ff.
– Wohngebäude 160 ff.
Sanierungsmaßnahmen, s. a. *Sanierung und energetische Sanierung*
– steuerliche Förderung 160 ff.
– Wohngebäude 160 ff.
Sanierungszwang 11
Schadensersatzanspruch 80, 88, 113, 132
– des Bauherrn 132
– gegen Auditoren und Fachplaner 132
Schlüsselfertigkeit 118, 121
Schutzbereich 96, 172, 185
– Zertifizierungsvertrag 96
Shoppingcenter 101, 104
Seniorenpflegeheime 141 ff.
– „grüne" 141 ff.
– KfW70-Mittel 141
Sicherheiten 55, 58
– für Immobilienfinanzierung 58
Sicherheitenvertrag 52
Sicherungszweckerklärung 56
Sicherungszweckvereinbarung 52 f., 56

- Darlehensnehmer 52
- Darlehensvertrag 56
- Regelungsvorschlag 51, 56

Soft-Faktoren 3, 143

Solaranlage 31
- Abstandsflächen 31

Sonderabschreibung von Herstellungskosten 161 ff.

Sonderausgaben 162
- steuerliche Förderung 162

Sonderkündigungsrecht 17
- Erhaltungs- und Modernisierungsmaßnahmen 18

Spezialfonds 50

Stadtquartier 42

Steuerliche Abzugsfähigkeit 158 ff.
- Anschaffungs- und Herstellungskosten 158 ff.
- anschaffungsnahe Herstellungskosten 160
- energetische Modernisierung/Sanierung 158 ff.
- erhöhte Abschreibung 163
- Erhaltungsaufwendungen 160
- Immobilienmanager 158
- KfW-Effizienzhaus 161
- KfW-Kredit 162
- laufender Erhaltungsaufwand 158 ff.
- (nachträgliche) Herstellungskosten 158 ff.
- Nichtbeanstandungsgrenze 160
- Sonderabschreibung von Herstellungskosten 161
- Sonderausgaben 162

Steuerliche Förderung von energetischen Sanierungsmaßnahmen an Wohngebäuden 160 ff.
- Anwendbarkeit 162
- Anwendungszeitraum 163
- erhöhte Abschreibung 163
- Gewerbeimmobilien 162
- KfW-Effizienzhaus 161
- KfW-Kredit 162
- (nachträgliche) Herstellungskosten 161
- private Hauseigentümer 162
- Sonderabschreibung von Herstellungskosten 161
- Sonderausgaben 162

- Stand der Umsetzung 163
- Voraussetzungen 161 f.
- Ziele 160 f.

Systemanforderungen 90, 94

Systemvorgaben 94 f., 98, 174, 187
- Bewertungskriterien 94
- Fortschreibung 94

T

The European Ecolabel 151

U

Übertragbarkeit 40
- des Zertifikats 91, 96

Übertragung 40, 96, 172, 190
- Zertifikat 44

Umlegung 81 ff.
- Kosten energetischer Modernisierung 83 ff.
- Contractor-Fee 81 ff.

Umwelt 152

Umwelt-Audit-System (EMAS) 152

Umweltaspekte 145 f.
- Leistungsbeschreibung 150 f.
- Vergabe öffentlicher Aufträge 145 f., 150 f.

Umweltbilanz 5

Umwelteigenschaften 148 ff.
- als Zuschlagskriterium 148 ff., 153 f.
- in der Leistungsbeschreibung 148
- Lebenszykluskosten 149 f.
- Vergabe öffentlicher Aufträge 148, 151 f., 153

Umweltfreundlicher Mietvertrag 65

Umweltgütezeichen 150 f.
- blauer Engel 151
- The European Ecolabel 151
- Vergabe öffentlicher Aufträge 150 f.

Umweltmanagement 152

Umweltmanagement- und Qualitätssicherungssystems nach ISO 14201 152

Umweltmanagementverfahren 152

Umweltmanagementzertifikat 152
- Umwelt-Audit-System (EMAS) 152

Untervermietung 66
- Energieausweis 66

USGBC 100, 104

U.S. Green Building-Council 100, 104

V
vdp-Mustervertrag Gewerbe 52
- Energieausweis 52
- Nachhaltigkeit 52
Verdrängungswettbewerb 139 ff., 142 f.
- Grüne Betreiberimmobilien 139 ff.
- Grüne Hotels 140 f.
- Grüne Krankenhäuser 142 f.
- Grüne Seniorenpflegeheime 142 f.
- Vorteile durch Green Building-Zertifikat 139 f.
Vereinbarung 15, 22 ff., 47, 49, 51, 54, 57 f., 71 ff., 75, 78, 86 f., 97, 113, 121
- Beschaffenheit der Mietsache 71 f.
- Energiebedarf 71 f.
- Energieeffizienz 75
- Energiestandards 71 f.
- Energieverbrauch 71 f.
- energetische Zielwerte 71 f.
- Rechtsfolgen 73 f.
Vergabe öffentlicher Aufträge 145 ff.
- Angaben zum Energieverbrauch 148 ff.
- Angebotswertung 153
- Ausschreibung 149 f.
- Beschaffungsbedarfs 148
- Eignungsprüfung 152
- Einbeziehung unweltbezogener Aspekte 145 ff.
- Energieeffizienz als Zuschlagskriterium 148 ff., 154 f.
- EU-Schwellenwert 147
- Green Building-Zertifikat 155
- Green Procurement 155
- Lebenszykluskosten 149 f.
- Nachhaltigkeitsanforderungen 145 ff.
- öffentliche Auftraggeber 149 f.
- Umwelteigenschaften als Zuschlagskriterium 145 ff., 153 f.
- Umweltgütezeichen 150 f.
- Vorgaben für Bundesbehörden 150
- Zuschlagskriterien 153
Vergabeverfahren 145 ff., 155
- Ablauf 147 f.
- Angaben zum Energieverbrauch 148 ff.
- Angebotswertung 153

- Ausschreibung 149 f.
- Beschaffungsbedarfs 148
- Eignungsprüfung 152
- Einbeziehung unweltbezogener Aspekte 145 ff.
- Energieeffizienz als Zuschlagskriterium 148 ff., 154 f.
- EU-Schwellenwert 147
- Green Building-Zertifikat 155
- Green Procurement 155
- Nachhaltigkeitsanforderungen 145 ff.
- öffentliche Auftraggeber 149 f.
- Umwelteigenschaften als Zuschlagskriterium 145 ff., 153 f.
- Vertragswerk 148
- Vorgaben für Bundesbehörden 150
- Zuschlagskriterien 153
Vergütung 59, 91 f., 97, 99 ff., 113, 119 f., 126, 129 f., 168, 170 ff., 174 f., 181, 183, 184 f., 187 ff.
- Abbruch des Zertifizierungsverfahrens 97
- erhöhter Prüfungsaufwand 97
- Immobilienmanager 129 f.
- Konformitätsprüfung 97
- LEED-Zertifizierungsvertrag 99
- Nachbesserung 97
- Preisformel 97
- Rückerstattung 99
- Zertifizierungspflege 129 f.
- Zertifizierungsstelle 91
- Zertifizierungstätigkeit 97
Verkehrswert 4 f., 7
- Green Building Zertifikat 4 f.
- Immobilie 4 f.
Verleihung 39, 90, 95 ff., 169 f., 171 ff., 182, 184, 186, 190
- Green Building-Zertifikat 95
- Plakette 95
- Widerruf 97
- Zertifikatsurkunde 95
Versicherbarkeit 131 ff.
- Auditoren 131 f.
- Fachplaner 131 ff.
Versicherung 133 f.
- Architekt 133 f.
- Ingenieur 133 f.
- rechtlicher Rahmen 133 f.

– Nachtrag zum Versicherungsschein 136
Versicherungsschutz 131 ff.
– Architekt 133 f.
– Auditoren 131 ff.
– Ingenieur 133 f.
– Fachplaner 131 ff.
– Nachtrag zum Versicherungsschein 136
Versorgungsgemeinschaft 43
Vertrag 104 ff.
– mit Auditoren und Fachplanern 104 ff.
Vertrag des Verbandes der Pfandbriefbanken 52
Vertragssystem 104 ff.
– Auditor 104 ff.
– Fachplaner 104 ff.
– Zertifizierungsstelle 104 ff.
Vertraulichkeit 100, 177, 186, 190
– LEED-Zertifizierungsvertrag 100
Vorgaben für Bundesbehörden 150
– Vergabe öffentlicher Aufträge 150
Vorlagepflicht 10, 44 ff., 65 f.
– Energieausweis 44 ff., 65 f.
Vorprüfer 101
– BREEAM Auditor 101
Vorvertragliche Aufklärungspflicht 67
– Energieausweis 67
Vor-Zertifikat 106 f., 110, 140
– Anmeldung des Projekts 106
– Auditor 106, 110
– DGNB 140
– DGNB-Auditor 106
Vorzertifizierungsvertrag 179 ff.
– DGNB 179 ff.
– Muster 179 ff.

W
Wärme-Contracting 78 ff.
– Betriebskostenverordnung 81 ff.
– Contractor-Fee 81 ff.
– Grüne Mietverträge 80 ff.
– Investitionskostenauslagerung 81
– Kostenneutralität 83
– Mietvertragsgestaltung 83
– Verbesserung der Energieeffizienz 80 ff.
– Wirtschaftlichkeitsgebot 78

– Ziel 81
Wärmedämmung 14, 34, 47, 93
– Irland 34
Werbegemeinschaft 88
Werkleistung 110 f.
– Zertifizierungsberater 110
Werkvertrag 105, 110 f.
– Zertifizierungsberater 110
Werkvertragliche Haftung 112
– Auditor 110
Werkvertragliche Leistung 129
Werkvertraglicher Erfolg 110, 119
– Zertifizierungsberater 109
Wertabschlag 4
Wertentwicklung 4
Wertermittlung 6, 8
– energetische Eigenschaften 8
Wertsteigerung 4
Widerruf 39 f., 42, 58, 90, 92, 96 f., 102, 169, 182
– Antragsteller 40
– DGNB 40
– DGNB-Zertifikat 40
– Green Building-Zertifikat 96 f., 102
– Verleihung 97
– Zertifikat 39 f., 90, 96 f.
Widerrufsrecht 90, 96 f.
– Zertifikat 90
– Zertifizierungsstelle 90, 96 f.
Widerrufsvorbehalt 96 f.
– der Zertifizierungsstelle 96 f.
Wirksamkeitsvoraussetzung
– Energieausweis 44
Wirtschaftlichkeitsgebot 3, 10 f., 42 ff., 77 ff., 146
– Betriebskostenabrechnung 79
– Energiekosten 77
– Heizkosten 77
– Mietvertragsgestaltung 79 f.
– Modernisierungsmaßnahmen 79
– Nebenkosten 3, 77
– Wärme-Contracting 78
Wohngebäude 10 f., 47, 160 f., 164

Z
Zertifikat 37 ff., 44, 90 ff., 95 f., 127
– Ablauf 44
– als Gütesiegel 41
– Begünstigte 90

217

Stichwortverzeichnis

- Due Diligence 37 ff.
- Erneuerung 128
- Finanzierungsdokumente 53 f.
- Gebühren – Übersicht 194 f.
- gerichtliche Hilfe 97
- Green Building, s. a. Green Building-Zertifikat
- Gültigkeit 96
- Herauslösen aus dem Gebäudeverbund 44
- Leistungsklage 97
- Momentaufnahme 98
- Neubewertung 98
- Nichterreichung 113
- Nutzerverhalten 41, 72 f.
- Nutzungsprofil 90 f.
- Rechtsnachfolge/Rechtsnachfolger 91, 96
- Übertragbarkeit 91, 96
- Übertragung 44
- Veralterung 44
- Vergütung 91
- Verhältnis zu behördlichen Genehmigungen 91, 93
- Verleihung 90, 95
- Widerruf 39, 90, 92, 96 f.
- Widerrufsrecht 90, 96 f.
- Widerrufvorbehalt 96 f.

Zertifikatsurkunde 58, 95, 192
- Aushändigung 95
- Auszahlungsvoraussetzung 58
- BREEAM-Muster 192
- Muster 95, 192
- Verleihung 90, 95

Zertifizierung 4, 6 f., 10, 12, 35 f., 38, 41 ff., 50 ff., 62, 69 f., 72, 75, 90 f., 93, 95, 97, 100, 102, 104 f., 107 f., 110 ff., 118, 121 f., 125 ff., 132 ff., 152, 166 ff., 172 f., 182 ff., 183
- Bestandsgebäude 126 f.
- Erneuerung 128
- Gebühren 102
- Mietvertragsgestaltung 69 f.
- Neubau-Gebäude 127 ff.
- Sicherheitenvertrag 52 ff.
- Vergütung 91, 97
- Verleihung 95

Zertifizierung von Portfolien 102

Zertifizierungsberater 56 ff., 59, 105, 109 f., 112 ff.
- Abtretung von Ansprüchen 59
- Beratungsleistungen 109
- Beschaffenheitsvereinbarung 114
- Dienstleistung 109
- Dienstvertrag 109
- funktionale Verantwortlichkeit aller Baubeteiligten 110
- gesamtschuldnerische Haftung 115
- Geschäftsbesorgung 105
- Haftung 105
- Kostengarantie 113
- Leistungspflichten 105
- Managementleistungen 109
- Planungsleistungen 109
- Rechtsnatur des Vertrags 109 f.
- Überschreitung der Kosten 114
- Werkleistung 110
- Werkvertrag 110
- werkvertraglicher Erfolg 110

Zertifizierungs-Beratervertrag 109 f.
- Dienstleistung 109
- funktionale Verantwortlichkeit aller Baubeteiligten 110
- Rechtsnatur 109 f.

Zertifizierungs-Gebühren 102, 194 f.
- Übersicht 194 f.

Zertifizierungsleistung
- Vergütung 91

Zertifizierungspflege 98, 125 f., 129 f., 141
- Asset Manager 126
- Auszeichnungsstufe 130
- Erneuerung von Zertifikaten 128
- Facility Manager 126
- „grüne" Hotels 141 ff.
- Immobilienmanager 126
- Hotel-Betreibervertrag 141
- Hotels 141
- Vergütung 129 f.

Zertifizierungsstelle 39, 50, 55 ff., 59, 90 ff., 94 ff., 104 ff., 109 ff., 113, 115, 122, 125 ff., 130
- Abtretung von Ansprüchen 50
- Änderung des Nutzungsprofils 91
- Bewertungskriterien 94
- Darlehensgeber 56, 58
- Darlehensnehmer 55

Stichwortverzeichnis

- gerichtliche Hilfe 97
- Green Building Certification Institute 99
- Haftung 111 ff.
- Haftungsausschluss 91
- Mitwirkungspflichten 90
- Reliance 59, 96
- vertragliche Gestaltung 55 ff.
- Vergütung 92
- Vertragssystem 104 ff.
- Widerruf des Zertifikats 96 f.
- Widerrufsrecht 90, 96 f.
- Widerrufsvorbehalt 96 f.
- Zertifizierungsvertrag 90 ff.
Zertifizierungssystem 7, 38, 41, 53, 91, 95, 106, 127, 180
- Auszeichnungsstufe 53
- BREEAM 41
- DGNB 41
- Nutzungsprofil 91
Zertifizierungsverfahren 44, 90, 93 ff., 99 f., 104, 168, 174
- Abbruch 97
- Ablauf 90, 95
- Konformitätsprüfung 95
- Mitwirkungspflichten 90
- Nachbesserung 95
Zertifizierungsverhältnis 96
- Schutzbereich 96
Zertifizierungsvertrag 39 ff., 55, 58 f. 90 ff., 96 ff., 111 f., 128, 130, 172 f., 175 ff., 180
- Abtretung von Ansprüchen 59
- als Schnittstelle 111 f.
- Antragsteller 40, 90
- Auszeichnungsstufe 90 ff.
- Bedeutung 90 ff.
- Besonderheiten im Überblick 102
- BREEAM 91
- Darlehensgeber 55
- Darlehensnehmer 55
- DGNB 40 f., 59, 91
- Dienstvertrag 109

- gerichtliche Hilfe 97
- Green Building-Zertifikat 90
- Haftung 111 ff.
- Konformitätsprüfung 90
- LEED 91
- Leistungsklage 97
- Muster 90 f., 166 ff.
- Nachbesserungsversuch 91
- Nutzerverhalten 41
- Nutzungsprofil 40, 90 f.
- Rechtsnachfolger 56
- Regelungsinhalte 90 f.
- Reliance 56, 59
- Schutzbereich 96
- Systemanforderungen 90
- Übertragung von Rechten und Pflichten 96
- Werkvertrag 111
- Vertrag sui generis 112
- Zertifizierungsstelle 90 ff.
Zertifizierungswesen 124 ff, 128
- Betreuung 128
- Immobilienmanager 128
- Leistungsbild 124 ff.
Zieldefinition 126
Zulassungsurkunde 193
- Auditor 193
- Muster 193
Zusatzversicherung 136
Zuschlagskriterium 153 ff.
- Energieeffizienz 154 f.
- Umwelteigenschaften 153 f.
- Vergabe öffentlicher Aufträge 153 ff.
Zusicherung 52, 71 f., 75
- Beschaffenheit der Mietsache 71 f.
- Darlehensnehmer 52 f.
- energetische Zielwerte 71 f.
- Energiebedarf 71 f.
- Energieeffizienz 75
- Energiestandards 71 f., 74
- Energieverbrauch 71 f.
- Rechtsfolgen 73 f.
Zustimmungsvorbehalt 72

Autorinnen und Autoren

Cornelia Thaler ist Partnerin im Frankfurter Büro von Clifford Chance und Bereichsleiterin Real Estate in Deutschland. Sie hat sich auf die Beratung von Investoren, Verkäufern und Banken im Rahmen von komplexen Immobilientransaktionen spezialisiert. Zu ihrem Tätigkeitsfeld gehört die umfassende immobilienrechtliche Beratung von Verkäufern, Käufern, Mietern und finanzierenden Banken für unterschiedliche Immobilien Assetklassen (u. a. Wohnungen, Gewerbliche Immobilien, Retail, Datacenter – mit besonderem Schwerpunkt Energieversorgung/Energieeffizienz).

Dr. Horst Schlemminger ist Partner im Münchner Büro von Clifford Chance und Fachanwalt für Verwaltungsrecht. Er ist Mitglied im Rechtsausschuss der Deutschen Gesellschaft für Nachhaltiges Bauen (DGNB), (Mit-)Herausgeber von mehreren Handbüchern zu Umweltrechtsthemen und Autor zahlreicher Buchbeiträge und Veröffentlichungen mit Schwerpunkt im Immobilienrecht. Dr. Horst Schlemminger vertritt vorwiegend in- und ausländische Investoren, Immobiliengesellschaften, Industrieunternehmen sowie die öffentliche Hand.

Autorinnen und Autoren

Jörn Stobbe MRICS ist Rechtsanwalt und Partner im Frankfurter Büro von Clifford Chance, Vorstandsvorsitzender von RICS Deutschland und Vorstand der Initiative Corporate Governance der deutschen Immobilienwirtschaft. Er berät nationale und internationale Eigentümer und Investoren bei Immobilientransaktionen (Asset und Share Deals, Portfolio- und Sale und Leaseback-Transaktionen) sowie Banken im Bereich Real Estate Finance und Restrukturierung.

Dr. David Elshorst ist Partner im Frankfurter Büro von Clifford Chance und Fachanwalt für Verwaltungsrecht. Er berät zu allen Aspekten der Immobilientransaktionen (Einzel- oder Portfolio-, Asset oder Share Deals) und Immobilienfinanzierung mit Schwerpunkt auf internationalen Mandanten. Zu den Mandanten zählen internationale Investoren (Fonds, Home Offices), Banken und Behörden. Er verfügt ferner über spezielle Erfahrungen im immobilienbezogenen Umwelt- und Verwaltungsrecht, wie z. B. Altlasten-, Bau- und Planungsrecht.

Thomas Reischauer ist Counsel im Frankfurter Büro von Clifford Chance. Er konzentriert sich auf die Beratung von in- und ausländischen Investoren bei Immobilientransaktionen (Asset und Share Deals) und deren Finanzierung sowie Projektentwicklungen. Daneben berät er zu Fragen des Bau- und Architektenrechts, des gewerblichen Mietrechts sowie zu allen Fragen des immobilienbezogenen Asset Managements und legt einen besonderen Schwerpunkt auf die Spezialimmobilie Hotel. Er ist qualifiziert als Real Estate M & A Advisor (ebs).

Autorinnen und Autoren

Reinhard Scheer-Hennings, M.C.J, ist Partner im Düsseldorfer Büro von Clifford Chance und zugleich als Attorney-at-Law in New York zugelassen. Er berät in- und ausländische Mandanten auf dem Gebiet des Immobilienrechts, insbesondere im Zusammenhang mit gewerblichen Immobilien (Asset und Share Deals sowie Projektentwicklung) und der Finanzierung von Immobilientransaktionen. Zu seinen Mandanten zählen Banken, Fonds und Projektentwickler sowie private und institutionelle Anleger.

Christian Trenkel ist Partner im Bereich Immobilienrecht im Münchner Büro von Clifford Chance. Er befasst sich mit allen Aspekten des Immobilienrechts mit Schwerpunkten bei der Beratung von An- und Verkäufen sowie der Begleitung von Finanzierungen einschließlich der Refinanzierung und berät auch im Asset Management sowie bei notleidenden Investments und Finanzierungen.

Dr. Gerold Jaeger ist Counsel im Frankfurter Büro von Clifford Chance. Er berät vorwiegend Verkäufer, Investoren und Banken bei Grundstückstransaktionen (einschließlich der Finanzierung), wobei die Übertragung von Immobilienportfolios, Projektentwicklungen sowie notleidende Finanzierungen besondere Schwerpunkte seiner Tätigkeit darstellen. Er hat außerdem einen Abschluss als Diplom-Betriebswirt (BA) und ist Mitglied des Herausgeberbeirats der Zeitschrift für Immobilienrecht (ZfIR).

Autorinnen und Autoren

Dr. Fabian Böhm ist Counsel im Frankfurter Büro von Clifford Chance. Er ist auf dem Gebiet des Immobilienwirtschaftsrechts tätig und berät nationale und internationale Investoren im Rahmen des An- und Verkaufs von Immobilien, insbesondere bei strukturierten Bieterverfahren in Portfolio-Transaktionen sowie Investoren und Banken zu immobilienrechtlichen Aspekten von Finanzierungen und Refinanzierungen.

Dr. Christian Keilich ist Partner im Frankfurter Büro von Clifford Chance. Die Schwerpunkte seiner Tätigkeit liegen auf der Beratung zu Immobilieninvestitionen im weitesten Sinne (Einzelobjekte, Portfolien, Asset und Share Deals, Joint Ventures, Fonds), einschließlich deren Finanzierung und (Re-)Strukturierung, sowie Entwicklungsvorhaben und Asset Management von Immobilienanlagen. Er berät nationale und internationale institutionelle und private Investoren (insbesondere Versicherungen), Fonds, Kreditinstitute, Immobilienunternehmen und Projektentwickler.

Bettina Krause ist Counsel im Münchner Büro von Clifford Chance. Sie ist auf dem Gebiet des privaten Immobilienwirtschaftsrechts tätig, insbesondere in den Bereichen Immobilientransaktionen, gewerbliches Miet- und privates Baurecht. Sie berät nationale und internationale Immobiliengesellschaften, Immobilienfonds, Investoren, Eigentümer, Projektentwickler und Banken beim Kauf und Verkauf von Immobilien sowie bei Immobilienfinanzierungen (Asset und Share Deals bei Portfolio- und Sale und Leaseback-Transaktionen).

Stefan Löchner ist Partner im Frankfurter Büro von Clifford Chance und innerhalb des Real Estate Bereichs für alle Fragen im Zusammenhang mit dem Thema „Construction" zuständig. Er ist spezialisiert auf Immobilienwirtschaftsrecht mit besonderem Schwerpunkt auf Projektentwicklungen, Anlagenbau und privatem Baurecht und begleitet Großbauprojekte wie Shopping Center, Hochhausbauten, Schulungszentren sowie Kraftwerksbauten (Kohle, Gas, Windkraft) sowohl im Bereich der Vertragsgestaltung als auch bei der außergerichtlichen und gerichtlichen Durchsetzung von Ansprüchen.

Dr. Klaus Minuth ist Rechtsanwalt und Notar im Frankfurter Büro von Clifford Chance. Er konzentriert sich in seiner Arbeit auf die Beratung von Investoren, Banken, Projektentwicklern und der öffentlichen Hand im Zusammenhang mit Immobilientransaktionen, wie z. B. An- und Verkäufe (Asset und Share Deals) und Sale und Leaseback-Strukturen, sowie auf Fragen des Gewerblichen Mietrechts und Real Estate Finanzierungen. Er ist Mitherausgeber von „Immobilien – Recht und Steuern" (2004), von „Real Property in Germany" (2008) und der „Neuen Zeitschrift für Baurecht" (NZBau).

Dr. Ulrich Flege ist Counsel im Bereich Immobilienrecht im Düsseldorfer Büro von Clifford Chance. Er ist auf die Bereiche Immobilientransaktionen, gewerbliches Mietrecht und Immobilienfinanzierungen spezialisiert. Ein weiterer Schwerpunkt liegt in der Projektentwicklung, insbesondere von Logistikimmobilien. Zu seinen Mandanten zählen Einzelhandel, Investoren, Projektentwickler und Banken.

Dr. Hans-Josef Schneider ist Rechtsanwalt und Notar im Frankfurter Büro von Clifford Chance. Er ist auf Immobilientransaktionen sowie öffentliches Bau- und Planungsrecht spezialisiert und berät in- und ausländische Grundstücksinvestoren und -entwickler. Dazu zählt die Beratung bei sämtlichen Fragen des besonderen Städtebaurechts und des Rechts der städtebaulichen Verträge, insbesondere bei größeren Projektentwicklungs-vorhaben von der Planung über die Realisierung und den Betrieb bis zur Verwertung. Als Notar (seit 1991) entwirft, verhandelt und beurkundet er Verträge insbesondere für große gewerbliche Immobilienobjekte und -projekte wie Bürogebäude, Hochhäuser, Einkaufszentren, Portfolio-Transaktionen sowie WEG-Objekte.

Thorsten Sauerhering ist Rechtsanwalt und Steuerberater im Frankfurter Büro von Clifford Chance. Als Partner berät er seine Mandanten seit 2007 im Bereich des Steuerrechts und wirkt schwerpunktmäßig bei der steuerlichen Beratung von Immobilientransaktionen sowie bei Asset- und Projektfinanzierungen mit. Zu seinen Mandanten gehören insbesondere international tätige Investoren und Kreditinstitute bei der Strukturierung von deutschen Immobilien-Portfolien. Außerdem betreut er Bieter bei Ausschreibungen von PPP-Projekten.

Steffen Amelung ist Counsel im Frankfurter Büro von Clifford Chance. Er ist seit 2002 im Bereich des deutschen und europäischen Vergaberechts tätig und leitet seit 2007 die deutsche Vergaberechtspraxis von Clifford Chance. Er berät Bieter und öffentliche Auftraggeber schwerpunktmäßig in den Bereichen Public Private Partnership (PPP), Energy, Healthcare und ÖPNV/Abfallentsorgung. Steffen Amelung ist Lehrbeauftragter an der Deutschen Hochschule für Verwaltungswissenschaften in Speyer auf dem Gebiet Public Private Partnerships und hält regelmäßig Vorträge zu vergaberechtlichen Themen. Er ist Mitautor eines Standard-Kommentars zur VOL/A und publiziert regelmäßig in namhaften Fachzeitschriften.

Deutscher AnwaltSpiegel

Jahrbuch | **Online** | Roundtable | Spezial

Das Online-Magazin, mit dem Sie für alle unternehmensrechtlichen Fragen perfekt aufgestellt sind.

§§ Insolvenzrecht

§§ Arbeitsrecht   §§ Kartellrecht   §§ Immobilienrecht   §§ IT-Recht

§§ Corporate Governance   §§ Compliance

§§ Gesellschaftsrecht   §§ Kapitalmarktrecht   §§ Steuerrecht

§§ EU-Recht

Jetzt gratis abonnieren: www.deutscheranwaltspiegel.de

Der Deutsche AnwaltSpiegel ist eine Gemeinschaftspublikation von F.A.Z.-Institut und German Law Publishers.

Strategische Partner:

Ashurst, Beiten Burkhardt, Bird & Bird, BTU Simon, FPS Rechtsanwälte & Notare, Graf von Westphalen, Haver & Mailänder, Heussen, Jonas, Kaye Scholer, King & Spalding, lindenpartners, Luther, Mannheimer Swartling, Orrick Hölters & Elsing, Osborne Clarke, PricewaterhouseCoopers, ReedSmith, Salans, SJ Berwin, Taylor Wessing

Kooperationspartner:

Bucerius Center on the Legal Profession; Cornuum GmbH; Recommind GmbH; Universität St. Gallen, Executive School of Management, Technology and Law

DAS WESENTLICHE FÜR DIE PRAXIS.

Marktorientierte Immobilienbewertung
Grundriss für die Praxis
von Dipl.-Volkswirt Hauke Petersen
2008, 8., überarbeitete Auflage,
96 Seiten, € 16,–
ISBN 978-3-415-03993-3

Der Autor bietet dem Leser eine fundierte Einführung in die Grundlagen der marktorientierten Grundstücksbewertung und verzichtet bewusst auf die zahlreichen Spezialthemen der Bewertungstheorie.

Der Verfasser stellt sowohl das Ertragswert- als auch das Sachwertverfahren dar und zeigt die Möglichkeiten des Verkehrswertverfahrens und vor allem der Marktanpassung der Ergebnisse auf. Die Wertermittlungsverfahren werden übersichtlich und mit ergänzenden Beispielen erläutert.

Das Werk vermittelt die Grundlagen, die nicht nur für Makler, sondern auch für Sachverständige der Grundstücksbewertung, für Sachbearbeiter der Immobilienabteilungen bei Banken und Versicherungen, für Architekten und Baubetreuer bei ihrer täglichen Arbeit unverzichtbar sind.

BOORBERG
RICHARD BOORBERG VERLAG   FAX 0711/7385-100 · 089/4361564
TEL 0711/7385-343 · 089/436000-20   BESTELLUNG@BOORBERG.DE